FLENSBURGER HEFTE

Träume

Was wollen sie uns sagen?

Aus dem Inhalt

Zu den Steiner-Zitatangaben in den FLENSBURGER HEFTEN: Die GA-Nummern beziehen sich auf die jeweilige Bibliographie-Nummer der Rudolf Steiner Gesamtausgabe im Rudolf Steiner Verlag, Dornach/Schweiz. Danach sind in der Regel das Erscheinungsjahr der benutzten Ausgabe, das Vortragsdatum bzw. Kapitel und die Seitenzahl angegeben, von der Autor-, Titel- und Ortsnennung wird abgesehen. Nach Bibliographie-Nummern geordnet ist die Rudolf Steiner Gesamtausgabe im Katalog des Rudolf Steiner Verlags aufgeführt. Der Katalog ist durch den Buchhandel erhältlich.

Liebe Leserinnen und Leser!

Jeder Mensch hat Träume. Den einen plagen Alpträume, die andere träumt Erlebnisse des vorigen Tages. Manche werden von Sexträumen heimgesucht oder fliegen träumend durch kosmische Weiten. Und manch einer hat auch schon von einem zukünftigen Ereignis geträumt, das dann tatsächlich eintrat, oder im Traum das Erlebnis einer realen geistigen Begegnung gehabt.

Der Traum vermittelt uns Bilder und Symbole, die aus einer höheren Welt in unser Bewußtsein dringen. Oft ist es nur die chaotisch erscheinende Verarbeitung des Tagesgeschehens, mitunter erhalten wir aber Botschaften, die uns in bildhafter Form auf eine ungeahnte Krankheit, ein seelisches Defizit oder auf eine Konfliktsituation hinweisen. Seltene Perlen sind es, wenn einem Verstorbene oder geistige Wesen im Traum erscheinen, um etwas mitzuteilen, oder wenn man sich in einem luziden Traum bewußt wird, daß man träumt, und sogar einen gewissen Einfluß auf die Traumhandlung nehmen kann.

Dieses Buch ist ein Leitfaden durch die bunte, vielgestaltige und oft verwirrende Welt der Träume. Es handelt von den Entstehungsursachen, von der Bedeutung und Symbolik der Träume, von Traumdeutung und Traumerinnerung, von den verschiedenen Traumforschungsansätzen, den Träumen in älteren Kulturen, der Traumwelt im Islam und von der anthroposophischen Bedeutung des Traumlebens. Ein traumhafter Lesestoff mit vielen Beispielen: Einschlaf- und Aufwachträume, Träume vom Fliegen, Fallträume, prophetische Träume, Träume vom Tod und von Verstorbenen, hellsichtige Träume, Wahrträume, Träume von Gott und dem Teufel, Nachtangst und Alpträume, Träume vom Persönlichkeitswandel u.v.m.

Wir hoffen, liebe Leserinnen und Leser, Ihnen damit eine reiche Anregung zum Träumen, zum Erüben der besseren Erinnerung an Träume und der Traumdeutung zu geben, um Träume als Hinweisgeber und echte Lebenshilfe nutzbar zu machen.

Es grüßt Sie
Ihre
FLENSBURGER HEFTE-Redaktion

Lebendige Träume

Wolfgang Weirauch

Träume seien Schäume, so heißt es oft lapidar, Träume glichen Seifenblasen, zarten Gebilden – manchmal etwas farbig und in der Sonne schillernd –, die aber schon bald zerplatzen, nicht fähig, in der rauhen Wirklichkeit zu existieren. Aber sind Träume nicht viel mehr, „Schäume – aus dem Unendlichen", wie Ernst Jünger diesen Satz tiefsinnig fortführte?

Der Herr gebe es den Seinen im Schlaf, ein bekanntes Bibelzitat steht der sprichwörtlichen Schaumtheorie des Traumes gegenüber. Trifft dieses nicht eher die Wirklichkeit? Denn schließlich ist es von Wissenschaftlern, Dichtern und Musikern bekannt, daß sie Entdeckungen, Romaninhalte oder Kompositionen träumten, bevor sie diese in die irdische Realität gebracht haben.

Die Traumwelt ist reichhaltig, tiefsinnig, chaotisch, sie ist unlogisch, oft lächerlich, manchmal aber auch prophetisch. So fließend wie die Grenzen der Traumbilder sind, so vorsichtig sollte man auch mit einer allzu starren Traumdeutung sein. Es gibt nicht immer *die* einzige Traumauslegung! Gleiche Seeleninhalte können heute in das Bild eines dunklen Kellers, morgen in die Flucht vor einem Tiger gekleidet werden. Die schaurigsten Träume sind oft nichts weiter als unbedeutende Reminiszenzen des vergangenen Tages oder einer zu opulenten Speise, schönste Träume entspringen vielleicht nur einem vor dem Schlaf gehegten Wunsch. Oft träumt man auch das Gegenteil dessen, was wirklich Sache ist, und mitunter kommt es sogar vor, daß sich nahestehende Menschen in etwa den gleichen Traum haben. Aber es gibt sie doch, die seltenen Träume, die einen unmittelbar spüren lassen, daß sie aus einer Sphäre kommen, die größer und weisheitsvoller ist als wir!

Die Bewußtseinszustände

Stellen Sie sich vor, Sie schlafen mit mehreren Menschen in einem Raum. Ihr Bewußtsein ist schwarz, dunkel, ganz dumpf, Sie merken nicht, daß Ihr linker Nachbar leise röchelt, der rechte unruhig zappelt, Sie nehmen auch nicht wahr, daß Sie selbst fortwährend mit dem linken Bein zucken. Sie denken nicht, Sie sehen nichts, Sie haben keine Wünsche, Sie freuen sich nicht, Sie haben keine Angst – Sie schlafen! Schlafbewußtsein nennt man diesen Zustand.

Aber plötzlich dämmert es, goldenes Licht breitet sich über ihren Bewußtseinshorizont, und Sie bemerken, daß Sie in einem Ruderboot sitzen, welches über einen großen stillen dunklen See fährt. Es fährt von allein, niemand rudert. Das Boot liegt schwer im Wasser, denn es ist voller rotgoldener Äpfel. Wie von unsichtbarer Hand geführt, gleitet das Boot zum Ufer, wo eine kleine Hütte steht. Vor ihr sitzt ein alter Mann mit langem weißen Bart. Mit einem Mal stehen Sie vor ihm und wollen ihn begrüßen, aber nicht ein Wort dringt über Ihre Lippen. Sie sind irritiert, aber nicht verängstigt, denn Sie spüren, daß der alte Mann Sie freundlich anschaut und alles über Sie weiß.

Daß man mit einem mit Äpfeln gefüllten Ruderboot über einen See fährt, mag ja noch vorkommen, aber es würde nie von allein fahren. Man würde auch nicht vom Boot ohne Übergang vor das Haus gelangen, wahrscheinlich würde einem unter normalen Umständen auch nicht die Stimme versagen, und man hätte nicht ohne weiteres das Gespür, daß ein Fremder alles über einen weiß.

Hier handelt es sich um einen Traum. Man sieht Bilder, Symbole, Farben, Ereignisketten, man sieht sich selbst im Traum oder erlebt seine Gedanken und Gefühle. Vielleicht wird man von einem wilden Tier verfolgt, eine Schlange beißt einen in den kleinen Finger, man befindet sich im Gespräch mit Freunden oder fliegt wie ein Vogel durch Farbenfluten und unendliche Weiten. Der Traum ist ein anderer Bewußtseinszustand als der traumlose Schlaf. Bilder ziehen durch unser Bewußtsein, man lebt unmittelbar in der Welt der Gefühle, und mitunter scheint es sogar, als würde man denken, aber aktiv gestalten und verändern läßt sich diese Bilderwelt nicht.

Die Traumwelt ist unlogisch. Wirkung folgt nicht auf Ursache, Gesetze des Raumes und der Zeit lösen sich auf, man denkt nicht analytisch, man kann seine Gedanken nicht mit dem Willen steuern, und der Wille – nicht nur im Denken, sondern auch in bezug auf jede ichgesteuerte Bewegung – kann im Traum normalerweise nicht aktiviert werden. Nüchternes Abwägen, überschauendes Urteilen, moralisches Handeln – sie alle sind dem Traumbewußtsein fremd.

Und nun wachen Sie auf. Alle anderen schlafen noch. Sie schauen sich Ihre Umgebung an und springen auf, um sich einen Kaffee aufzubrühen. Schlagartig sind Ihnen die Geschehnisse des letzten Tages präsent, und Sie planen zielgerichtet die Aufgaben des vor Ihnen liegenden Tages usw. usf. Dieser Zustand – der des Wachbewußtseins – ist jedem vertraut.

Wer sich mit anthroposophischem Gedankengut ein wenig auskennt, der weiß, daß der Mensch nicht nur aus einem physischen Leib besteht, sondern auch mehrere übersinnliche Wesensglieder besitzt. Daß wir überhaupt leben und mit Formen der Lebenskraft durchdrungen sind, verdanken wir dem Lebens- oder Ätherleib, der den physischen Leib als unsichtbarer Kraftleib durchzieht. Er ist gleichzeitig auch eine Art Speicher für alle Erlebnisse, Vorstellungen, Gedanken, Wahrnehmungen, die man täglich hat; selbst unbewußte Wahrnehmungen drücken sich in ihm wie in einer großen Festplatte ab. Der Ätherleib ist das große Gedächtnis des Menschen. Er bleibt während des gesamten Lebens mit dem physischen Leib verbunden, und erst beim Tod tritt er heraus. Der umfassende Erinnerungsspeicher befreit sich dann aus seinem physischen Gefängnis, und sämtliche Erlebnisse des vergangenen Lebens lösen sich Schicht um Schicht und werden zu Bildern, die die höhere Wesenheit des Menschen nach dem Tod schauen kann. Diejenigen, die eine Nah-Todeserfahrung hatten, kennen dieses Erlebnis.

Der Mensch hat aber auch Gefühle – niedere Begierden, Sehnsüchte, Wünsche, Trauerempfindungen, Liebesgefühle, Ängste, Zorn- und Wutausbrüche, religiöse Gefühle. Sie alle brauchen einen Ort, wo sie Ereignis werden, Platz greifen, sich ausdehnen, ins Bewußtsein treten können, und dieser Ort ist weder das physische Herz noch das Gehirn noch der große Zeh. Sie brauchen eine seelische Krafthülle, einen Seelenleib, einen Astralleib.

Und dieses astrale Gebilde ist sehr kompliziert. Aber für unseren Zusammenhang genügt es, wenn wir uns eine seelische Krafthülle – den Astralleib – vorstellen, die dem Gewoge der unterschiedlichsten Gefühle und auch Vorstellungen Form gibt. Der Astralleib muß von der Individualität des Menschen – seinem Ich – unterschieden werden, denn dieses ist u.a. dazu da, um Herr des umfassenden Gefühlslebens zu werden. Ein bewußter Gedanke, eine zielgerichtete Willenstat, ein ausuferndes Gefühl, das bewußt eingeschränkt wird, unterliegt immer der Steuerung durch einen höheren Kraftinitiator. Das ist unser Ich.

Astralleib und Ich lösen sich jede Nacht aus dem Kopfbereich des physischen Leibes und des Ätherleibes und durchschweben die Astral- und geistige Welt, sind aber nicht so bewußtseinskräftig, daß sie ihre Umgebung währenddessen bewußt wahrnehmen, und man kann sich deshalb auch am nächsten Tag nicht an diese Reise erinnern. Für eine umfassende Erinnerung benötigt der Mensch noch den Ätherleib und das physische Gehirn.

Nach dem Tod löst sich nicht nur der Ätherleib in einer dreitägigen Prozedur vom Menschen, sondern nach einer längeren Zeit auch der Astralleib, während das Ich durch ein aufgabenerfülltes nachtodliches Leben schreitet – durch die geistige Welt –, bis es sich wieder zu einer neuen Inkarnation vorbereitet.

Träume des Ätherleibes

Wie entstehen nun die Träume? Folgt man den Angaben Rudolf Steiners, scheinen sich wie so oft einige Widersprüche zu ergeben. Kommen die Träume nun aus dem Ätherleib oder aus dem Astralleib? Oder gibt es unterschiedliche Träume?

Stellen Sie sich einen großen tiefen See vor, in dem ein kleines Stück Baumrinde schwimmt, umschlossen von einem Eismantel. Das Wasser nehmen Sie als Bild für die gesamte Äthersphäre der Welt, in der alle Ereignisse, die von jeher geschahen, alle Menschentaten und auch ihre Gedanken, enthalten sind. Die Baumrinde ist der physische Leib, das sie umschließende Eis der Ätherleib. Seiner Substanz nach ist das Eis auch Wasser. Der persönliche Ätherleib ist aus derselben Substanz wie der Weltenäther, aber ein abgesondertes Stück von diesem.

So wie in einem tiefen See träumen wir in dieser Ätherwelt, aber nur in dem abgesonderten Bereich unseres eigenen Ätherleibes. Rudolf Steiner erläutert diesen Zusammenhang in einem Vortrag folgendermaßen:

> „Was ist denn gleichsam die Substanz, der Stoff – wie es also die Vorgänge, die materiellen Dinge der physischen Welt im Wachzustande sind –, in welchem wir wahrnehmen, indem wir träumen? Es ist dasjenige, was wir die Ätherwelt nennen, der sich in der ganzen Welt ausdehnende Äther mit seinen inneren Vorgängen, mit alledem, was in ihm lebt. Das ist gleichsam das Substantielle, in dem wir wahrnehmen, wenn wir träumen. In der Regel aber nehmen wir wahr, indem wir träumen, nur einen ganz bestimmten Teil der Ätherwelt. Wie uns ja die ätherische Welt im Wachzustande, wenn wir physisch wahrnehmen, verschlossen ist im gewöhnlichen Leben, wie der Äther um uns herum ist, ohne daß wir ihn durch unsere physischen Sinne wahrnehmen, so bleibt auch für das gewöhnliche Träumen der Äther, der um uns herum ist, unwahr-

nehmbar. Nur dasjenige Stück der Ätherwelt tritt gleichsam vor uns auf, wenn wir träumen, was unser eigener Ätherleib ist. Wir sind ja, wenn wir schlafen, außerhalb unseres physischen Leibes und unseres Ätherleibes. Und darin besteht nun der gewöhnliche Traum, daß wir mit dem, worin wir außerhalb unseres physischen Leibes und Ätherleibes sind, mit dem astralischen Leib und dem Ich, gleichsam auf das zurückschauen, woraus wir im Schlafe herausgestiegen sind, aber daß uns bei diesem Anschauen unser selbst nicht der physische Leib zum Bewußtsein kommt, wir uns daher auch nicht der physischen Sinne bedienen, sondern daß wir gleichsam zurückschauen, mit Außerachtlassung unseres physischen Leibes, nur auf unseren Ätherleib. Es sind also im Grunde genommen die Vorgänge unseres Ätherleibes, die an irgendeiner Stelle ihren Schleier lüften und die uns als Traum erscheinen. Die meisten Träume sind eben durchaus so, daß der Mensch in der Tat aus dem Schlafe auf seinen eigenen Ätherleib schaut, und daß ihm ein Stück der ungemein komplizierten Vorgänge des eigenen Ätherleibes zum Bewußtsein kommt, und daß dies den Traum ausmacht.“ (GA 154/1973/ 18.04.1914/S.9 f.)

Man träumt nicht nur am Abend beim Einschlafen und am Morgen beim Aufwachen, sondern durchlebt während der Nacht mehrere traumerfüllte und mehrere weitgehend traumlose Phasen, die REM- und Non-REM-Phasen. Träume entstehen durch das Wechselspiel von Ätherleib und Astralleib, indem beide in eine etwas innigere Berührung miteinander kommen – bzw. beim Einschlafen noch in einer engeren Beziehung sind – als während des traumlosen Schlafes.

Während des Wachzustandes des Menschen ist der Ätherleib fortwährend in Bewegung, nur im Kopf ist er ruhig. Nur aufgrund dieses Ruhepols können wir überhaupt ein konzentriertes Gedankenleben führen. Nachts, wenn wir schlafen, beginnt sich aber auch der Ätherteil des Kopfes zu bewegen, und Astralleib und Ich lösen sich aus diesem Kopfbereich des Menschen heraus, nicht aus dem übrigen Teil des Körpers:

„Das Schlafen beginnt damit – und dauert dann in der Art und Weise an –, daß der Ätherleib auch im Kopfe anfängt in Bewegung zu sein. So daß wir im Schlafe als ganzer Mensch, nach Kopf und übrigem Menschen, einen innerlich bewegten Ätherleib haben. Und wenn wir träumen, sagen wir, beim Aufwachen, dann ist es so, daß wir die letzten Bewegungen des Ätherleibes gerade im Aufwachen noch wahrnehmen.

Die stellen sich uns als die Träume dar. Die letzten Kopf-Ätherbewegungen nehmen wir beim Aufwachen noch wahr." (GA 305/Tb. 1972/ 20.08.1922/S.78 f.)

Den Kräften und Bildern nach entstammen die meisten Träume also dem eigenen Ätherleib und sind nichts anderes als Lebenserinnerungen, die mehr oder weniger deutlich ins Bewußtsein treten, wenn wir nach dem Schlaf wieder für unsere physische Welt zu erwachen beginnen:

> „Wenn wir nun beim Aufwachen mit unserem Seelisch-Geistigen, also mit dem astralischen Leib und dem Ich, zurückkehren in unseren physischen Leib, da ergreifen wir die Organe unseres physischen Leibes. Wir senken uns in diese Organe ein. In diesem Augenblicke werden wir wiederum fähig, eine Außenwelt wahrzunehmen, die Außenwelt der Naturreiche, Mineralien, Pflanzen, Tiere, des physischen Menschen. Diese Organe, die der physische Leib in sich gliedert, die durchsetzen wir mit unserer Seele. Dadurch stehen wir in Beziehung zu dieser Außenwelt.
>
> Wenn wir nun aber nicht gleich vollständig untertauchen in unseren physischen Leib, sondern wenn wir einen Augenblick, ehe wir den ganzen physischen Leib ergreifen, den Ätherleib durchsetzen, dann kommen uns aus diesem Ätherleibe die Kräfte, welche die Bilder des Traumes formen. Diese Bilder trägt den Kräften nach der Ätherleib in sich. Es sind Lebensreminiszenzen, Lebenserinnerungen." (GA 211/1963/ 21.03.1922/S.11)

Die überwiegende Zahl von Träumen sind solche Träume, die ihre Grundlage und Substanz im Ätherleib haben. Meist träumt man Szenen, die in irgendeinem Zusammenhang mit dem stehen, was man in den letzten drei Tagen erlebt oder gedacht hat. Das muß keineswegs ein Vorgang sein, den man bewußt mitvollzieht. Ein Traum aus der Kindheit kann z.B. dadurch hervorgerufen werden, daß innerhalb der letzten Tage irgendein Stichwort fällt, das mit der Kindheit zusammenhängt:

> „Ich möchte aber darauf aufmerksam machen, daß derjenige, der das Traumleben wirklich beobachten kann, weiß, daß das unwillkürliche Heraufkommen von Träumen immer irgendwie zusammenhängt mit den Eindrücken der letzten Tage, eigentlich nur der letzten zwei bis drei Tage. Aber mißverstehen Sie mich nicht! Selbstverständlich kommen im Traum längst verflossene Ereignisse als Reminiszenzen herauf. Aber et-

was anderes ist es, was diese längst verflossenen Ereignisse heraufruft. Wenn man genau den Traum beobachten kann, wird man immer sehen, daß irgendeine hervorgerufene Vorstellung aus den letzten zwei bis drei Tagen da sein muß. Die ruft erst längst verflossene Ereignisse hervor. Durch zwei bis drei Tage haben die Eindrücke der Außenwelt die Kraft, Träume zu erzeugen. Das andere gliedert sich dann um sie herum. Wenn nicht eine solche aus den letzten zwei bis drei Tagen stammende Vorstellung den Traum erzeugen kann, kann er auch nicht entstehen." (GA 67/1962/07.02.1918/S.49 f.)

Hierbei handelt es sich immer um Träume, die in der Begegnung von einem selbst mit der Außenwelt zustande kommen. Sie stammen nicht aus den inneren Organen und auch nicht aus der geistigen oder astralen Welt, nicht aus der Zukunft – kurz: nicht aus Sphären, die einem während des heute allgemein üblichen Bewußtseinszustands verborgen sind.

Träume des Astralleibes

Wenn Astralleib und Ich nachts den Kopfbereich des schlafenden Menschen verlassen, tritt der höhere Mensch in die Astralwelt und in die geistige Welt ein, je nachdem, wie er sich am Tag zuvor darauf vorbereitet hat. Zwar schwindet dann das Bewußtsein für die geistige Umgebung, aber das bedeutet nicht, daß die bewußtseinsgetrübte höhere Wesenheit des Menschen nicht mit einer Vielzahl von Wesen zusammenkommt: mit Elementarwesen, verstorbenen und schlafenden Menschen, Engeln, Erzengeln und manchmal auch mit noch höheren Wesenheiten, aber auch mit Dämonen und anderen teuflischen und satanischen Wesen.

Die Astralwelt ist im Grunde noch bilderreicher und fluktuierender als die ätherische Welt. Alle Gefühlsäußerungen von Menschen z.B. haben dort ihren Ausdruck in einer farbigen Form. Wut, Liebe, Trauer sind im Menschen Gefühle – in der Astralwelt haben sie ihren realen Hintergrund in Form von lebendig-seelischen Wesen. Es wimmelt dort von eigenständigen Wesen, die sich in einem flutenden Farbenmeer gegenseitig durchdringen.

Ein wichtiges Kriterium dieser Astralwelt ist darüber hinaus ihre Spiegelbildlichkeit: Ein Drache, der auf einen zustürzt, ist meist eine eigene Leidenschaft oder Begierde, die von einem ausgeht und sich in das Bild eines Drachen kleidet.

In der Astralwelt, vielleicht sogar in den höheren geistigen Sphären, kann der Mensch nun vielerlei erleben. Er begegnet z.B. einem Bekannten, und da man nachts sein Wesen ungeschönt enthüllt, lernt er beispielsweise dessen schlechte Eigenschaften kennen. Aber diese Begegnung vollzieht sich nicht bewußt, und am nächsten Morgen ist sie vergessen. Oder man begegnet geistigen Wesen, z.B. seinem Engel, der einem etwas über den nächsten Tag enthüllt. Diese Begegnung lebt als Bild im Astralleib des Menschen, aber auch sie hat er am nächsten Morgen vergessen, auch wenn es nötig wäre, daß man sich dieser vom Engel in den Astralleib gelegten Bilder mehr und mehr bewußt wird.

Viele Ereignisse – sofern sie nicht aus der Freiheit des Menschen entspringen – sind bereits Tage vorher im Keim vorhanden und können von dem schlafenden Menschen, also vom Astralleib und Ich, geschaut werden. Aber auch diese werden meist vergessen. Nur in seltenen Fällen werden sie als prophetischer Traum erlebt und erinnert.

Wenn der schlafende Mensch nun in eine REM-Phase eintritt oder am Morgen erwacht, ist sein Astralleib voller Bilder, basierend auf den zahlreichen und vielgestaltigen Begegnungen in der Astralwelt. Kommt der Astralleib mit dem Ätherleib in Berührung, müssen die astralen Bilder in irgendeiner Form in den Ätherleib übergehen und in die Substanz des Ätherleibes und in dessen Bilder gekleidet werden. Dort schlummern aber nur diejenigen Bilder, die während des Lebens durch die Wahrnehmungen und Vorstellungen des Menschen entstanden sind.

Hat sich ein Mensch z.B. noch nie die lebendige Vorstellung eines Engels oder eines dämonenhaften Wesens gemacht, so wird das im Astralleib liegende Bild dieser nächtlichen Wesensbegegnung im Ätherleib nicht auf eine entsprechende Resonanz stoßen. Und der Traum, der entsteht, wenn der Astralleib mit seinen Bildern in Berührung mit dem Ätherleib kommt, kleidet das Bild des Engels oder des Teufels vielleicht in das Bild eines bekannten Menschen oder eines Tieres. Träume sind alles andere als exakt. Deswegen ist es eine Kunst, Träume zu deuten, bzw. anders gewendet: Man sollte sich hüten, eine einzige und festgezurrte Traumdeutung vorzunehmen.

Es kann auch sein, daß man nachts eine Menschenbegegnung hat, die sich erst im nächsten Erdenleben auswirken wird. Aber es bleibt ein Bild dieser Begegnung im Astralleib, und es findet keinen Widerhall im Ätherleib des Menschen. Rudolf Steiner sagt dazu:

„Nehmen wir einmal an, jemand erlebt draußen im schlafenden Zustande im astralischen Leib und im Ich, sagen wir, eine Begegnung mit einer Persönlichkeit. Davon weiß der Mensch dann nichts. Er erlebt eine solche Begegnung; er erlebt, daß er zu dieser Persönlichkeit ein gewisses freundschaftliches Gefühl haben wird, daß er mit dieser Persönlichkeit ein Gemeinschaftliches unternehmen werde. Nehmen wir an, das erlebt er außerhalb seines Ätherleibes. Das kann sein; aber er weiß nichts davon. Jetzt kommt der Moment des Aufwachens. Da geht der astralische Leib und das Ich zurück in den Ätherleib, bringt sein Erleben entgegen dem Ätherleib. Der Ätherleib bringt das, was in ihm ist, seine Bilderwelt, dem Astralleib entgegen, und der Mensch träumt. Er träumt ein Ereignis, das er unternommen hat vor vielleicht zehn, zwanzig Jahren. Da sagt sich der Mensch: Ja, ich habe geträumt von dem, was ich vor zehn, zwanzig Jahren erlebt habe. Vielleicht aber ist das, wenn er sich genau besinnt, ganz verändert. Aber es erinnert ihn doch an etwas, was er früher erlebt hat. Was ist da eigentlich vorgegangen? Wenn wir genau mit Hilfe hellseherischer Erkenntnis den Vorgang verfolgen, sehen wir, das Ich und der Astralleib haben etwas erlebt, was eigentlich erst in der nächsten Inkarnation sich abspielen wird: die Begegnung mit einer Persönlichkeit, irgend etwas, was man mit dieser Persönlichkeit zu tun hat. Aber der Mensch kann das noch nicht fassen in seinem Ätherleib, der in sich nur enthält, der nur fassen kann die Bilder des gegenwärtigen Lebens. Taucht jetzt der astralische Leib unter, dann kleidet der Ätherleib das, was eigentlich dem zukünftigen Leben angehört, in die Bilder des gegenwärtigen Lebens. Dieser eigentümliche komplizierte Vorgang geschieht eigentlich fortwährend mit dem Menschen, indem er träumt." (GA 157/1981/22.06.1915/S.270 f.)

Steiner nennt diese Art von Träumen auch die prophetischen Träume, insofern sie auf die Zukunft deuten:

„Dessen müssen wir uns bewußt sein, daß wir in dem, was herausgeht aus unserem physischen und dem Ätherleib, in unserem Astralleib und dem Ich, dasjenige darinnen haben, was in die nächste Inkarnation hinüber will, was sich in uns vorbereitet für die nächste Inkarnation. Und lernt man allmählich die Träume trennen von dem, was Bilder sind vom gegenwärtigen Leben, so lernt man die prophetische Natur der Träume kennen. Die prophetische Natur der Träume kann sich einem wirklich enthüllen, man muß nur lernen, die Träume von den gegenwärtigen Bildern, in die sie eingekleidet sind, zu entkleiden. Man muß bei den Träumen mehr sehen auf die Art und Weise, wie man erlebt, als auf das, was man erlebt, und sich zum Beispiel sagen: Daß ich von einer Persönlichkeit träume, das kommt von der Art meines Ätherleibes, von der Art, wie mein Ätherleib mit seinen gegenwärtigen Bildern den Erlebnissen des Astralleibes entgegenkommt. Bei dem, was man erlebt, muß man, um das zu erkennen, was schon vorbereitet ist für das nächste Leben, mehr die Art und Weise ins Auge fassen, um es zu trennen von dem Bilde in unserem Ätherleib. In der Tat, in den Träumen haben wir wirklich in uns steckende Propheten unserer zukünftigen Erlebnisse. Das ist außerordentlich wichtig, daß wir das gehörig ins Auge fassen. Das Menschenleben enthüllt sich überhaupt immer mehr und mehr, je mehr wir es als etwas Kompliziertes betrachten.“ (Ebd./S.271 f.)

Der Traum als Dramatiker

Wenn man Träume zu eng auslegt – also daß ein Bild nur eine Bedeutung haben kann und sonst keine –, kann die Deutung in eine falsche Richtung gehen. Eine Begegnung in der geistigen und astralen Welt kann zu verschiedenen Traumbildern führen. Deshalb muß man lernen, auf den sogenannten Dramatiker, wie Steiner ihn nennt, zu schauen. Durch ihn ist auf die eigentliche Ich-Wesenheit hingedeutet, die z.B. mit einem Problem ringt, vor einer unüberwindbaren Schwierigkeit steht oder von ihrer überschauenden Warte aus weiß, daß sich der Mensch auf der Erde mit seinem beschränkten Bewußtseinshorizont auf einem Irrweg befindet. Steiner stellt die Bedeutung des dramatischen Traumverlaufes folgendermaßen dar:

„In unserem Innern müssen wir uns mit unserem gesamtmenschlichen Leben entgegenstellen demjenigen, was wir in diesem Erdenleben vorstellen, denken können nach unseren Erfahrungen, und bekommen dadurch die sonderbaren Gestaltungen des Traumes heraus. Daher ist es gerade beim Traum so schwierig, seinen Inhalt, den er zunächst darbietet und der ein vollständiges Gaukelbild sein kann, zu unterscheiden von der wahren Wirklichkeit, die eigentlich immer dahintersteckt. Diese wahre Wirklichkeit kann etwas ganz anderes sein. Aber derjenige gewöhnt sich nach und nach, in das ganze verwickelte Geschehen des Traumlebens sich hineinzufinden, der eben darauf aufmerksam wird, daß man beim Traume weniger dasjenige zu beachten hat, was einem in

Bildern vor die Seele gezaubert wird, denn diese Bilder werden geformt von dem ja eigentlich im Bette zurückgelassenen ätherischen Leib, der die Gedanken, die Vorstellungen eben in sich trägt. Diese Vorstellungen hat man ja nicht in seinem eigentlichen inneren Wesen während des Schlafes. Man muß diesen Inhalt der Vorstellungen unterscheiden von etwas anderem, und dieses andere möchte ich nennen den dramatischen Verlauf des Traumes. Man muß sich allmählich gewöhnen, an den dramatischen Verlauf des Traumes so seine Aufmerksamkeit zu wenden, daß man sich fragt: Verläuft dieser Traum so, daß er, wenn die betreffenden Tatsachen im Tagesleben erfahren würden, ungeheure Freude machen würde? Hat man auch im Traume diese Freude, diese Befreiung erlebt, segelt man hinein im Traume in eine Katastrophe? Geht man von einer gewissen Exposition, wo sich Dinge zeigen können, dann verwikkeln und dann ein Absturz kommt, über zu irgendeiner Katastrophe? Diese Fragen sollte man in erster Linie beachten, wenn das Traumleben in Betracht kommt, also nicht den gedanklichen Inhalt, sondern das dramatische Geschehen.

Es kann jemand träumen, er steigt auf einen Berg hinauf; die Bergwanderung wird immer schwieriger und schwieriger. Er kommt endlich an einen Punkt, wo er nicht weiter kann, wo sich ihm ungeheure Hindernisse entgegentürmen. Er empfindet diese Hindernisse wie etwas, was in sein Leben bedeutsam hineinragt. Gut, es kann jemand diesen Traum haben. Man könnte ihn weiter ausmalen. Aber er oder ein anderer kann einen anderen Traum haben: Er bewegt sich durch den Eingang einer Höhle, die irgendwo meinetwillen in einen Bergkeller hineinführt. Er hat, nachdem er den Eingang durchschritten hat, noch etwas Helligkeit. Dann wird's immer finsterer und finsterer. Aber endlich kommt er an eine Stelle, wo es nicht nur völlig finster ist, sondern wo ihm auch entgegenkommen die furchtbarsten Kältewirkungen und dergleichen, so daß er von dieser Stelle aus nicht weiter in die Berghöhle hineindringen kann.

Sehen Sie, da haben Sie zwei dem Inhalte nach ganz verschiedene Träume; dramatisch stellen sie beide dar ein Unternehmen, das anfangs geht, dann Schwierigkeiten bietet, dann an ein unüberwindliches Hindernis kommt. Die Bilder sind ganz verschieden, der dramatische Verlauf ist der gleiche. Beiden Träumen kann nun dasselbe Ereignis in der übersinnlichen Welt, gewissermaßen hinter der Szene des Lebens zugrunde liegen. Es kann bei beiden Träumen ganz dasselbe in der Seele vorgegangen sein, und ganz dasselbe kann sich in den verschiedensten Bildern nach außen hin zum Abbilde bringen." (GA 227/1960/22.08. 1923/S.81 f.)

Und in einer Parallelstelle heißt es dazu:

„Wenn man auch oftmals sagen kann, Dinge werden geträumt, die man so nicht erlebt hat, so möchte ich sagen, die Stücke, aus denen sich der Traum zusammensetzt, die Stücke von Bildern, die sind natürlich dennoch aus dem gewöhnlichen Bewußtsein genommen. Etwas anderes aber ist die ganze Dramatik des Traumes, die Art und Weise, wie der Traum seine Spannungen aufbaut, wie er inneres Angstgefühl, inneres Freudegefühl, Schwunggefühl hervorrufen kann. Was der Verlauf der Traumbilder bedeutet, das geht schon tiefer in die menschliche Natur hinein, und man kann das sehen, wenn man etwa folgendes ins Auge faßt.

Sie können träumen, Sie machen einen Weg, Sie kommen an einen Berg. Sie betreten eine Bergeshöhle. Zunächst ist es noch dämmerig. Es wird finster. Ein unbekannter Drang aber veranlaßt Sie, immer weiterzugehen. Ängstlichkeit stellt sich ein. Das alles steigert sich, bis Sie zuletzt in dem Furchtzustande stehen, sagen wir, in einen innerlichen Abgrund hineinzufallen. Sie können dann aus diesem Furchtzustande erwachen, indem dieser Furchtzustand gleichsam noch andauert beim Erwachen.

Sie können aber auch träumen, Sie stünden irgendwo, sähen von ferne her einen Menschen kommen. Er kommt immer näher; aber er hat einen schrecklichen Ausdruck. Und wenn er näher kommt, bemerken Sie, er hat die Absicht, irgendeine Attacke auf Sie auszuüben. Ihre Ängstlichkeit wächst. Er kommt immer näher. Er verwandelt vielleicht das zunächst noch harmlose Instrument, das er Ihnen von ferne gezeigt hat – der Traum ist ja ein Verwandler – in ein furchtbares Mordinstrument. Die Ängstlichkeit steigert sich wiederum zur Furcht, und Sie wachen jetzt mit dieser Furcht auf, indem sich wiederum die Furcht fortsetzt ins wache Tagesleben hinein.

Es sind zwei ganz verschiedene Bilder. Das eine Mal eine Bilderreihe, die Sie in das Berginnere hineinführt, das andere Mal eine Bilderreihe, die sich an einen herankommenden Feind anschließt. Die Seele kann dasselbe durchmachen, trotzdem die zwei Bilderreihen ganz verschieden sind. Was die Seele da durchmacht, das ist eben etwas ganz anderes, als

was das Bewußtsein im Aufwachen erlebt. Man kann sagen, auf die Bilder kommt es überhaupt gar nicht an, sondern es kommt darauf an, wie die Seele eine gewisse innere Dramatik durchmacht: wie die Seele zunächst einen Drang hat, oder wie an die Seele etwas herankommt statt des Dranges, wie das dann aber übergeht in Ängstlichkeit, in Furcht, und dann gewissermaßen den Menschen dazu bringt, sich aufzurütteln aus dem Schlafe und in das gewöhnliche Bewußtsein überzugehen. Was da hinter dem Traume steckt an sich steigernden Kräften, die aber selber nicht wahrgenommen werden, die sich in Bilder kleiden, das ist es, worauf es ankommt. Und die beiden Bilderreihen, die ich charakterisiert habe, könnte ich noch vielfach vermehren; derselbe Seeleninhalt könnte sich in zehn, zwanzig, hundert verschiedene Bilder kleiden."
(GA 211/1963/24.03.1922/S.31 f.)

Das Leben, ein Traum?

Immer wieder wurde das Leben als ein Traum bezeichnet, weil es letztlich unergründlich sei. Die wahre Wachheit dagegen fände man im Jenseits, und nur in den Träumen offenbare sich manchmal die Wahrheit des Jenseits in mehr oder weniger verworrenen Bildern.

Eine solche Ansicht mutet heute etwas seltsam an, wo doch das Leben – bis zur Entschlüsselung bzw. Erfassung des Gen-Codes – immer heller wird, immer tiefer bis in den letzten Winkel ausgeleuchtet wird. Trotzdem spricht viel für diese Ansicht, aber sie ist resignativ, akzeptiert Erkenntnisgrenzen.

Es gibt aber keine Erkenntnisgrenzen! Die Träume sind Boten einer höheren Welt, allerdings sind sie oft unbotmäßig gekleidet. Aber sie stekken voller Leben, Leben einer höheren Wirklichkeit, die sich nicht nur durch Traumdeutung entschlüsseln läßt, sondern die man sich durch meditative Erkenntnisbemühungen erobern kann. Dann fällt Licht und Wachheit in das geträumte Leben und in die lebendigen Träume.

Schlaf und Traum

Ein Drittel seines Lebens verbringt der Mensch im Schlaf.

Der Schlaf-Wachrhythmus ist Teil unserer biologischen Uhr. Sogar in einer Umgebung, in der die äußeren Bedingungen wie Licht, Temperatur, Feuchtigkeit und Geräusche konstant gehalten werden, wird ein Mensch einmal in 24 Stunden schlafen. Die biologische Uhr des Menschen kann durch Licht geringfügig beeinflußt werden (z.B. Verlängerung des Rhythmus in den Abendstunden durch längere Sonnenzeiten), ist aber nahezu stabil gegen Störungen wie Entzug von Wasser oder Nahrung, Phasen erzwungener Aktivität oder Inaktivität oder Störungen und wird nicht einmal durch die Entfernung hormonausschüttender Organe beeinträchtigt. Schlaf wird durch die Ausscheidung großer Mengen des Hormons Melatonin aus der Zirbeldrüse gefördert. Licht hemmt die Ausschüttung von Melatonin und damit das Schlafbedürfnis.

Wieviel jemand schläft ist nicht von den Aktivitäten während des Tages abhängig, sondern von bestimmten Persönlichkeitsmerkmalen. Menschen, die länger als der Durchschnitt schlafen, werden als nervöser, besorgter, künstlerischer, kreativer und weniger konformistisch beschrieben. Kurzschläfer sind eher aktiv und extravertiert.

Der Schlaf dient der Wiederherstellung und Erhaltung: Regulation von Verdauung und Ausscheidung, Regeneration des Nervensystems, Einsparung von Energie.

Das Elektroenzephalogramm (EEG) liefert ein objektives Maß dafür, wie sich die Gehirnwellenaktivität während des Schlafes oder des Wachzustandes ändert. Es zeigt zwei Schlafarten: Delta-Schlaf, gekennzeichnet durch ein langsames und regelmäßiges EEG-Muster, und REM-Schlaf, den man auch desynchronisierten oder paradoxen Schlaf nennt und bei dem das EEG ein unruhiges Niedrigspannungsmuster zeigt, das dem des Wachzustandes ähnelt, obwohl es während eines sehr tiefen Schlafes auftritt. Hier treten Salven von raschen Augenbewegungen auf, deshalb spricht man von REM-Schlaf (Rapid Eye Movements = REM).

Der Non-REM-Schlaf läßt sich weiter einteilen (er liegt vor der ersten und zwischen den einzelnen REM-Phasen):

Stadium 1: Einschlafen oder leichtester Schlaf,
Stadium 2: leichter Schlaf,
Stadium 3: mitteltiefer Schlaf,
Stadium 4: Tiefschlaf.

Ein Erwachsener durchlebt, während er einschläft, die Stadien 1 bis 4 in einem Zyklus von etwa 90 Minuten und taucht dann in eine REM-Phase von etwa 10 Minuten ein. Der Nachtschlaf besteht aus 4 bis 6 solcher Zyklen. Mit jedem Zyklus wird die Delta-Phase kürzer und die REM-Phase länger, die bis zu 30 bis 60 Minuten dauern kann.

Ein Baby schläft 16 Stunden am Tag, die Hälfte davon ist REM-Schlaf. Mit einem Jahr sinkt die Schlafdauer auf 13 Stunden. Davon sind 25 bis 30 % REM-Schlaf. Ein junger Erwachsener schläft 7 bis 8 Stunden, mit ca. 20 % REM-Schlaf. Ältere Menschen schlafen ungefähr 6 Stunden mit 15 % REM-Schlaf.

Die Verhinderung von REM-Schlaf muß mit länger als üblich dauerndem REM-Schlaf in den nächsten Phasen oder während des nächsten Schlafes nachgeholt werden. Es könnte sogar sein, daß wir nur schlafen, um diese REM-Phasen zu erleben. – Annahmen zur Funktion des REM-Schlafes:

- sorgt während der frühen Kindheit dafür, daß die Pfade zwischen Nerven und Augenmuskeln eingerichtet werden,
- etabliert funktionale Strukturen im Gehirn,
- etabliert Strukturen im Gehirn, die mit dem Lernen motorischer Fähigkeiten verknüpft sind,
- dient der Aufrechterhaltung von Stimmungen und Emotionen,
- spielt eine Rolle bei der Speicherung von Erinnerungen und der Einordnung neuer Erfahrungen in Netzwerke älterer Erfahrungen oder Erinnerungen.

Personen, die aus REM-Schlafphasen aufwachen, berichten oft, sie hätten gerade geträumt, während dies bei Personen, die aus dem Non-REM-Schlaf aufwachen, viel seltener der Fall ist.

REM-Träume: fortlaufende Vorstellungsbilder, die ein zusammenhängendes Schauspiel ergeben, intensiv, unter Umständen farbig, „Tonfilm"; trotz bizarrer und phantastischer Qualitäten wird die unwirkliche Situation als natürlich akzeptiert.

Non-REM-Träume: dramatische Handlung weniger wahrscheinlich, angefüllt mit speziellen Gedanken, verfügen über wenig sensorischen Vorstellungsgehalt; kaum detaillierte Traumbeschreibung.

Hellsichtige (luzide) Träume: Personen werden sich während des Traumes bewußt, daß sie träumen. In der Schlafforschung dadurch belegt, daß Versuchspersonen in der Lage waren, aus dem REM-Schlaf heraus durch eine Bewegung ein Signal zu geben, daß ein luzider Traum stattfand, ohne daß sie ihren Schlaf unterbrachen oder den Traum vergaßen. Derartiges Träumen scheint erlernbar.

Neben den verschiedenen psychologischen Traumauffassungen besagt eine physiologische Erklärung für Träume, sie seien der Versuch des Gehirns, hauptsächlich zufällige Entladungen in den Neuronen des Gehirns sinnvoll zu interpretieren.

Zusammengestellt von Thomas Höfer, Redaktion FLENSBURGER HEFTE.
Quelle: Zimbardo, Philip G.: Psychologie. Berlin/Heidelberg/New York [6]1995.

Träume richtig deuten

Interview mit Johannes W. Schneider

von Klaus-Dieter Neumann

Dr. Johannes W. Schneider, *geb. 1928. Nach dem Studium von Pädagogik, Psychologie und Geschichte ein einjähriges heilpädagogisches Praktikum in Schweden. Dann zehn Jahre Lehrer an einer süddeutschen Waldorfschule. Seit 1965 als Vortragsredner und Seminarleiter tätig, seit 1970 auch in der Ausbildung von Kindergärtnerinnen und Altenpflegerinnen. Sein besonderes Interesse gilt neben der Entwicklungspsychologie den ostasiatischen Kulturen.*

Buchveröffentlichungen: „Michael und seine Verehrung im Abendland" (Dornach 1981); „Erinnerungen an frühere Erdenleben?" (Dornach 1996); „Vom Sinn und Wert der Lebenskrisen" (Dornach 1998); „Träume besser verstehen" (Stuttgart 1999); „Der Doppelgänger, die Schattenseite unserer selbst" (Dornach 2000).

Es gibt Tage, an denen wir morgens bester Laune aufwachen, uns vom Schlaf erquickt fühlen und uns gestärkt an die Aufgaben des Tages machen. Alles geht wunderbar von der Hand, und unsere Gedanken, Gefühle und Taten scheinen vom Schlaf frisch impulsiert. Manchmal tauchen dabei Traumerinnerungen auf – einzelne Bilder oder auch ganze Handlungsabläufe –, die unsere gute Stimmung ganz offensichtlich mittragen.

Aber es gibt auch Tage, an denen man mürrisch und geradezu gerädert aufwacht, so als hätte man die ganze Nacht nicht geschlafen, sondern mit unerfreulichen Arbeiten zugebracht. Dann fällt einem vielleicht ein, daß man scheinbar die ganze Nacht im Traum am Fließband gearbeitet oder sich durch unsägliche Prüfungsunterlagen gequält hat.

Oft werden wir uns aber gar nicht bewußt, wie entscheidend unsere Stimmung am Morgen, manchmal auch am ganzen Tag, von unseren Schlaf- und Traumerlebnissen beeinflußt wird, weil wir uns nur sehr dürftig an unsere Träume erinnern. Vielleicht tauchen einzelne Szenen auf: dunkle Gestalten, die drohend das Bett umstehen, engelgleiche Wesen, die einen an tiefen Weisheiten teilhaben lassen, oder auch nur Fetzen des üblichen Tagesgeschehens, das sich in merkwürdige Bilder gekleidet hat.

Oder man erinnert sich an einen lauten Schrei, den man nachts im Traum ausgestoßen hat: „Bleib stehen, du Tier!“ Mit diesem Gebrüll habe ich jedenfalls einmal in einem düsteren Gangsystem das Blatt gewendet und versucht, ein teuflisches Wesen, das mich zunächst bedrohte und verfolgte, zum Kampf zu stellen. Es war ein ziemlich grausiger Traum, bis ich es schaffte, mich umzuwenden und nun selbst die Jagd aufzunehmen. Der Teufel hat sich angesichts meines entschlossenen Wütens feige verzogen. Er hat sich aufgelöst und war einfach nicht zu packen. Einerseits war es ein sehr unheimlich „reales“ Erlebnis, andererseits habe ich mich noch lange über meinen Mut gefreut, mit dem ich dieses Wesen zum Kampf gefordert habe.

In dem folgenden Interview zeigt Dr. Johannes W. Schneider, Psychologe und Dozent, daß die Stimmung, die aus einem Traum nachwirkt, auch ein wichtiger Schlüssel zur Stärkung der Erinnerung an unsere Träume ist. Und bei der Traumdeutung setzt die Berücksichtigung der Gefühle, die durch den Traum ausgelöst wurden und die in der Stimmung nachwirken, oft erst die entscheidenden Akzente. Um Träume richtig zu deuten, ist darüber hinaus eine Unterscheidung zwischen Traumbild und Traumhandlung unerläßlich, denn oft ist die Handlung wichtiger als die Bilder, in die sie sich kleidet.

Woher stammt eigentlich die Weisheit, die in manchen Träumen erlebbar wird? Wie entstehen Träume, und durch welche speziellen Fähigkeiten zeichnet sich der Bewußtseinszustand des Träumens aus? Wie kann man Träume besser erinnern und verstehen? Das sind u.a. Fragen, die in diesem Interview anhand von Beispielen besprochen werden: Einschlaf- und Aufwachträume, Träume vom Fliegen, prophetische Träume, Träume von Verstorbenen und Träume, die mit karmischen Beziehungen und Erlebnissen aus früheren Erdenleben zu tun haben.

Die Notwendigkeit des Schlafes

Klaus-Dieter Neumann: Normalerweise denken wir, daß wir schlafen müssen, weil wir ermüden. Rudolf Steiner regt einmal dazu an, diesen Vorgang umgekehrt zu betrachten, daß wir nämlich ermüden, weil wir schlafen müssen. Er betont also die unabdingbare Notwendigkeit des Schlafes. Warum gehört der Schlaf unabdingbar zum menschlichen Leben dazu? Warum muß der Mensch in gewissen Zeitabständen immer wieder schlafen?

Johannes W. Schneider: Wenn wir Ermüdung als das Ergebnis von Arbeit auffassen, dann müßten ja Faulpelze ein sehr geringes Schlafbedürfnis haben. Aber das ist offenbar nicht der Fall, denn die schlafen oft gerne besonders lange. Daran sieht man ganz einfach, daß diese Argumentation nicht schlüssig ist. Daher würde ich eine andere Betrachtungsweise in den Vordergrund stellen: Wir sind im Tagesbewußtsein in Distanz zur Welt. Das Wesen des Ich besteht aber in einer Verbindung mit der Welt. Und weil diese Verbindung während des Wachbewußtseins zumindest geschwächt, wenn nicht sogar abgerissen ist, brauchen wir den Zustand des Tiefschlafes, um wieder in Einheit mit der Welt leben zu können.

K.-D.N.: Könnte man das auch so ausdrücken, daß der Mensch nicht nur ein physisch-materielles, sondern auch ein geistig-seelisches Wesen ist und insofern nicht nur der sinnlichen Erdenwelt, sondern auch einer seelisch-geistigen Welt angehört, in die er jede Nacht, wenn er schläft, eintaucht?

J.W. Schneider: Ja. Und man könnte noch hinzufügen, daß der Mensch auch während des Tagesbewußtseins in einer stärkeren Kommunikation mit der Welt leben kann, also die geistige Welt nicht nur jenseits der Grenze des Einschlafens zu finden ist. Auch während des Tagesbewußtseins kann der Mensch die geistige Welt finden, zumindest augenblicksweise.

K.-D.N.: Ist die Selbstvergessenheit das entscheidende Charakteristikum des Tiefschlafes?

J.W. Schneider: Ja, aber auch die kann es ansatzweise im Tagesbewußtsein geben. Wir schaffen es im allgemeinen zwar nicht, lange darin zu leben, aber es gibt solche Momente. Das kann auch erklären, daß Menschen, die weitgehend selbstvergessen einer Aufgabe dienen, zu außerordentlichen Leistungen, auch was die Dauer des Wachseins betrifft, in der Lage sind.

K.-D.N.: Können Sie dazu mal ein Beispiel nennen?

J.W. Schneider: Für mich ist das große Beispiel Dag Hammarskjöld, der von 1953 bis 1961 Generalsekretär der UNO war. In der Krise im Herbst 1956 hat er in einer ganzen Woche nicht mehr als zwei Stunden geschlafen, leistete aber in höchster Aktivität seine verantwortliche Arbeit. Das war natürlich nicht sein übliches Pensum, aber in so einer außergewöhnlichen Situation der Belastung war es ihm möglich.

K.-D.N.: Könnten Sie einmal vor dem Hintergrund, den wir jetzt umrissen haben, erklären, wie die Erfrischung und Erneuerung der menschlichen Lebenskräfte im Schlaf geschehen?

J.W. Schneider: Diese Wirkung des Schlafes beruht vor allem auf der Selbstvergessenheit. Indem die Distanz zur Welt im Schlaf aufgegeben wird, hat der Mensch wieder Anschluß an diejenige Welt, die dem Wesen seines Ich entspricht. Das geschieht aber nicht immer in der gleichen Weise und Intensität während jedes Schlafes. Man kann z.B. sehr lange schlafen und trotzdem am Morgen erschöpft sein. Zur Erneuerung der Lebenskräfte gehört auch, daß die Probleme des vergangenen Tages aufgearbeitet werden. Die Regeneration geschieht also nicht einfach durch den Zustand des Schlafes, sondern dadurch, daß man wieder mit sich selbst einig wird.

Dazu möchte ich einen grundsätzlichen Gedanken anführen, der zu wenig beachtet wird. Gewöhnlich wird heute die Persönlichkeit des Menschen vom Wachbewußtsein her als eine in sich geschlossene Einheit gedacht. Und es muß viel stärker berücksichtigt werden, daß das Ich zu einer ichhaften Umwelt, die Seele zu einer Seelenwelt, der Lebensorganismus zu dem Leben der Erde und der physische Leib zu einer physischen Umgebung gehören, daß sie aus ihrer jeweiligen Umwelt leben, aus der sie für das gewöhnliche Tagesbewußtsein herausgelöst sind. Für das Ich und das Seelenwesen des Menschen, den Astralleib, tritt während des Schlafes ein, daß sie wieder mit *ihrer* Welt in Zusammenhang stehen, in sie völlig eingebettet sind.

Im Traum entschwindet dem Ich die Kontrolle

K.-D.N.: Welches sind die wesentlichen Unterschiede der drei menschlichen Bewußtseinszustände Wachen, Träumen und Schlafen?

J.W. Schneider: Das Tagesbewußtsein ist dadurch charakterisiert, daß alle Seeleninhalte mehr oder minder der Kontrolle des Ich unterliegen. Ich bestimme, welche Gedankeninhalte ich habe, wofür ich mich begeistere, was ich tue usw. Und wir haben im Tagesbewußtsein ein deutliches Erleben einer Gegenstandswelt, d.h. einer Welt, der wir gegenübertreten. Und durch das Gegenübertreten wird die Welt zum Bild.

Im Traum haben wir zwar auch ein Bildbewußtsein, aber eine weniger deutliche Distanz zu den Bildern. In die Traumhandlung sind wir einverwoben, wir können uns nicht ohne weiteres aus ihr lösen. Im Bewußtseinszustand des Träumens entschwindet dem Ich die Kontrolle über die Traumhandlung, im allgemeinen kann man nicht bestimmen, wie die Traumhandlung weiter verläuft.

Und im Tiefschlaf verschwindet schließlich auch das Bildbewußtsein. Der Mensch befindet sich in der Selbstvergessenheit, er vergißt sich, indem er in die geistige Welt eintaucht. In Ansätzen kennt man das auch aus dem Tagesbewußtsein, wenn man z.B. so intensiv in einem Gedankeninhalt lebt, daß man von sich selbst gar nichts mehr weiß und ähnlich wie beim Tiefschlaf die Erinnerung schweigt. Im Wachbewußtsein sind uns die Zustände des Schlafes und des Traumes nicht ganz fremd.

K.-D.N.: Kann man in ähnlicher Weise wie beim Schlaf sagen, daß Träumen notwendig zum menschlichen Leben gehört? Warum träumt der Mensch?

J.W. Schneider: Den erholenden Tiefschlaf brauchen wir, um existieren zu können. Wir könnten uns nicht im Wachbewußtsein aufrechterhalten, wenn wir nicht immer wieder schlafen würden. In diesem Sinne braucht der Mensch den Traum nicht. Aber der Traum ist das Mittel, durch das wir etwas aus der Tiefschlafwelt in unser gewöhnliches Bewußtsein hereinbekommen. Denn an den Tiefschlaf selbst können wir uns in aller Regel nicht erinnern, allenfalls an ganz schwache Spuren. Aber an das Bildbewußtsein des Traumes können wir uns erinnern. Daher spielt der Traum für unser Bewußtsein eine bedeutende Rolle. Aber für unsere Existenz brauchen wir den Traum nicht unbedingt.

K.-D.N.: Dient der Traum der Aufarbeitung und Verarbeitung des vorangegangenen Tages?

J.W. Schneider: Die Verarbeitung des Tages geschieht eigentlich im Tiefschlaf. Im Traum kommt diese Aufarbeitung vielleicht zur Geltung, indem sie sich in ihm widerspiegelt, aber es ist ein häufig geäußertes Mißverständnis, das wir im Traum selbst etwas aufarbeiten. Man kann z.B. anhand der Träume von Menschen, die an einer Phobie, an krankhaften Angstzuständen leiden, bemerken, daß die Angsterlebnisse im Traum nicht mehr so überwältigend wirken, daß der Mensch beginnt, sich gegen eine herankommende Gefahr zu wehren oder ähnliches. Im Traum wird eine Wandlung der Persönlichkeit gespiegelt, die aber im Tiefschlaf oder im Wachzustand erfolgt. Die Widerspiegelung ist charakteristisch für den Traum, die Verarbeitung selbst findet aber nicht im Traum statt.

Der Traum entfaltet sich zwischen Gedächtnisträger und Seele

K.-D.N.: Wie kann man das Träumen menschenkundlich erklären? Was geschieht in den Wesensgliedern des Menschen, wenn er träumt?

J.W. Schneider: Während des Wachbewußtseins ist das menschliche Ich dominant, das sich als Gegenüber zur Welt erlebt und sich ihr zuwendet. Die Sinneseindrücke, die wir von der Welt bekommen, werden von Empfindungen und Gefühlen begleitet. Wir orientieren uns an der exakten Sinneswahrnehmung, die von den Gefühlen nur mehr oder weniger begleitet wird. Wenn wir einschlafen, tritt das Ich in seiner Führungs- und Kontrollfunktion zurück. Der Traum wird nicht mehr vom Ich geplant und geführt. Auch die Eindrücke, die uns die Sinne vermitteln, treten zurück. Sinneseindrücke können zwar auch in den Traum hineinwirken, wie wir das z.B. immer wieder erleben, wenn der Wecker klingelt. Das Geräusch kann sich in der Traumhandlung in einem schreckhaften Erleben widerspiegeln. Aber im großen und ganzen schweigen die Sinneseindrücke.

Der Traum entfaltet sich nun zwischen den beiden Wesensgliedern, die während des Tages eher zurückhaltend wirken. Das ist zum einen der Lebensorganismus des Menschen, der als Gedächtnisträger die Bilder bewahrt, und das ist zum anderen das Seelenwesen des Menschen, das die Traumhandlung entwirft. Zwischen diesen Wesensgliedern bildet sich das Traumgeschehen, das Anteile von beiden enthält: Zum einen besteht der Traum aus Bildern, und zum anderen werden diese Bilder zur Traumhandlung zusammengefügt. Die Traumhandlung wird von der Seele des Menschen, dem Astralleib, bestimmt, während die Bilder aus dem Lebensorganismus des Menschen, dem Ätherleib, dem Gedächtnisträger, kommen.

K.-D.N.: Können im Traum nur Bilder auftreten, die bereits im Gedächtnis gespeichert sind, oder können auch neue Bilder erscheinen?

J.W. Schneider: In der Regel treten gewohnte Bilder auf, aber sie bekommen oft einen ganz neuen Sinn. Daran kann man das Wirken der Seeleninstanz, des Astralleibes, ablesen. Aber es ist natürlich auch möglich, daß ganz neue Bilder auftauchen. Meist treten aber vertraute Bilder auf, entweder in einer gewohnten oder in einer neuen Bedeutung. Das hängt jeweils davon ab, wie sehr der Gedächtnisträger oder der Dramatiker, der Erfinder der Traumhandlung maßgeblich ist.

Die Stärkung der Erinnerung an Träume

K.-D.N.: Träumt jeder Mensch jedes Mal, wenn er schläft?

J.W. Schneider: Das ist umstritten. Sowohl in der medizinischen als auch in der psychologischen Schlafforschung wird häufig die Annahme vertreten, daß die REM-Phasen (REM = Rapid Eye Movements), also die Phasen des Schlafes, in denen der Mensch sich nicht im Tiefschlaf, sondern weit näher am Wachen befindet, die Traumphasen sind. Die REM-Phasen sind relativ lang, sie dauern von einigen Minuten bis zu einer halben Stunde und länger. Ich glaube, daß die Traumphasen wesentlich kürzer sind. Demnach würden die Träume zwar in den REM-Phasen stattfinden, aber nicht die gesamte REM-Phase wäre die Traumphase. Wir träumen nicht während der gesamten REM-Phase, wenn man unter Träumen das Leben in Bildern versteht.

K.-D.N.: Manche Menschen behaupten, daß sie nicht oder aber nur sehr selten träumen. Kann man davon ausgehen, daß die einzelnen Menschen sich nur unterschiedlich intensiv an ihre Träume erinnern?

J.W. Schneider: Es ist zweifellos der Fall, daß die Erinnerung an Träume sehr unterschiedlich ist. Und das hängt sicher mit der jeweils unterschiedlichen Art des Aufwachens zusammen. Wenn man sehr abrupt aufwacht, dann wird die Traumerinnerung unsicherer, schwächer und vielleicht auch ganz verschwinden. Es ist durchaus möglich, daß ein Mensch so schnell aufwacht, daß sich die Bildwelt des Traumes in der Erinnerung gar nicht entfalten kann.

Aber wenn keine Traumerinnerung da ist, kann das auch bedeuten, daß der Mensch gar nicht geträumt hat. Der Übergang vom Tiefschlaf zum

Wachen muß nicht über den Traum gehen. Für den Traum ist zwar charakteristisch, daß er in diesem Übergang liegt, aber er muß nicht notwendigerweise auftreten. Und das gilt auch entsprechend für die Einschlafträume.

K.-D.N.: Wie kann man die Erinnerung an Träume stärken?

J.W. Schneider: Vor allen Dingen dadurch, daß man den Traum nachklingen läßt. Und das ist natürlich etwas schwierig, wenn man mit dem Klingeln des Weckers aus dem Bett springt und sich sofort ans Tageswerk macht. Aber wenn man die Möglichkeit hat, sich nach dem Aufwachen noch ein wenig Zeit zu gönnen, dann kann man zunächst die Stimmung des Traumes nachklingen lassen. Oft sind nämlich die Bilder des Traumes verschwunden, aber man hat eine gewisse Nachstimmung, wie man in der Psychologie sagt, also die Stimmung, die man aus dem Traum mitbringt, und nicht diejenige, die man erst im Rückblick auf den Traum als tagwacher Mensch entfaltet. Nur diese Nachstimmung ist interessant, und zwar nicht nur für die Erinnerung, sondern dann auch für das Verständnis der Träume.

Wenn man sich in diese Nachstimmung, die aus dem Traum kommt, wieder hineinlebt, entfalten sich aus dieser auch am ehesten die Traumbilder. Sie kommen dann gewissermaßen wieder zurück, wie ja auch im Verlauf des Tages eine dem Traum verwandte Stimmung zur Wiedererinnerung des Traumes führen kann. Das kann Stunden nach dem Aufwachen geschehen, daß der Traum in einer bestimmten Stimmung wieder auftaucht. Die Stimmung ist also der sicherste Weg, um an den Trauminhalt, sowohl die Traumbilder als auch die Traumhandlung, wieder heranzukommen.

Das bezieht sich zumindest auf den Teil des Traumes, aus dem diese Stimmung entstanden ist. Denn sehr häufig haben wir nur Erinnerungen an Teile von Träumen, oft an den Schluß oder an Höhepunkte des Traumes. Oft können wir uns an ganze Passagen eines Traumes nicht erinnern, wissen aber von den Höhepunkten noch ganz genau. Man weiß vielleicht noch, daß man irgendwie einen Weg gegangen ist, auf dem man einer Fülle von Eindrücken ausgesetzt war, die man aber nicht mehr im einzelnen erinnern kann. Aber an die Stelle, die man schließlich erreichte, und an das Ereignis, das dort eintrat, kann man sich unter Umständen noch sehr genau erinnern. Bestimmte Teile des Traumes, die offenbar keinen tiefen Eindruck gemacht haben, sind weitgehend verschwunden, sie haben sich in die Nachstimmung des Traumes nicht eingegraben.

K.-D.N.: Kann das Führen eines Traumbuchs hilfreich sein, sich stärker zu erinnern und bewußter mit den Träumen umzugehen?

J.W. Schneider: Zunächst sollte man versuchen, durch das Besinnen auf die Nachstimmung die Traumhandlung wieder aufzubauen. Wenn man den Traum dann aufschreibt, verbindet man sich willensmäßig stärker mit dem Trauminhalt. Das gilt aber nicht nur für ein Traum-, sondern auch für ein Tagebuch. Durch das Führen eines Tagebuchs verbindet man sich intensiver mit seinen Tageserlebnissen, sie bleiben länger gegenwärtig, und man kann sie auch später wieder nachlesen. Das Führen eines Traumtagebuchs kann durchaus die Fähigkeit steigern, beim Aufwachen Inhalte des Traumes genauer, sicherer und vor allen Dingen vollständiger in das Wachbewußtsein hereinzubekommen. Man gewöhnt sich dadurch daran, den Übergang von der Traumbildwelt in die Bildwelt des Tagesbewußtseins aufmerksamer zu durchleben.

K.-D.N.: Ist es sinnvoll, ein Traumbuch neben das Bett zu legen, um einen Traum aufzuschreiben, falls man nachts aufwacht?

J.W. Schneider: Das kann durchaus Sinn machen, weil es doch besondere Träume sind, die mitten in der Nacht und nicht vor dem morgendlichen Aufwachen kommen. Unter Umständen sind das besonders wichtige Träume. Man macht auch oft die Erfahrung, daß man in der Nacht aufwacht und das Gefühl hat, gerade einen wichtigen Traum gehabt zu haben, an den man meint, sich am nächsten Morgen erinnern zu müssen. Aber am nächsten Morgen ist die Erinnerung an den Traum verschwunden. Man weiß zwar noch, daß man einen besonderen Traum gehabt hat und sich an ihn erinnern wollte, der Traum will einem aber nicht mehr einfallen. Insofern ist es eine gute Hilfe, wenn man solche interessanten und bedeutenden Träume gleich in der Nacht aufschreibt.

Während des Träumens sind wir von der Traumwelt umschlossen

K.-D.N.: Grundlegende Unterschiede der menschlichen Bewußtseinszustände Wachen, Träumen und Schlafen haben wir schon besprochen. Durch welche Merkmale unterscheidet sich der Traum nun im einzelnen vom Wachbewußtsein?

J.W. Schneider: Das Gemeinsame dieser beiden Bewußtseinszustände ist das Bildbewußtsein. Sowohl während des Traumes als auch im Wachbewußtsein erleben wir die Welt in Bildern. Aber die Bilder sind verschiedener Art. Im Wachbewußtsein erleben wir eine Distanz zu den Dingen und sehen die Welt dreidimensional. Ich sehe z.B. einen Baum, der in einer bestimmten Entfernung steht und dort auch bleibt. Das gibt uns die Grundlage für ein deutliches Ichbewußtsein, denn so stabil wie der Gegenstand an seinem Platz ist, so stabil erlebe auch ich mich an meinem.

Und eben diese Dreidimensionalität der Bilder verschwindet im Traum. Während des Träumens ist der Mensch von der Traumwelt umschlossen. Es wird häufig gesagt, daß wir im Wachbewußtsein dreidimensional sehen und im Traum zweidimensional. Ich glaube aber, daß das spekulativ formuliert ist. Die Traumwelt ist nicht zweidimensional, sondern wie eine Sphäre, eine Glocke, die den Träumenden umgibt. Aber wir erleben diese Sphäre nicht so, wie wir die Wände eines Raumes im Wachbewußtsein sehen, indem wir einen Abstand zu den Wänden haben und wissen, daß sich dahinter weitere Dinge befinden, sondern diese Glocke ist die ganze Welt des Träumenden. Das ist im übrigen in einer verwandten Form auch bei dem Lebenstableau an der Todesschwelle der Fall. Auch das Erleben des Lebenstableaus ist nicht im strengen Wortsinn zweidimensional, sondern das Tableau ist wie eine Sphäre, die den Menschen umgibt. Diese Art von Raumerleben – so kann man es noch nennen – haben wir auch im Traum.

Ein weiterer Unterschied besteht darin, daß im Traum das Bild weniger gedankendurchdrungen ist als im Wachbewußtsein, obwohl das Gedankenleben noch in die Traumwelt hineinragt. Wenn ich im Traum einen Hund sehe, der mich verfolgt, habe ich durchaus eine Art Begriff vom Hund. Mir ist deutlich, daß es sich um ein Tier handelt, das schnell laufen, das beißen kann usw. So bleibt vieles von den Gedanken, die uns eine Orientierung in der Welt geben, im Traum erhalten. Aber diese Gedanken sind im Traum nicht korrigierbar. Im Wachbewußtsein kann man sich z.B. sagen, daß einem ein Hund nur dann gefährlich werden kann, wenn er frei herumläuft, aber nicht, wenn er an einer Kette ist. Diese Unterscheidung macht man im Traum im allgemeinen nicht.

Auch das folgerichtige, kritische Denken entschwindet im allgemeinen im Traum. Nur in wachnahen Regionen des Traumes kann das kritische Denken sich geltend machen. Es kommt z.B. vor, daß man im Traum anfängt zu überlegen, ob man wacht oder träumt. Während eines Traumes, den ich einmal hatte, kam ich zu dem Schluß, daß ich das leicht feststellen könne, indem ich mir in den Oberschenkel kneife. An der Komplexität dieses Gedankengangs kann man schon sehen, daß eine große Nähe zum Wachbewußtsein da ist. Aber solche Gedanken sind nicht typisch für den

Zu den Fähigkeiten des Traumes

„Beim Übergang in den Traum gehen [...] einige Fähigkeiten des Wachbewußtseins verloren:

1. die Distanz zu den Erlebnisinhalten,
2. das folgerichtige Denken,
3. die Beachtung der Naturgesetze,
4. die räumliche und die zeitliche Perspektive,
5. die Initiative, die dem Traumverlauf eine andere Wendung geben könnte."

„Der Traum steigert [...] einige Fähigkeiten des Wachbewußtseins und hat einige vom normalen Wachbewußtsein abweichende Fähigkeiten:

1. Der Traum greift auf, was im Wachbewußtsein kaum beachtet, fast vergessen oder verdrängt wurde.
2. Der Traum projiziert Erlebnisinhalte nach außen und verbildlicht sie. Sie kommen dann von außen auf den Träumer zu.
3. Der Mensch kann sich von außen sehen, was eine beginnende Souveränität des Menschen sich selbst gegenüber anzeigt.
4. Der Traum überträgt Erlebnisinhalte des Wachbewußtseins auf andere Personen oder Situationen oder verteilt sie auf mehrere Personen oder Situationen.
5. Der Traum ist nicht gebunden an die Enge des Bewußtseins, er kann in kurzer Zeit weit mehr Erlebnisinhalte durchgehen als das Wachbewußtsein.
6. Der Traum komponiert die Handlung von ihrem Höhe- und Schlußpunkt her.
7. Der Traum symbolisiert."

Aus: Johannes W. Schneider: Träume besser verstehen. Stuttgart 1999, S.18 und S.34.

Traum, sie sind eine Randerscheinung. Üblicherweise ist man der Traumhandlung ausgeliefert, ohne auf Distanz gehen zu können. Die Distanz ist aber notwendig, um kritisch denken zu können.

Einschlaf- und Aufwachträume

K.-D.N.: Was ist der Unterschied zwischen Einschlaf- und Aufwachträumen?

J.W. Schneider: In der Regel haben wir in den Einschlafträumen ein Nachklingen des Tagesbewußtseins. Inhalte des Tagesbewußtseins klingen beim Einschlafen nach, aber nicht alle, sondern nur diejenigen Inhalte, die man mit seinem Willen verbunden hat. Am Tage interessiert man sich für dieses und jenes gedanklich, man denkt darüber nach, setzt sich damit auseinander usw. Der Wille aber interessiert sich manchmal für Dinge, die für das Denken gar nicht interessant erscheinen. Und eben diese Inhalte tauchen im Einschlaftraum auf. So kann es z.B. sein, daß man von einem Menschen träumt, den man in seinem Gedankenleben kaum beachtet, für den sich aber der Wille interessiert hat.

Wir haben also im Einschlaftraum nicht einen einfachen Nachklang des Tagesbewußtseins, sondern es werden neue Akzente gesetzt. Dasjenige, was für den Willen und für die tieferliegenden Gefühle interessant war – sowohl Liebe als auch Haß, weniger für die ästhetischen Gefühle des Gefallens –, das taucht im Einschlaftraum auf. Das kann auch im Aufwachtraum auftauchen, aber bei den Aufwachträumen kommt noch hinzu, daß wir in ihnen unsere eigentlichen Wahrträume haben. Wahrträume sind in der Regel Aufwachträume, d.h. sie bringen etwas von der Weisheit der Tiefschlafwelt in die Nähe des Wachbewußtseins, wodurch diese weisheitsvollen Erlebnisse überhaupt erst erfaßbar und erinnerbar werden.

Klare Unterscheidung zwischen Traumbild und Traumhandlung

K.-D.N.: In Ihrem Buch „Träume besser verstehen" (Stuttgart 1999) machen Sie deutlich, daß für ein Verständnis der Träume eine klare Unterscheidung zwischen Traumbild und Traumhandlung vorgenommen werden muß. Könnten Sie das einmal anhand eines Beispiels erklären?

J.W. Schneider: Nehmen wir folgenden Traum: Ich gehe auf einem Spaziergang durch eine sehr schöne, sonnenbeschienene Landschaft. Der Weg führt dann in ein immer schmaler werdendes Tal hinein, und dieses Tal endet in einer großen weiten Höhle, in die ich schließlich eintrete. Als ich ein Stückweit in dieser Höhle gegangen bin, beginnen die Felsen um mich herum zu krachen.

Wenn man nun in der Traumdeutung nur von Bildern ausgeht, dann wird man zunächst danach fragen, was dieser Kontrast zwischen sonnenbeschienener Landschaft und krachenden Felsen in einer Höhle bedeutet. Wenn man dagegen von der Traumhandlung her deutet, dann ist der Weg das eigentlich Interessante. Ich gehe von einer sonnenbeschienenen, harmonischen und friedlichen Landschaft, die ein Bild für die Tiefschlafwelt ist, in ein enger werdendes Tal und schließlich in eine Höhle hinein, die ein

Bild für meinen Leib ist. Wir haben damit einen ganz typischen Aufwachtraum, in dem man den Vorgang des Aufwachens träumt.

In bestimmten Aufwachträumen liegt eine Verwandtschaft mit Erlebnissen an der Todesschwelle vor. Wenn der physische Leib von außen her wahrgenommen wird, dann wird das häufig von solchen Geräuschen wie Ächzen, Knarren und Krachen begleitet. Der Sterbende hat sich dann schon soweit gelöst, daß er nicht mehr von innen her die Welt betrachtet, sondern von außen seinen Leib erlebt. Ähnliche Vorgänge findet man auch in den Aufwachträumen. Und wenn ich den geschilderten Traum von der Traumhandlung her deute, würde ich zunächst vermuten, daß es ein Traum ohne tiefere Bedeutung ist, in dem einfach nur der Prozeß des Aufwachens verbildlicht wird.

Außer den Traumbildern und der Traumhandlung muß man nun aber als drittes auch noch die Nachstimmung des Traumes berücksichtigen. Man kann z.B. aus solch einem Traum mit dem Gefühl aufwachen: Das meint mich, das ist meine Lebenssituation. Diesen Traum hat jemand komponiert, der mich genau kennt. Dann würde die Nachstimmung viel eher auf einen Wahrtraum hindeuten, der meine jetzige Lebenssituation beinhaltet, in der ich aus welchen Gründen auch immer in die Klemme gekommen bin. Diese Deutung würde ich aber nie geben, wenn nicht durch die Nachstimmung ein Anlaß dafür gegeben ist. Denn zunächst einmal liegt es viel näher, daß in diesem Traum das Aufwachen selbst zum Ausdruck kommt. Das Entscheidende dieses Traumes ist der Weg von der sonnenbeschienenen Landschaft in das Innere der Erde hinein, in das Innere meines Leibes.

Die Deutung dieses Traumes kann sehr unterschiedlich ausfallen, je nachdem ob man von den Bildern und Symbolen oder von der Traumhandlung ausgeht. Allein das Symbol der Höhle ließe einen weiten Raum der Spekulation. Und wenn man Symbole in ihrer Bedeutung festlegt, kann das sehr schnell in die Irre führen.

K.-D.N.: Mit gleichen Bildern und Symbolen kann also jeweils Verschiedenes gemeint sein?

J.W. Schneider: Ja, und das gilt nicht nur für den Traum, sondern auch für Märchen und Mythen. Nehmen Sie z.B. das Bild des Waldes im Märchen. Das kann ganz unterschiedliche Bedeutungen haben: Der Wald kann ein Bild für die bergende Umgebung sein, die Schutz vor der bösen Stiefmutter bietet. Mit dem Bild kann die Welt gemeint sein, durch die Schneewittchen auf dem Weg vom Königsschloß zum Haus der sieben

Zwerge hindurchgehen muß und in der ihr die Kleider zerrissen werden. Der Wald kann die Welt sein, in der man sich verirrt, es kann der Wald der Menschenfresser sein usw. Das Symbol Wald ist also in den Märchen und Mythen wie auch in unseren Träumen sehr vielgestaltig. Es gibt zwar Symbolverwendungen, z.B. in der chinesischen Kultur, bei denen der Inhalt der Symbole weitgehend konstant ist, aber wenn wir unsere Volksmärchen betrachten, dann müssen wir das Symbol immer vor dem Hintergrund der Handlung deuten.

Der Dramatiker der Traumhandlung

K.-D.N.: Sie sprechen in Ihrem Buch immer wieder vom Dramatiker der Traumhandlung. Was ist darunter zu verstehen? Wer ist dieser Dramatiker, der die Traumhandlung lenkt?

J.W. Schneider: Das ist die Seele, der Astralleib des Menschen. Die Traumhandlung steht eigentlich schon zu Beginn des Traumes im großen und ganzen fest. In dem Traum, den ich eben geschildert habe, steht von vornherein fest, daß sich der Traum nicht in einem Spaziergang in der sonnenbeschienenen Landschaft erschöpfen wird. Die gesamte Traumhandlung ist bereits angelegt, also der ganze Weg von der schönen Landschaft in die Höhle. Der Dramatiker der Traumhandlung weiß also von vornherein, worauf der Traum hinausläuft.

Den Ausdruck Dramatiker habe ich gewählt, weil mich das Konzept der Traumhandlung an die Dramendichtung erinnert. Wenn Schiller seinen „Wallenstein“ mit dem Leben der Soldaten im Lager beginnt, dann wartet er nicht, ob ihm während des Dichtens irgendeine Idee kommt, wie Wallenstein ermordet werden kann, sondern diese Szene in Wallensteins Lager ist von vornherein eine Hinführung auf das innere Dilemma und den Konflikt: der bei den Soldaten beliebte Feldherr, der aber beim Kaiser, gerade auch wegen dieser Beliebtheit, Mißtrauen erweckt.

So konzipiert auch der Dramatiker die Traumhandlung, und dabei greift er die Bilder auf, die ihm der Gedächtnisträger anbietet. Der Dramatiker ist der Astralleib, das Seelenwesen des Menschen, und der Gedächtnisträger ist der Lebensleib, der Ätherleib des Menschen, in dem die Spuren unserer Erlebnisse eingegraben sind.

K.-D.N.: Wie ist es zu erklären, daß ein Traum in einem lauten Knall endet – etwa einem Schuß –, durch den man wach wird und dann gerade noch bemerkt, daß der Knall von draußen von der Straße kommt?

J.W. Schneider: Dieses Beispiel zeigt, wie der Dramatiker komponiert. Man wird durch den Knall auf der Straße geweckt. Das heißt, der Auslöser des Traumes kommt als dessen Höhepunkt am Ende. Das ist möglich, weil der Dramatiker des Traumes in einer unglaublichen Geschwindigkeit die Traumhandlung auf diesen Zielpunkt hin komponiert. Dabei muß man berücksichtigen, daß unser gewohntes Zeiterleben im Traum und im Tiefschlaf – wie im übrigen auch in der Meditation – aufgehoben ist.

Wenn wir im Wachbewußtsein denken, brauchen wir eine gewisse Zeit, um einen Gedanken zu entwickeln. Wenn wir uns aber intensiv mit einem Problem beschäftigt haben und uns dann plötzlich die Lösung einfällt, dann können wir bereits im Ansatz erleben, daß die Zeit aufgehoben ist. Denn in dem Augenblick des Einfalls haben wir die Gesamtheit des Problems, die Aufgabenstellung, den Weg und die Lösung in einem Moment gegenwärtig. Danach brauchen wir dann wieder Zeit, um die Gedanken im einzelnen zu entwickeln, um aus dem Einfall der Lösung eine formulierbare Reihe von Gedanken zu machen. – Die Komposition einer Traumhandlung erfolgt in einer Überzeitlichkeit, und auch die gesamte Traumhandlung kann sich in wenigen Sekunden abspielen. Erst mit dem Aufwachen treten wir wieder voll in unser gewohntes Zeiterleben ein.

K.-D.N.: Woher weiß das Seelenwesen des Menschen, daß ein Knall auf der Straße kommen wird? Findet das alles in einer Gleichzeitigkeit statt?

J.W. Schneider: Ich würde es nicht gleichzeitig nennen, sondern überzeitlich. Durch den Knall auf der Straße wacht man abrupt auf. Der Dramatiker der Traumhandlung komponiert einen Traum, dessen Handlung auf solch ein abruptes Ende zuläuft. Welcher Art dieses abrupte Ende dann im Traum ist, das hängt davon ab, welche Bilder zur Verfügung stehen. Wenn man z.B. kurz vorher einen Zusammenstoß zweier Autos aus der Nähe gesehen hat, dann kann sich ein solcher Zusammenstoß auch als Bild für den Knall im Traum hervordrängen. Welches Bild gewählt wird – ein Autounfall, ein Schuß, eine herabstürzende Geröll-Lawine –, das ist für den Dramatiker der Traumhandlung nicht wichtig. Das Bild bietet ihm der Gedächtnisträger an. Und je nachdem, welches Bild gewählt wird, kleidet sich die komponierte Handlung entsprechend ein.

K.-D.N.: Hat es eine Bedeutung, ob Träume schwarzweiß oder farbig erlebt werden?

J.W. Schneider: Das ist nicht besonders bedeutend. Farbige Bilder in einem Traum sind mehr seelendurchdrungen, aber die Bedeutung und Gewichtigkeit eines Traumes hängt nicht von der Farbigkeit ab.

Träume vom Fliegen

K.-D.N.: Durch das Lesen Ihres Buches und der Beispiele für Angst- und Wunschträume, Wahrträume und Träume vom Tod sind mir einige meiner eigenen Träume wieder deutlicher bewußt geworden. Ab einem gewissen Alter in der Kindheit sind z.B. immer wieder Träume aufgetaucht, in denen ich zu meiner großen Freude fliegen konnte. Was liegt da vor?

J.W. Schneider: Das Fliegen ist ein ganz typischer Einschlaftraum. Man träumt z.B., daß man den Kamm eines Berges entlanggeht, und auf einmal erhebt man sich und schwebt über der Landschaft. Das kann sogar ein Physikprofessor träumen, ohne daß er irgendwelche Bedenken hätte, abzustürzen. Denn das kritische Denken hört auf, sobald wir in den Traum hinübergehen. Typisch für einen solchen Einschlaftraum wäre es auch, wenn man nicht nur den festen Boden verläßt und beginnt, über der Landschaft zu schweben, sondern wenn dann auch allmählich die Landschaft unter einem entschwindet, während man weiter in den Himmel aufsteigt. Die Bilder lösen sich dann auf.

Das Fliegen kann aber auch eine andere Bedeutung haben. Es kann Ausdruck einer seelischen Souveränität gegenüber dem Alltagsleben sein. Wenn jemand z.B. immer darunter gelitten hat, daß er sich nicht viel zutrauen konnte, und nun träumt, daß er über einer Landschaft fliegt und alles überschaut, dann kann das ein Anzeichen dafür sein, daß der Betreffende beginnt, seine Befangenheit und Ängstlichkeit zu überwinden. Dann wäre das ein Wahrtraum, der dem Träumenden im Symbol etwas über seine Situation aussagt.

Sie erwähnten, daß diese Träume des Fliegens in der Kindheit auftraten. Es kann z.B. sein, daß ein Kind Schwierigkeiten mit dem Rechnen hat und oft nicht in der Lage ist, die Aufgaben zu lösen. Nehmen wir an, daß es sich dann durch Übung doch eine gewisse Souveränität im Umgang mit dem Einmaleins erwirbt, dann könnte das Fliegen im Traum diese einsetzende Souveränität widerspiegeln. Aber das müßte man im jeweiligen Fall erst untersuchen, ob ein Anlaß besteht, eine so weitgehende Deutung vorzunehmen. Zunächst sollte man das Naheliegende sehen, daß Fliegen ein typischer Einschlaftraum ist, genauso wie das Fallen, der Absturz, das Betreten einer Höhle oder das Kriechen in einer Röhre typische Aufwachträume sind.

K.-D.N.: Nun gingen die Träume manchmal so weit, daß ich das Gefühl hatte, im Traum ein Stückweit aufzuwachen, so daß ich mir der bevorstehenden Situation des Fliegens bewußt wurde und das Fliegen herbeiführen und erüben konnte. Als Kind stieg ich dazu im Traum auf die Kommode in meinem Zimmer und sprang wiederholt, bis sich endlich ein Schweben einstellte. Später nutzte ich im Traum den Gegenwind, um langsam schwebend nach oben getragen zu werden und dann durch die Straßen zu gleiten. Es kam also öfter vor, daß der Traum einer gewissen Steuerung unterlag. Kennen Sie ähnliche Beispiele für ein solches „Aufwachen im Traum" und die Möglichkeit des Eingreifens in die Traumhandlung?

J.W. Schneider: Anhand eines solchen Traumes kann man bemerken, wie das Ich wenigstens zart anfängt, in den Traumverlauf einzugreifen. Es ist ja kein richtiges Aufwachen, denn noch bin ich im Traum. Ich kann z.B. bestimmen, in welche Richtung ich fliege. Ich werde nicht durch die Traumhandlung in eine Richtung gedrängt. Auch in dem Beispiel, das Sie erwähnten, scheint es sich um Träume zu handeln, in denen das Ich durch eine Initiative eingreift. Das kann durchaus geschehen, und zwar muß das nicht durch eine Nähe zum Aufwachen bedingt sein, sondern kann auch in einer vollentfalteten Traumwelt geschehen. Solche Traumsituationen sind sehr interessant, weil es naheliegt, daß es sich dann um einen Wahrtraum handelt.

Weisheit aus der Welt des Tiefschlafes

K.-D.N.: Ich würde gerne noch einen weiteren Traum erzählen. Mit etwa 20 Jahren hatte ich einmal einen bedeutsamen Traum, bei dem ich mir ganz sicher war – auch nach dem Aufwachen –, daß er wirklich und wahrhaftig geschah. Ich befand mich in den Himmeln, in geistigen Regionen, in denen ich von Wesen geleitet wurde, die mir eine starke Ehrfurcht einflößten. In einer sehr besonderen, ernsten und doch glücklichen Stimmung wurde mir gestattet, im Buch des Lebens zu lesen. Dieses Buch war außerordentlich umfassend und bestand wiederum aus vielen weiteren Büchern, aus denen ich eines auswählen durfte. Ich entschied mich für das Buch der Naturwissenschaften, in dem ich ausgiebig über die Geheimnisse der Beschaffenheit der Welt las. Einzelheiten daraus entschwanden mir nach dem Aufwachen sehr schnell, und ich kann mich heute nicht mehr daran erinnern. Der Traum als ganzer war aber eine Art Richtungsweiser für mich. – Woher stammt die Weisheit, die einem in manchen Träumen zuteil werden kann?

J.W. Schneider: Die Weisheit stammt aus der Welt des Tiefschlafes, also aus der geistigen Welt. Wahrträume spiegeln das Erleben des Tiefschlafes wider.

Wenden wir uns einmal diesem Traum zu: Der Ausdruck Buch des Lebens ist ja aus der religiösen Überlieferung gut bekannt. In ihm sind alle Taten, Gedanken und Gesinnungen eines Menschen aufgezeichnet, die dann beim Jüngsten Gericht beurteilt werden. Der von Ihnen erzählte Traum geht dann noch über diese Bedeutung hinaus. Grundsätzlich kann man sagen, daß Wahrträume aber eigentlich nichts Allgemeingültiges schildern, sondern daß sie vornehmlich den Träumenden selbst meinen, sie betreffen einen selbst. Sie drückten es ja auch so aus, daß Sie diesen Traum als eine Art Richtungsweiser für Ihr Leben empfunden haben. Der Traum möchte auf eine bestimmte Richtung hinweisen, in diesem Fall durch das Lesen im Buch der Naturwissenschaften auf ein stärkeres Eingehen auf die Naturerkenntnis. Es hätte z.B. auch ein Buch der Seele sein können, aber Sie wählten das Buch der Naturwissenschaften. Schade, daß Sie sich nicht mehr an Einzelheiten erinnern können. Entscheidend ist aber die Richtungsweisung, durch die eine bestimmte Tendenz im Leben nahegelegt wird.

Prophetische Träume

K.-D.N.: Es gibt auch prophetische Träume. Dazu möchte ich ein Beispiel aus Ihrem Buch zitieren. Die Inderin Indira Devi, eine spätere Meditationslehrerin, hatte diesen Traum im Alter von 15 Jahren:

„Gegen drei Uhr morgens sah Indira im Traum, daß sie ein Kartenhaus baute, als ein tiefes, grollendes Poltern ertönte und das Kartenhaus einstürzte. Aber, seltsam genug, es waren keine Karten, sondern Ziegel und Mörtel, die da zusammenfielen. Sie hörte eine weibliche Stimme deutlich rufen: ‚Steh auf und geh sofort hinaus.' Das wurde so lange wiederholt, bis sie sich genötigt sah, ihr Bett zu verlassen und auf die Veranda hinauszulaufen. Von dort aus sah sie, wie eine ihrer Tanten sich über die Wiege ihres kleinen Sohnes beugte. Bei Indiras Anblick rief sie: ‚Geh zurück ins Bett! Was für einen Unfug hast du jetzt im Sinn?' Indira schrie zurück: ‚Komm heraus, Tantchen, du mußt. Es wird etwas Furchtbares geschehen.' Sie wartete die Antwort ihrer Tante nicht ab und rannte hinaus durch den Mandelhain auf den Tennisplatz. Kaum hatte sie den Rasen betreten, als ein schreckliches Krachen erdröhnte und das ganze Haus in weniger als einer Minute vor ihren entsetzten Blicken zusammenstürzte." (Zit.

nach: Johannes W. Schneider: Träume besser verstehen. Stuttgart 1999, S.149)

Wie ist es möglich, daß man zukünftige Ereignisse träumt, die dann auch eintreffen?

J.W. Schneider: Gerade bei diesem Traum scheint mir deutlich zu sein, daß eigentlich gar nicht die Zukunft geträumt wird. Denn das Erdbeben ist schon im Gange, auch wenn es noch nicht voll ausgebrochen ist. Ein ähnliches Phänomen haben wir bei Träumen vom bevorstehenden Tod, der durch eine Krankheit bedingt ist, die bereits in einem steckt. Dann träumt man eigentlich keine Zukunft, sondern Gegenwart. Für das Tagesbewußtsein handelt es sich zwar noch um ein zukünftiges Ereignis, für die Realität der eigenen Existenz ist es aber schon Gegenwart. Die Tendenz ist schon wirksam. In dem Beispiel, das Sie zitiert haben, handelt es sich dabei nicht um eine Tendenz in der Seele des Menschen, sondern im Leben der Erde. Im Tiefschlaf ist der Mensch oft mit der Erde, an der Stelle, an der er sich befindet, intensiver verbunden als im distanzierten Wachbewußtsein.

K.-D.N.: Gibt es nicht auch Fälle, in denen Ereignisse vorausgeträumt werden, die sich noch nicht in der Weise anbahnen wie in den eben genannten Beispielen des Erdbebens und des nahenden Todes, der durch eine bereits latent schwelende Krankheit verursacht wird?

J.W. Schneider: Es gibt Fälle, in denen man Ereignisse vorausträumt, deren Veranlagung in der Gegenwart nicht erkennbar ist. Dabei können im Traum auch Bilder der äußeren Welt auftauchen, in denen das Ereignis stattfindet, die einem vorher nicht bekannt waren. Dafür eine schlüssige Erklärung zu geben, ist schwierig und mir bisher nicht möglich.

Rettung aus der Gefahr

K.-D.N.: Kommen wir zu einem weiteren Traum. In jungen Jahren bin ich einmal beim Autofahren am Steuer eingeschlafen. Wir waren zu dritt übermüdet auf der Rückreise von der kroatischen Adriaküste nach Hause, und auch die anderen beiden schliefen. Als ich eingeschlafen war, hatte ich einen Traum, der in einem Zug spielte und darin gipfelte, daß mich jemand mit meinem Spitznamen anbrüllte und ich gleichzeitig einen heftigen Schlag auf den Brustkorb spürte, so daß ich hochschreckte und gerade noch das Steuer herumreißen konnte. Einen Augenblick später wären wir auf die Spitze der Leitplanke einer Abfahrt gerast. – Wer ruft und weckt einen in solchen Momenten?

J.W. Schneider: Schauen wir zunächst den Traum an: Wir haben hier eine auffällige Parallele zwischen der tatsächlichen und der Traumsituation. Sie sitzen im Auto und träumen, daß Sie sich in einem Zug befinden. Das ist ein der irdischen Wirklichkeit sehr nahes Bild. In dieser Handlung, die objektiv wahrscheinlich nur wenige Sekunden gedauert hat, kommt schließlich das Schreckerlebnis, weil Sie angebrüllt werden. Das Entscheidende des gesamten Geschehens ist, daß Sie dadurch aus einer Gefahrensituation gerettet werden. Offenbar war Ihnen aber nicht deutlich, wer Sie angebrüllt hat.

Solche Träume, aber auch entsprechende Erlebnisse im Wachbewußtsein, treten oft in lebensbedrohlichen Situationen auf. Sie können darauf beruhen, daß entweder ein Engel oder ein Verstorbener eingreift. In Ihrem Fall würde ich vermuten, daß es sich um einen Verstorbenen gehandelt hat, der Ihnen zur Hilfe gekommen ist. Es erscheint mir fraglich, ob ein Engel Sie mit Ihrem Spitznamen rufen würde.

In dem Erlebnis, daß Sie sich gleichzeitig wie vor die Brust geschlagen gefühlt haben, ist etwas vorweggenommen, das einen Augenblick später in der Wirklichkeit hätte eintreten können, und zwar durch den Aufprall auf die Leitplanke. Das ist ein interessantes Bild, daß etwas vorweggenommen wird, um dessentwillen der Traum überhaupt auftritt. Der Traum ist also nicht durch den Aufprall ausgelöst worden, denn der hat ja noch nicht stattgefunden, sondern hier wirkt offenbar ein Wesen, das vorausschaut, was passieren wird, wenn es nicht helfend eingreift. Und wegen der Nähe zur äußeren Situation würde ich dabei eher an einen Verstorbenen als an einen Engel denken.

Nun kann es sogar sein, daß bei solchen Traum- oder auch bei ähnlichen Wacherlebnissen derjenige erkennbar wird, der eingreift, also sogar im Bild erscheint. Eine weitere Möglichkeit ist, daß man dabei ein so bestimmtes Gefühl von dem Verstorbenen hat, daß man weiß, wer es ist. Das war aber bei Ihnen anscheinend nicht der Fall.

K.-D.N.: Ich hatte zwar ein Gegenüber, ich glaube im Bild eines Zugschaffners, habe mich aber danach nicht an einen bestimmten Menschen erinnert. Ich könnte höchstens heute schlußfolgern, wer das damals gewesen sein könnte.

J.W. Schneider: Da Sie sehr abrupt aufgewacht sind und gleich mit dem Willen eingegriffen haben, indem Sie die Gefahr erkannt und das Steuer herumgerissen haben, ist es natürlich auch nicht leicht, hinterher noch einen Anhaltspunkt dafür zu haben, wer in dem Traum eingegriffen hat.

Träume von Verstorbenen

K.-D.N.: Nun gibt es ja auch Träume, in denen Verstorbene in anderer Weise und deutlich erkennbar auftreten. Wie real sind solche Träume von Verstorbenen? Liegt immer eine wirkliche Begegnung vor, oder kann der Traum auch nur durch den Wunsch, die Trauer und die Sehnsucht des Träumenden hervorgerufen werden?

J.W. Schneider: Vor allem kurz nach dem Tod eines nahestehenden Menschen liegt es nahe, daß man oft von ihm träumt, weil die Gedanken um diesen Verstorbenen kreisen. In der Regel werden solche Träume Erinnerungscharakter haben. Nun ist aber auffallend, daß sich die Erinnerungen an den Verstorbenen schon bald nach dessen Tod verändern können. Wenn man an einen Verstorbenen denkt, dann drängen sich bestimmte Bilder in den Vordergrund, z.B. besondere Situationen, in denen man mit dem Verstorbenen zusammen war: wichtige Entscheidungen, gemeinsame schöne Erlebnisse oder ähnliches. Nach dem Tod eines Menschen kann man nun beobachten, daß diese Bilder zwar weiter auftreten, daß immer öfter dann aber auch Bilder erscheinen, die vorher nicht im Vordergrund der Erinnerung standen, wenn man an diesen Menschen dachte. Das ist sehr interessant zu beobachten, weil das die Erinnerungen sind, in denen uns der Verstorbene selbst besonders nahe ist. Diese Veränderung sollte man aufmerksam beobachten, daß Erinnerungen, die während des Lebens mehr im Hintergrund standen, nach dem Tod eines Menschen plötzlich mehr und mehr in den Mittelpunkt des Interesses rücken. Denn da kann man schon die Nähe des Verstorbenen bemerken.

Bei den Träumen gibt es insbesondere ein Kennzeichen, daß die Nähe des Verstorbenen anzeigen kann. Wenn man den Verstorbenen so träumt, wie man ihn zuletzt in Erinnerung hatte, liegt es nahe, daß es sich auch nur um einen Erinnerungstraum handelt. Träumt man aber von dem Verstorbenen so, daß er wesentlich jünger erscheint, als man ihn sonst in Erinnerung hat, und erscheint der Verstorbene zudem von innen her strahlend – etwa in seinem Blick, seinem Lächeln, seiner Ausstrahlung –, dann kann man davon ausgehen, daß ein solcher Traum auf eine wirkliche Begegnung mit dem Verstorbenen während des Tiefschlafes zurückgeht. Der Traum ist dann ein Nachklang dieser Begegnung.

K.-D.N.: Können Sie Beispiele dafür nennen, daß Träume eine echte Lebenshilfe bei wichtigen anstehenden Entscheidungen und Antworten auf Lebensfragen sein können?

Träume als Lebenshilfe

J.W. Schneider: In meinem Buch habe ich einen Traum der schwedischen Schriftstellerin Elin Wägner erzählt, den sie im Alter von 53 Jahren hatte:

„Sie stand am Ufer eines heftig brausenden Flusses, den sie um jeden Preis überqueren mußte. Aber die einzige Brücke, die es gab, war sehr primitiv: lose und dünn gelegte Bretter in einer unsicheren Anordnung, die im Winde schwankten, ohne Geländer zum Festhalten. Als sie im Traum bis zur Mitte der Brücke gekommen war, bemerkte sie zu ihrem Schrecken, daß die Brücke nicht bis zum anderen Ufer führte, die Bretter endeten in der Luft. Hilflos legte sie sich auf den Bauch. Jetzt kam sie weder vor- noch rückwärts, so empfand sie. Da hörte sie hinter sich ein Kind klagen und rufen, und dieses Kind war sie selbst in ihren jungen Jahren. Dieses Kind wollte auch über den Fluß hinüberkommen, aber wußte nicht wie. Da streckte die erwachsene Träumerin die Hände nach hinten und spürte, wie die Hände des Kindes die ihren ergriffen, und mit dem Kind auf dem Arm wagte sie den Sprung hinüber ans andere Ufer." (Zit. nach: ebd., S.98 f.)

Der Traum gibt einen ganz deutlichen Hinweis auf eine Lebensproblematik: Du mußt in dir die eigenen Kindheitskräfte wiederbeleben, um mit der jetzigen Situation fertig zu werden. – Sie liegt hilflos auf den letzten Brettern der wackeligen Brücke, kommt nicht weiter, weder vor noch zurück, und droht abzustürzen. Erst das Erscheinen des Kindes, von dem sie weiß, daß sie es selbst ist, führt zur Wendung der Handlung. Erst als sie das Kind aufnimmt, wagt sie den Sprung ans andere Ufer. Wir haben in diesem Traum also eine Lebenshilfe gegeben, indem ihr gezeigt wird, daß sie das Kindliche, Ursprüngliche und Unmittelbare in ihrem Wesen aktivieren muß und dann den Sprung über den Abgrund zu einem neuen Abschnitt ihres Lebens wagen kann. Der Traum gibt eine Orientierung für die Lebenssituation, in der sie sich befindet.

K.-D.N.: Kann man innerlich Fragen vor dem Einschlafen stellen, in der Hoffnung, daß diese im Traum eine Antwort finden?

J.W. Schneider: Ja, aber dabei sollte man darauf achten, daß man nur bedeutsame und wesentliche Fragen stellt. Man sollte z.B. nicht fragen, wie sich die Kurse der Aktien in der nächsten Woche entwickeln werden. Darüber weiß man im Himmel nicht Bescheid. Und man sollte die Fragen offenlassend stellen, d.h. nicht schon in der Fragestellung die Antwortmöglichkeiten eingrenzen. Wenn man in einer bestimmten Lebenssituation steht und dann fragt, ob man das eine oder das andere tun soll, grenzt man von vornherein die Antwortmöglichkeit auf diese beiden Alternativen ein, aber es gibt nicht immer nur zwei Möglichkeiten. Offenlassend wäre demgegenüber eine Fragestellung, die einfach nach einem Hinweis für die jetzige Lebenssituation fragt. Man kann sogar davon ausgehen, daß ein Tiefschlaferlebnis auch die Fragestellung korrigieren wird, denn man überblickt nicht immer alle Komponenten einer Situation. Man sollte also nur wesentliche Fragen stellen, und zwar so offenlassend, daß selbst die Fragestellung noch korrigiert werden kann. Dann können Antworten im Aufwachtraum kommen oder auch mitten während des Tages.

Dann ist noch ein weiteres zu beachten: Wenn es echte Antworten sind, dann steigen sie aus der Tiefe meiner selbst auf. Wenn eine solche Antwort kommt, kann man das Erlebnis haben, daß man eigentlich gar nicht hätte fragen müssen, weil man jetzt selbst darauf gekommen ist. Die echten Antworten haben meist diesen Charakter, daß man das Gefühl hat, selbst auf die Lösung des Problems gekommen zu sein. Wenn dagegen eine Stimme von außen kommt und sagt: Tu dies oder das, laß das bleiben usw., dann ist es oft ein projizierter Wunsch oder eine Befürchtung, die einem im Traum oder im Wachbewußtsein wieder entgegenkommen. Da liegt für viele Menschen eine Fehlerquelle, die nur das als Antwort gelten lassen, was von außen kommt. Daß die Antworten meist von innen kommen, liegt daran, daß im Schlaf unser Wille besonders stark tätig ist, während er im Tagesleben in den unbewußten Tiefen unseres Wesens wirkt. Daher wirkt alles, was wir im Tiefschlaf durchgemacht haben, in den Tiefen unseres Wesens weiter, und daher tauchen auch Antworten aus den Tiefen unseres eigenen Wesens auf.

K.-D.N.: Dazu würde auch das Beispiel der Erfinderträume passen. Wenn man intensiv an einer bestimmten Problemstellung arbeitet, kann es sein, daß man morgens aufwacht und plötzlich die Lösung des Problems klar ist.

J.W. Schneider: Hier haben wir wieder beide Komponenten: Zum einen ist man stark mit seinem Willen beteiligt. Diejenigen Dinge, an die man am Tage nur flüchtig gedacht hat, sind für die Nacht belanglos. Nur was mein Engagement herausgefordert hat, spielt in der Nacht eine Rolle. Und zum anderen leben wir im Tiefschlaf *in* dem Gedankenzusammenhang, *über* den wir am Tag nachgedacht haben. Daher kann einem dann auch die Lösung zuteil werden.

K.-D.N.: Welche Bedeutung hatten in früheren Zeiten der Tempelschlaf und die Traumheilkunst?

J.W. Schneider: Unter Tempelschlaf versteht man eigentlich eine durch drei bis vier Tage gehende Einweihung. Den können wir in unserem thematischen Zusammenhang vielleicht ausklammern. Die Heilträume kommen da schon eher in Betracht. Nach einer gewissen vorhergehenden Reinigungszeit legte man sich im Tempel nieder und schlief mit der Frage nach dem Heilmittel für die eigene Krankheit ein. Dann konnte es geschehen, daß man das Heilmittel im Traum genannt bekam oder auch das Bild einer Heilpflanze sah, die Heilkraft für diese Krankheit hat. Diese Heilträume hat man übrigens auch noch in christlicher Zeit gepflegt, das ist z.B. noch aus dem 6. Jahrhundert aus Konstantinopel überliefert.

Auch für den Heiltraum gilt, was charakteristisch für jeden Wahrtraum ist: Er meint einen selbst. Wenn man in einem Problem lebt, das die eigene Existenz betrifft, dann ist es naheliegend, daß davon auch etwas im Wahrtraum auftaucht. Man ist krank, und diese Krankheit trägt die Tendenz zur Heilung in sich, und wie beim Erfindertraum die Lösung einer Aufgabenstellung, in der man intensiv lebt, offenbar wird, so hat man hier den Weg zur Heilung, das Heilmittel vor sich. Dazu brauchte man allerdings in der Regel einen kundigen Priester, der diese Träume deuten konnte.

Karmische Beziehungen und Erlebnisse aus früheren Erdenleben

K.-D.N.: Träumt man eigentlich nur von Menschen, mit denen man eine karmische Beziehung hat?

J.W. Schneider: Ja, nur muß man dabei bedenken, daß die karmische Beziehung auch erst in diesem Leben geknüpft sein kann. Wenn mir ein Mensch schicksalhaft bedeutend wird, ohne daß schon eine Beziehung aus früheren Erdenleben besteht, kann ich sehr wohl von ihm träumen. Eine Beziehung wird schicksalhaft, wenn dieser Mensch nicht nur in meine Lebensverhältnisse eingegriffen hat, sondern auch ich mich durch die Begegnung mit ihm gewandelt habe.

K.-D.N.: Ist es möglich, daß Erlebnisse aus früheren Erdenleben in Träumen auftauchen?

J.W. Schneider: Durchaus. Hier muß man aber aufpassen, daß man sich der Tendenz des Traumes zum Symbolisieren bewußt ist. Dazu nenne ich Ihnen einmal ein Beispiel: Ein junger Mann träumt. Im Traum ist er eine Frau und befindet sich im Mittelalter in einem engen Turm, aus dem er durch ein Fenster hinausschaut. Er sieht draußen Araber vorbeiziehen. Und nach dem Aufwachen hat er das deutliche Gefühl, daß diese vorbeiziehenden Araber heute Menschen sind, mit denen er in seinem Leben viel zu tun hat. Er hat den deutlichen Eindruck, daß er etwas von seinen vorigen Inkarnationen geträumt hat.

Das stimmt insofern, als er mit den Menschen, die er im Traum als vorbeiziehende Araber gesehen hat, im jetzigen Leben etwas zu tun hat. Aber das Bild, das er sich in einem engen Turm befindet, bedeutet in diesem Fall nicht, daß er in einem früheren Leben Gefangener war, sich in einem Turm befunden hat oder ähnliches. Dieses Bild deutet vielmehr auf seine jetzige Situation, in der er sich eingeengt fühlt und seine Fähigkeiten nicht voll zur Entfaltung bringen kann. Um aus dieser Enge herauszukommen, war es für ihn hilfreich, sich auf die karmische Strömung einzulassen, die ihn mit diesen Menschen verbindet. Man muß also unterscheiden lernen zwischen Symbolen, die mit dem vorigen Leben nichts zu tun haben, sondern die jetzige Lebenssituation widerspiegeln, und Bildern, die tatsächlich etwas aus einem vorigen Leben wiedergeben. Denn auch das kann auftreten, daß die Bilder den tatsächlichen Verhältnissen eines früheren Lebens entsprechen.

Auf die Traumhandlung und die Nachstimmung achten

K.-D.N.: Wie kann man sich darin schulen, seine Träume richtig zu deuten?

J.W. Schneider: Das Wichtigste habe ich schon angesprochen: indem man auf den Handlungsverlauf lauscht. Man muß sehr darauf achten, daß man sich nicht von dem Eindruck eines bestimmten Bildes gefangennehmen läßt. Man muß die Bilder immer auf dem Hintergrund der Handlung sehen. Und das zweite ist die Beachtung der Stimmung, die man aus einem Traum mitbringt. Deshalb ist es so schwierig, einen Traum richtig zu deuten, den man nicht direkt von dem Menschen erzählt bekommt, der ihn geträumt hat. Denn nur er kann diese Nachstimmung beschreiben. Daher ist es auch bei einem niedergeschriebenen Traum sehr hilfreich, wenn in der schriftlichen Fassung etwas von dieser Nachstimmung zum Ausdruck kommt oder es zumindest Hinweise gibt, die etwas von der Nachstimmung erahnen lassen. Ein weiterer wichtiger Aspekt der Traumdeutung ist, daß man sich vor Spekulationen hüten sollte, weil man sonst fast sicher in die Irre geht.

K.-D.N.: Stellen sich irgendwann Gewißheiten ein, was ein Traum zu bedeuten hat, wenn man möglichst offenlassend der Stimmung und der Traumhandlung nachspürt?

J.W. Schneider: Ja, aber man sollte sich nie zu schnell festlegen. Man muß das üben und Erfahrungen sammeln, ehe man sich auf das Wagnis der Traumdeutung einläßt. Wenn man sich vorschnell festlegt, kann man sehr schnell in die Irre gehen.

Engelbegegnung im Schlaf

K.-D.N.: Nach Rudolf Steiner hat der Mensch jede Nacht eine Begegnung mit seinem Engel. Was geschieht in dieser Begegnung, und wie kann sie sich in Träumen und im Tagesleben auswirken?

J.W. Schneider: Um sich das verständlich zu machen, kann man vielleicht zunächst an die Begegnung mit Menschen während des Tages denken. Wenn ich einem Menschen begegne, in Kontakt mit ihm stehe, wenn er mich anblickt und mit mir spricht, erlebe ich mich ganz anders, als wenn ich mich z.B. allein einem bestimmten Gedanken hingebe. Ich erlebe viel mehr von der Tiefe meines Wesens. Und das ist auch das Wesentliche, das unter dem Blick des Engels während der Nacht geschieht: Ich finde mehr zu mir selbst, bin stärker mit mir einig nach dem Aufwachen. Das beruht auf der Engelbegegnung, die nachts stattfindet. Es geht um einen selbst und nicht um irgendeine andere Sache.

K.-D.N.: Und wie kann sich die Engelbegegnung in Träumen und im Tagesleben auswirken?

J.W. Schneider: Die Engelbegegnung kann sich im Traum z.B. in sehr beschwingten oder souveränen Handlungen auswirken. Im Aufwachtraum tut man vielleicht etwas, das man sich im Wachbewußtsein niemals zutrauen würde. Es kann z.B. sein, daß ein ansonsten sehr schüchterner Mensch im Traum auf einmal vor eine große Volksmenge tritt und eine große Rede hält. Das wäre ein solches typisches Traumbild, das auf die Stärkung des Eigenwesens im Tiefschlaf zurückgeht. Und entsprechende Momente können natürlich auch im Wachbewußtsein auftreten, indem man sich z.B. zu Dingen ermutigt fühlt, für die einem vorher das Zutrauen in die eigene Stärke fehlte. Man fühlt sich mehr mit sich selbst einig, hat mehr Initiative, Mut und Frische. Das geht auf die Engelbegegnung zurück.

K.-D.N.: Wo befindet sich das geistig-seelische Wesen des Menschen in der Tiefschlafphase?

J.W. Schneider: Genau genommen ist diese Frage nicht zu beantworten, denn sie setzt eigentlich Ort und Raum voraus. Wir befinden uns aber im Tiefschlaf in einer außerräumlichen Welt, wie auch die Verstorbenen nicht räumlich zu lokalisieren sind, sondern ausgebreitet in einer außerräumlichen Weite existieren. Während des Tiefschlafes befinden wir uns nicht an einem anderen Ort, sondern sind schon noch in Verbindung mit unserem Leib. Das Seelisch-Geistige des Menschen löst sich beim Einschlafen nur aus der Kopf-, aus der Nervensinnes-Region ganz heraus. Mit den tieferen Regionen bleibt es aber in einer Verbindung. Das Bild, daß die Seele und das Ich des Menschen während des Tiefschlafes draußen sind, ist nicht ganz exakt. Sie sind nur aus den Nervensinnes-Prozessen draußen. Die Verbindung mit dem Blut- und Stoffwechselprozessen bleibt aber bestehen. Daher wirkt auch das, was im Organismus geschieht, durchaus auch noch auf das Seelisch-Geistige während des Schlafes ein. Dadurch kann auch das Organgeschehen das Traum- und Tiefschlaferleben sehr beeinflussen.

Man kann also die Frage, wo sich das geistig-seelische Wesen des Menschen in der Tiefschlafphase befindet, nur unter der Voraussetzung beantworten, daß kein räumlicher Ort damit gemeint sein kann. Dann kann man sagen: Im Tiefschlaf bin ich in der geistigen Welt, die mir nahesteht. Vorhin habe ich die Formulierung benutzt, daß man im Schlaf *in* den Inhalten lebt, *über* die man am Tag intensiver nachgedacht hat. Man taucht also in die geistige Welt ein und erlebt dasjenige wesenhaft, was einem zugehörig ist.

Erinnerung an Tiefschlaferlebnisse

K.-D.N.: Ist es möglich, eine Art von Wachbewußtsein im Tiefschlaf zu haben?

J.W. Schneider: Nicht ganz so leicht. Aber ich kenne das z.B., daß an besonders wichtigen Stellen, an denen mir etwas sehr Wesentliches aufgegangen ist, das nicht durch Träume geschah, sondern durch Tiefschlaferlebnisse. Ich habe während des Tiefschlafes Erfahrungen gemacht, die sich dadurch auszeichneten, daß sie nach dem Aufwachen ganz klar in Erinnerung waren. Durch solche Tiefschlaferlebnisse, die einen ganz anderen Charakter als Träume haben, sind mir z.B. bestimmte zeitgeschichtliche Zusammenhänge, Fragen des Zeitschicksals klargeworden. Solche Tiefschlaferlebnisse geben ein ganz anderes Maß an Sicherheit, sie waren eindeutige und klare Antworten auf Fragen, mit denen ich während des Tages gelebt habe.

In dieser Weise kann durchaus eine Art Wachzustand im Tiefschlaf eintreten, so daß am nächsten Tag eine ganz deutliche Erinnerung daran vorhanden ist. Das ist allerdings kein Wachbewußtsein im üblichen Sinne, wie wir es in Verbindung mit dem kritischen Denken kennen, sondern man könnte es besser mit einer Helligkeit des Erlebens umschreiben, die während des Tiefschlafes auftritt. Man kann dabei den Eindruck haben, daß man von einem geistigen Wesen an einem bestimmten Punkt geführt wird und dadurch etwas erfährt. Das hängt mit der geistigen Schulung zusammen, daß solche Momente der geistigen Aufhellung des Tiefschlafes eintreten können. Und das sind eher seltene Festesaugenblicke.

K.-D.N.: Verändert sich auch das Traumleben, wenn ein Mensch sich geistig schult?

J.W. Schneider: Ja, wobei man sagen muß, daß das natürlich auch ein Stufengang ist. Aber generell kann man schon sagen, daß das Träumen klarer, konturierter und wesentlicher wird. Die Traumhandlungen werden klarer und bleiben auch deutlicher in der Erinnerung. Das wird selbstverständlich nicht jedes Mal so sein, aber von der Tendenz her häufiger und stärker auftreten.

K.-D.N.: Kann man generell sagen, daß das Traumleben an Bedeutung gewinnt, wenn man geistige Interessen ausbildet, sich also mehr und mehr im Tagesleben mit geistig Bedeutsamem befaßt?

J.W. Schneider: Gewiß. Dabei sollte man aber nicht vergessen, den Traum als transparent für das Tiefschlaferleben aufzufassen. Nicht der Traum selbst ist das Wesentliche, sondern der Hintergrund, den er widerspiegelt.

Die Wirkung der Tagesrückschau

K.-D.N.: Was bewirkt eine Tagesrückschau, die man vor dem Einschlafen vornimmt, in bezug auf den Schlaf und das Träumen?

J.W. Schneider: Die Tagesrückschau kann man in verschiedener Art durchführen. Man kann sich z.B. einfach überlegen, was heute wichtig war. In welchen Momenten war ich ganz ich selbst, in welchen habe ich mich etwas verloren? Man beschäftigt sich also rein gedanklich mit dem abgelaufenen Tag. Das erleichtert die Aufarbeitung der Tagesprobleme im Tiefschlaf, weil man schon vor dem Einschlafen damit beginnt. Wenn dieser Prozeß schon vor dem Einschlafen in Gang gesetzt ist, wird er natürlich im Tiefschlaf besser gelingen, als wenn diese Aufarbeitung noch nicht eingeleitet worden ist.

Die andere Möglichkeit, eine Tagesrückschau durchzuführen, besteht darin, daß man den Tag oder zumindest einen Teil des Tages noch einmal rückwärts in der Vorstellung durchlebt. Dadurch kommt man in den Prozeß und die Art des Erlebens hinein. Viele schlafen auch wunderbar dabei ein, wenn sie in den letzten Minuten vor dem Einschlafen den Tag noch einmal rückwärts durchgehen. Man kommt dadurch also in die Art des Tiefschlafbewußtseins hinein, und das erleichtert den Übergang in den Schlaf. Beide Arten von Tagesrückblick sind hilfreich, nur in verschiedener Weise.

K.-D.N.: Wie kann man ein gesundes Verhältnis zum Schlaf gewinnen? Wie kommt man zu einer adäquaten inneren Haltung gegenüber dem Schlaf und der geistigen Welt, in die man im Schlaf eintaucht?

J.W. Schneider: Wenn ich es pointiert ausdrücken darf: dadurch, daß ich gut wach bin. Wenn ich mich intensiv und engagiert der Welt am Tag zuwende, bringt mich das auch gut in die andere Richtung des Pendelschlags hinein, der im Tiefschlaf in die geistige Welt führt. Wenn man hingegen am Tag unaufmerksam und verträumt ist, dann ist der Kontrast nicht so stark, weil man ja auch schon am Tag mehr oder weniger träumt. Dann fehlt gewissermaßen im Schlaf der richtige Schwung in die geistige Welt. Derjenige, der sorgfältig beobachtet, der engagiert ist in seinen Handlungen, der eindringlich denkt, der bereitet sich auch am besten auf den Tiefschlaf vor.

Joseph der Träumer

Eckhard Glaeser*

Träume hat jeder. Und geträumt wurde zu allen Zeiten. Auch in biblischen Zeiten. Hier soll der Versuch gemacht werden, Klarheit in die Welt der Träume zu bringen, die die Menschen und Gestalten des Alten Testaments hatten. Gleichzeitig ist das ein Blick in die Entwicklung des menschlichen Bewußtseins, das nicht immer dasselbe war. Jede Epoche hat ihren eigenen Akzent im fortlaufenden Prozeß der menschlichen Evolution.

Kaum eine Person der Bibel wird derart mit dem Thema Traum identifiziert wie Joseph, der Urenkel des Stammvaters Abraham. Und es gehören die Josephsgeschichten im Alten Testament zum schönsten und bildhaftesten, wohl auch eingängigsten Teil der ansonsten teils unverständlichen und manchmal auch langweiligen Wortflut des Buches der Bücher. Thomas Mann ließ sich von „Joseph und seinen Brüdern" derart inspirieren, daß ein gleichnamiger Roman mit dem Umfang von über 1.800 Seiten der Weltliteratur geschenkt wurde, eine Arbeit von sieben Jahren.

Die Bildsprache als Ausdruck des Geistigen

Schon Jakob, der Vater Josephs, nimmt auf besondere Art an der Welt der Träume teil. Berühmt ist die Stelle im 1. Buch Mose 28, in der die Himmelsleiter erwähnt wird. Bekannt ist sie vor allem deshalb, weil sie mit dem einfachen Mittel des Bildes schier Unglaubliches vermittelt, nämlich eine Welt, die unseren äußeren Sinnen verborgen bleibt und die sich nur höheren Bewußtseinszuständen offenbart:

> „Aber Jakob zog aus von Beer-Seba und reiste gen Haran und kam an einen Ort, da blieb er über Nacht; denn die Sonne war untergegangen. Und er nahm einen Stein des Orts und legte ihn zu seinen Häuptern und legte sich an dem Ort schlafen. Und ihm träumte; und siehe, eine Leiter stand auf der Erde, die rührte mit der Spitze an den Himmel, und siehe, die Engel Gottes stiegen daran auf und nieder." (1. Mose 28, 10–15)

* **Eckhard Glaeser,** geb. 1954, ist Landwirt und Gartendesigner. Er lebt in der Nähe von Flensburg.

Diese bildhafte Geschichte vermittelt eine echte Imagination. Um zu einem Verständnis dieses Bildes zu kommen, müssen wir wissen, daß Bildsprache, und um eine solche handelt es sich in weiten Teilen der Bibel genau wie bei den Märchen, auf Spirituelles und Geistiges verweist. Einem vorintellektuellem Bewußtsein fehlten die heutige Klarheit der Begrifflichkeit und das analytische Denken; daher der Griff zum Bild. Die Leiter in diesem Bild ist kein profanes Mittel, um sich in der Vertikalen zu bewegen, sondern durch sie verdeutlicht sich die hierarchische Ordnung der Engelwelt, an deren oberem Ende der höchste Gott thront. Jakob schaut mit dem inneren geistigen Auge in die geistige Welt.

Jedes Mal, wenn in der Bibel geschrieben steht „und siehe", können wir mit Transzendenz rechnen. Die Bildsprache bedient sich bestimmter Termini technici, um auf den geistigen Inhalt zu verweisen. Auch die Umschreibung „da blieb er über Nacht" deutet auf einen Bewußtseinswandel hin, weg vom alltäglichen Tagesdenken, hin zum imaginativen Traumbewußtsein. Und mit diesem erschließen sich andere Welten, eben jenseitige.

Josephs hellsichtiges Traumbewußtsein

In einem weit größeren Rahmen begegnen wir der Traumwelt bei Joseph, dem jüngsten der in Babylonien geborenen elf Brüder, der Söhne Jakobs. Schon allein deshalb nimmt er eine Sonderrolle ein, andererseits ist Joseph der Lieblingssohn Jakobs, weshalb die anderen Söhne ihn hassen. Dies um so mehr, als er ihnen seine Träume erzählt:

> „Dazu hatte Joseph einmal einen Traum und sagte seinen Brüdern davon; da wurden sie ihm noch feinder. Denn er sprach zu ihnen: Höret doch, was mir geträumt hat: Mich deuchte, wir banden Garben auf dem Felde, und meine Garbe richtete sich auf und stand, und eure Garben umher neigten sich vor meiner Garbe. Da sprachen seine Brüder zu ihm: Solltest du unser König werden und über uns herrschen? Und wurden ihm noch feinder um seines Traumes und seiner Rede willen. Und er hatte noch einen andern Traum, den erzählte er seinen Brüdern und sprach: Mich deuchte, die Sonne und der Mond und elf Sterne neigten sich vor mir." (1. Mose 37, 5–9)

Prophetie, Vision oder Einblick in das Schicksal? Dieser Traum wird Jahre später Wirklichkeit, als seine Brüder den Stellvertreter des Pharao, ihn selbst, um Hilfe für die hungernden Söhne und Töchter Jakobs bitten. Doch zunächst planen seine Brüder einen Mordanschlag auf ihn:

> „Seht, der Träumer kommt daher. So kommt nun und laßt uns ihn erwürgen und in eine Grube werfen und sagen, ein böses Tier habe ihn gefressen, so wird man sehen, was seine Träume sind." (Ebd., 19 f.)

Die Brüder ändern jedoch ihren Plan und verkaufen Joseph an eine Karawane, die nach Ägypten zieht. Auf diese Weise gelangt Joseph in das Land der Pyramiden und Pharaonen. Die Geschichte datiert den Bau der großen Pyramiden von Giseh, welche als Höhepunkt der gesamten ägyptischen Kultur angesehen werden, in die Zeit von 2800 bis 2200 v.Chr. Joseph dagegen, so vermutet man, betritt erst ungefähr 1.000 Jahre später ägyptischen Boden, um das Jahr 1700 v.Chr. Die Blüte dieser grandiosen Epoche war bei Josephs Eintreffen am Nil also schon vorbei.

Im Übergang zweier Kulturen

Hierin liegt nun der innere Zusammenhang der beiden Kulturen, der ägyptischen und der israelitischen. Die eine befindet sich auf dem absteigenden, die andere auf dem aufsteigenden Ast, um es einmal salopp zu formulieren. Und die Person des Joseph bildet gewissermaßen eine Art Schnittstelle zwischen beiden Kulturen bzw. Epochen, man könnte auch sagen, eine Synthese.

Dies führt uns zu der Frage, welche kulturhistorische Bedeutung diese beiden Kulturen für die Menschheitsentwicklung hatten. Ganz besonders gilt dies natürlich auch für das Fortschreiten des menschlichen Bewußtseins, welches sich fortwährend wandelt. Wer heute nichts von moderner Kommunikationstechnologie verstehen will, wer sozusagen offline bleibt, gerät ins Hintertreffen und begreift irgendwann die Welt nicht mehr. So ähnlich wird es auch vor dreieinhalbtausend Jahren gewesen sein. War die ägyptische Zeit noch geprägt durch ein Sammelsurium von Göttern und Gottheiten, so trat mit der israelitischen Kultur die erste monotheistische Religion auf den Plan. Jeder kennt das erste Gebot: „Ich bin der Herr, dein Gott [...]. Du sollst keine anderen Götter neben mir haben." (2. Mose 20, 2 f.) Wenn auch noch unter der Knute des „Du sollst" – also noch keine individuelle freie Entscheidung –, waren die Gebote die Quintessenz des israelitischen Auftrags; zur damaligen Zeit ein Fortschritt gegenüber dem antiquierten Pantheismus der Ägypter.

Kommen wir zu Joseph zurück. Ihm werden von seinen Brüdern die Träumereien verübelt, mit ein Grund für seine Abschiebung. Joseph, mit seinem in die Vergangenheit gerichteten Traumbewußtsein, fand in Ägypten den idealen Ort zur Entfaltung seiner geistigen Fähigkeiten. Denn er war andererseits schon durch die Kultur geprägt, aus der er stammte, und er brachte Fähigkeiten mit, die die Ägypter noch nicht besaßen: ein gewisses Kalkül, die Fähigkeit, planend und ordnend vorauszudenken. – Entscheidende Gedanken zu diesem Themenkomplex finden wir in Emil Bocks „Urgeschichte". Dort heißt es:

> „Die Wende in seinem ägyptischen Geschick, die Befreiung aus der Unterwelt des Kerkers und die Erhöhung zum Mitbeherrscher eines mächtigen Reiches verdankt Joseph seiner Fähigkeit, die Träume der Ägypter zu deuten. Er trägt zweierlei in sich: das Zwielichterbe alten Hellsehens und die abrahamitische Kraft des Gehirndenkens. Im Kreise der Abrahamiten tritt mehr seine Verwandtschaft mit der babylonisch-ägyptischen Vergangenheit in den Vordergrund: er ist der Träumer." (Bock, S.186)

Das Zukunftsbild von Brot und Wein

Welchen Verlauf nahm das hier angedeutete Schicksal Josephs nach dem Verrat seiner Brüder? Nachdem er von seinen Brüdern verkauft worden war, gelangte er über Händler zu einem gewissen Potiphar. Potiphar bedeutet Priester des Heiligen Stieres. Joseph gelangte demzufolge nicht an einen beliebigen Ort, sondern wir können vermuten, daß er in die Machtzentrale der damaligen Regierung gelangte. Allerdings fiel er zunächst einer Intrige zum Opfer und mußte ins Gefängnis. Dort machte er die Bekanntschaft mit dem Schenken und dem Bäcker des Pharaos, welche in Ungnade gefallen waren:

> „Und es begab sich darnach, daß sich der Schenke des Königs in Ägypten und der Bäcker versündigten an ihrem Herrn, dem König in Ägypten." (1. Mose 40, 1)

Bei Thomas Mann heißt es in der ihm eigenen Art:

> „Es heißt, [...] daß man auf Kreidestücke gestoßen ist in Pharaos Brot und hat Fliegen gefunden im Wein des guten Gottes." (Mann, S.1330 f.)

Noch einmal sei daran erinnert, daß wir mit Bildern, mit Imaginationen rechnen müssen. Und so kann es nicht willkürlich sein, daß der Bäcker und der Schenke erwähnt werden. Vertreten sie doch gerade die realen Symbole Brot und Wein und damit das, was auf die Transsubstantiation, auf Leib und Blut Christi hinzielt.

Joseph sitzt mit den beiden Häftlingen im Gefängnis, und eines Nachts haben der Bäcker und der Schenke jeder einen Traum:

> „Es hat uns geträumt, und wir haben niemand, der es uns auslege. Joseph sprach: Auslegen gehört Gott zu, doch erzählt mir's." (1. Mose 40, 8)

Mit wohlüberlegtem Understatement räumt Joseph ein, die Träume deuten zu können. Beachtenswert ist dabei der Hinweis, daß die Objektivität und der Wahrheitsgehalt nicht bei einer menschlichen Person zu suchen sind, sondern im Geist, d.h. bei Gott.

> „Da erzählte der oberste Schenke seinen Traum Joseph und sprach zu ihm: Mir hat geträumt, daß ein Weinstock vor mir wäre, der hatte drei Reben, und er grünte, wuchs und blühte, und seine Trauben wurden reif; und ich hatte den Becher Pharaos in meiner Hand und nahm die Beeren und zerdrückte sie in den Becher und gab den Becher Pharao in die Hand. Joseph sprach zu ihm: Das ist seine Deutung. Drei Reben sind drei Tage. Über drei Tage wird Pharao dein Haupt erheben und dich wieder an dein Amt stellen, daß du ihm den Becher in die Hand gebest nach der vorigen Weise, da du sein Schenke warst. Aber gedenke meiner, wenn dir's wohl geht, und tue Barmherzigkeit an mir, daß du Pharao erinnerst, daß er mich aus diesem Hause führe." (Ebd., 9–14)

Und nun bat auch der Bäcker um die Deutung seines Traumes:

> „Da der oberste Bäcker sah, daß die Deutung gut war, sprach er zu Joseph: Mir hat auch geträumt, ich trüge drei weiße Körbe auf meinem Haupt und im obersten Korbe allerlei gebackene Speise für den Pharao; und die Vögel aßen aus dem Korbe auf meinem Haupt. Joseph antwortete und sprach: Das ist seine Deutung. Drei Körbe sind drei Tage; und nach drei Tagen wird dir Pharao dein Haupt erheben und dich an den Galgen hängen, und die Vögel werden dein Fleisch von dir essen. Und es geschah des dritten Tages, da beging Pharao seinen Jahrestag; und er machte eine Mahlzeit allen seinen Knechten und erhob das Haupt des obersten Schenken und das Haupt des obersten Bäckers unter seinen

Knechten, und setzte den obersten Schenken wieder in sein Schenkamt, daß er den Becher reichte in Pharaos Hand; aber den obersten Bäcker ließ er henken, wie ihnen Joseph gedeutet hatte. Aber der oberste Schenke gedachte nicht an Joseph, sondern vergaß ihn." (Ebd., 16–23)

Angedeutet wurde schon, daß mit der Inhaftierung des Bäckers und des Schenken auf das christliche Mysterium von Leib und Blut Christi hingewiesen wird. Wir können das Bild von Brot und Wein als eine Vorankündigung des Christentums verstehen. Und gerade das Judentum hatte die Mission, auf den Messias vorzubereiten. War es nicht geradezu zwangsläufig, daß der Beginn des Neuen mundtot gemacht wurde? Auch heute werden Regimekritiker von Autokraten hinter Schloß und Riegel gebracht.

Die sieben fetten und sieben mageren Jahre

Im anschließenden 41. Kapitel sind die berühmten sieben fetten und sieben mageren Jahre geschildert. Der Pharao hatte einen Traum, und es lag an Joseph, ihm diesen zu deuten. Eine recht farbige Zeichnung dieser Imagination finden wir bei Thomas Mann:

> „Da rauschte es auf nicht weit vom Ufer und tauchte aus der Flut hervor siebenfältig: Sieben Kühe stiegen ans Land, die wohl im Wasser gelegen hatten nach Art von Büffelkühen, und ging immer eine hinter der anderen her in einer Zeile, zu siebenen ohne den Stier: es war kein Stier da, nur eben die sieben Kühe. Prachtvolle Kühe, weiß, schwarz, mit hellerem Rücken, auch grau, mit hellerem Bauch, auch zwei gescheckte, mit Zeichen gefleckte, – so schöne, glatte und fette Kühe, mit strotzenden Eutern und bewimperten Hathor-Augen und hochgeschwungenem Leier-Gehörn, und fingen an, gemächlich im Ried zu weiden. Der König hatte nie so herrliches Rindvieh gesehen, im ganzen Lande nicht; es war ein Staat mit der blanken Gedeihlichkeit ihrer Leiber, und Menis Herz [der Pharao; E.G.] wollte froh werden bei ihrem Anblick, ward's aber nicht, sondern blieb schwer und besorgt – um sich alsbald danach sogar mit Schrecken und Graus zu füllen. Denn nicht riß die Zeile ab nach diesen Sieben. Noch mehr der Kühe kamen aus dem Wasser hervor, und gab keine Unterbrechung zwischen diesen und jenen: sieben andere Kühe stiegen ans Land, auch ohne Stier, aber welcher Stier hätte die auch gemocht? Dem Pharao schaudert's vor dem Vieh, es waren die häßlichsten, magersten, verhungertsten Kühe, die er

zeit seines Lebens erblickt – die Knochen standen ihnen aus der faltigen Haut, ihre Euter waren wie leere Säcke mit fadenförmigen Zitzen; abschreckend und überaus niederschlagend war ihr Anblick, kaum schienen die Elenden sich auf den Beinen halten zu können und ließen dann doch ein schamlos freches, zudringlich mörderisches Gebaren sehen, das man ihrer Hinfälligkeit nicht zugetraut hätte, und das doch wieder auch nur zu gut zu ihr paßte, denn es war des Hungers wüstes Gebaren." (Mann, S.1385 f.)

Dem Pharao träumte zur selben Zeit noch ein weiterer Traum: Das ist der Traum von den sieben fetten und sieben mageren Ähren. Vom Inhalt gleichen sich diese beiden Träume, deshalb überspringen wir den letzteren und kommen zur Deutung und Bedeutung der Träume. Joseph wird gerufen, die Träume des Pharaos zu deuten. Die sieben fetten Kühe und Ähren bedeuten, so erklärt Joseph dem Gottkönig, sieben Jahre gute Ernten und Wohlstand in Hülle und Fülle. Die sieben mageren Kühe und Ähren werden als sieben folgende Jahre der Mißernten und des Hungers gedeutet. Daß der inhaltlich gleiche Traum zweimal geträumt wird, wird von Joseph so ausgelegt, daß diese Zeiten ganz sicherlich und ohne Umschweife eintreten werden. Was daraus folgt, ist die Konsequenz, während der guten Jahre genügend Vorräte für die Zeit der schlechten Jahre zu sammeln. Joseph ist on top, an der Spitze der Macht. Denn er wird vom Pharao beauftragt, alles nur mögliche zu tun, um Scheuer zu bauen, damit die Vorräte gelagert werden können:

> „Und Pharao sprach zu Joseph: Weil dir Gott solches alles hat kundgetan, ist keiner so verständig und weise wie du. Du sollst über mein Haus sein, und deinem Wort soll all mein Volk gehorsam sein, allein um den königlichen Stuhl will ich höher sein als du." (1. Mose 41, 39 f.)

In der Folge der Jahre tritt dann genau das ein, was der Pharao geträumt und wie Joseph die Träume ausgelegt hatte.

Eine Epoche löst eine andere ab

Die Zahl Sieben deutet oft auf reale Imaginationen. Mit Erwähnung der Sieben – ob nun im biblischen oder märchenhaften Zusammenhang – können wir davon ausgehen, daß eine Entwicklung angesprochen wird. Eine Epoche löst eine andere ab. Die Zahl Sieben symbolisiert einen Zeitfaktor. Wir sollten daher versuchen, diese Bilder in einem doppelten Sinn zu verstehen, und uns davon trennen, sie allzu wörtlich zu nehmen. Ob wirklich eine Hungersnot existierte, sei dahingestellt. Vielmehr bedeutet dieses Bild, daß die faszinierende ägyptische Epoche irgendwann zu Ende gehen wird. Und um etwas für die Nachwelt in spätere Zeiten hinüberzuretten, werden symbolhaft Scheuer und Vorratslager errichtet.

Kommen wir zum Schluß noch einmal zur Bedeutung des Traumes an sich. Einräumen müssen wir, daß sich das menschliche Bewußtsein dreigestaltig offenbart: durch das Wachbewußtsein, den Traum und durch den Zustand des Tiefschlafes. Dabei gibt es keine klar umrissenen Grenzen, sondern vielfach fließende Übergänge, z.B. das Tagträumen. Jeder kennt das aus eigener Erfahrung.

Während es nun für jeden von uns wie eine Selbstverständlichkeit erscheinen mag, daß tagsüber gewacht, des Nachts geträumt und geschlafen wird, so scheint es nicht ganz so bekannt zu sein, daß das menschliche Bewußtsein als solches innerhalb der Evolution einer Metamorphose unterliegt. Gerade bei den Josephsgeschichten des Alten Testaments wird das deutlich. Die Ägypter, im besonderen der Pharao, leben in der Welt der Träume. Joseph dagegen, als Repräsentant einer Weiterentwicklung menschlichen Bewußtseins, ist in der Lage, die Traumeswelt mit der Tageswelt zu verbinden, und mehr noch: sie so zu deuten, daß sich Geistigkeit im Wirklichen offenbaren kann.

Literatur:

Die Bibel. Nach der Übersetzung Martin Luthers. Stuttgart 1932.

Emil Bock: Urgeschichte. Stuttgart 1978.

Thomas Mann: Joseph und seine Brüder. Frankfurt a.M. 1990.

Orientalische Träume

Interview mit Annemarie Schimmel

von Wolfgang Weirauch

Prof. Dr. Annemarie Schimmel, *geb. 1922, Promotion in Islamkunde (1941) und in Religionswissenschaften (1951). Professuren für Islamistik in Marburg, Ankara und Bonn, seit 1970 Professorin für indomuslimische Kultur an der Harvard-Universität, Cambridge, Massachusetts, und seit 1992 wieder in Bonn. Für ihre wissenschaftliche Tätigkeit erhielt sie zahlreiche Auszeichnungen und Ehrendoktorate, u.a. den höchsten Zivilorden Pakistans und 1995 den Friedenspreis des Deutschen Buchhandels. – Ihre Publikationsliste umfaßt etwa 100 selbständige Veröffentlichungen, meist über islamwissenschaftliche Themen. Buchveröffentlichung zum Thema: „Die Träume des Kalifen. Träume und ihre Deutung in der islamischen Kultur“ (München 1998).*

Die islamische Welt ist voller Träume. Von Anbeginn des Islam beschäftigten sich die Muslime intensiv mit dem Traumleben und seiner Deutung. Der Wahrtraum steht in der Hierarchie der Träume an oberster Stelle, denn er gilt als eine Art rudimentäre Prophetie. Als besondere Träume gelten aber auch solche von Gott oder dem Propheten. Neben der Fülle der religiösen Träume und vieler anderer Traumkategorien – z.B. Träume vom Himmel und den Planeten, von Tieren, Pflanzen, Krankheit und Tod – wird auch das sogenannte Traumgestrüpp unterschieden, also alltägliche Träume, die ihre Ursachen z.B. in falscher Ernährung oder ähnlichen irdischen Dingen haben.

Die Träume des Orients zeichnen sich vor allem durch ihre Reichhaltigkeit und Blumigkeit aus, sind Zeugen von der Stellung des Menschen in der Gesellschaft sowie in der religiösen Gemeinschaft, sind darüber hinaus aber auch Mahner und Wegweiser auf dem religiösen Pfad des suchenden Muslim.

Annemarie Schimmel hat seit ihrer Kindheit eine ganz besondere Beziehung zu den Träumen, und sie hat im Laufe ihres Lebens Hunderte von Träumen aus der islamischen Welt gesammelt und in ihrem Werk „Die Träume des Kalifen – Träume und ihre Deutung in der islamischen Kultur" (München 1998) dargestellt, das Grundlage des folgenden Interviews ist. Wir sprechen u.a. über Mohammeds Traumleben, die Traumdeuter des Orients, Einschlaf-, Aufwach- und Wahrträume und über verschiedene Traumtypen, wie z.B. den Todestraum.

Wolfgang Weirauch: Welches Verhältnis haben Sie zu Träumen?

Annemarie Schimmel: Ich bin in einer Familie aufgewachsen, in der sehr viel geträumt wurde. Meine Mutter kam von der Waterkant, aus Ostfriesland, und hatte eine ganz starke Beziehung zu Träumen. Nach dem Krieg, als mein Vater nicht mehr lebte, haben wir uns morgens immer unsere Träume erzählt. Das war bei uns in der Familie ganz natürlich. Meine Mutter hat durch ihre Träume z.B. sehr viel darüber erfahren, wie es mir auf meinen zahlreichen Auslandsreisen erging. Das hat sie meist sehr beruhigt. Aus diesem Grunde bin ich an dem Thema Traum sehr interessiert. Ich selbst habe eine ganze Reihe von Träumen gehabt, die sich anschließend verwirklicht haben. Auch in der Nacht zu heute hatte ich einen sehr schönen Traum, der sich allerdings noch nicht verwirklicht hat. Aber bei mir dauert es ohnehin immer zwei Tage, bis die Erfüllung eintritt.

W.W.: Ist das eine Regel mit diesen zwei Tagen?

A. Schimmel: Im allgemeinen ja. Von dem in dieser Nacht geträumten Traum würde ich nicht erwarten, daß er sich heute erfüllt, sondern wenn überhaupt, dann morgen. Wie ich das erklären soll, weiß ich nicht, aber es hat sich bei mir im Laufe der Zeit so herauskristallisiert. Ich hatte manchmal sehr wichtige Träume oder zumindest Träume, die eine Leitfunktion hatten.

W.W.: Schreiben Sie Ihre Träume auf?

A. Schimmel: Nein. Die wichtigsten behalte ich.

„Es gibt eine Macht, die in die Zukunft Einsicht hat"

W.W.: Wie entstehen Ihrer Meinung nach die Träume?

A. Schimmel: Ich bin überzeugt, daß der Mensch in der Nacht Kontakt zu einer geistigen Welt hat. Im Islam unterscheidet man zwischen dem, was die Kenner „Traumgestrüpp" nennen, also Träume, die aus dem oberflächlichen Alltagsleben oder falscher Ernährung resultieren, und den wichtigen Träumen, in denen sich die Pläne, Ziele oder der Leitfaden im Schicksal eines Menschen widerspiegeln. Ein bekanntes Beispiel dafür ist der Traum von Friedrich August Kekulé, der von der Struktur des Benzolringes träumte. Wenn auch im kleineren Rahmen, so habe ich doch oft etwas Ähnliches erlebt. Auf jeden Fall hat man während des Traumes Kontakt zu einer anderen und höheren Weltebene, sonst könnte es nicht sein, daß wir die Zukunft vorausträumen und daß uns während des Traumes Verstorbene oder ganz entferntstehende Menschen erscheinen.

Einer der interessantesten Träume in unserer Familie bezieht sich auf meinen Vater. Er ist am Ende des Zweiten Weltkrieges gefallen, und meine Mutter hat erstaunlich wenig von ihm geträumt. Aber Jahre später erzählte sie mir beim Frühstück: „Ich habe diese Nacht von Papa geträumt, und er rief mir zu, daß wir unsere Gesichter schützen sollten." Anschließend ging sie in die Küche und wollte ihren Sonntagskuchen backen. Plötzlich schoß eine Gasflamme aus dem Gasofen heraus, und meine Mutter hielt ganz instinktiv ihre Hände vor das Gesicht. Wie kann man so etwas erklären? Da muß man doch daran glauben, daß es eine Macht gibt, die in die Zukunft Einsicht hat und die warnen wollte. Diesen Traum haben meine Mutter und ich nie vergessen. Mein Vater war also nach seinem Tod noch in einer anderen Welt um uns besorgt. Ich habe es auch oft erlebt, daß verstorbene Menschen, die mir nahestanden, mir etwas im Traum gesagt haben.

Mohammeds Traumleben

W.W.: Welche Beziehung hatte Mohammed zum Traumleben?

A. Schimmel: Mohammed war ein sehr starker Träumer. Es wird erzählt, daß er seine Gefährten jeden Morgen fragte, was sie geträumt hätten, und er ihnen dann die Auslegung gab. Auch sein Schwiegervater Abu Bakr und dessen Tochter waren als Traumausleger bekannt. Viel wichtiger aber ist, daß im Koran mehrfach auf Träume Bezug genommen wird, und zwar nicht nur in der Yussuf- bzw. Josef-Geschichte, die wir auch aus dem Alten Testament kennen. Mohammed träumte z.B. vor der Schlacht gegen die Mekkaner bei Badr 624 eine Art Ermutigung für den bevorstehenden Kampf. Im Koran heißt es dazu später: „Und Gott ließ sie dir als wenige erscheinen, und hätte Er sie dir als viele gezeigt, wahrlich, ihr wäret kleinmütig geworden und hättet miteinander gehadert." (Sure 8, 54) Mit anderen Worten, hätte Mohammed die Zahl seiner Gegner gekannt, hätte er sich wahrscheinlich nicht zum Kampf entschlossen.

Ein anderer Traum sagte ihm z.B. voraus, daß er eines Tages wieder in seine Heimatstadt Mekka einziehen werde. Mohammed war also sehr stark mit dem Traumleben verbunden. Es ist auch sehr interessant, daß er gesagt hat, daß es nach seinem Tod nur noch ein Erbe der Prophetie geben würde, nämlich den Wahrtraum.

Traumdeuter im Orient

W.W.: Welche Rolle spielte die Traumdeutung zu Mohammeds Zeiten und in den ersten Jahrhunderten der islamischen Zeitrechnung?

A. Schimmel: Die Traumdeutung war im alten Orient sehr weit verbreitet. Wir kennen sie z.B. aus dem alten Assyrien und aus Babylon. Auch im alten Arabien muß es eine ausgeprägte Kultur der Traumdeutung gegeben haben. Es gibt z.B. bestimmte Figuren, die als historische Traumdeuter erwähnt werden. Sie heißen Schiqq und Satih. Beide werden als historische Traumdeuter erwähnt, die lange vor der islamischen Zeit gelebt haben sollen, aber es ist nicht eindeutig, ob es sich vielleicht doch nur um Sagengestalten handelt. Für beide Gestalten, aber auch für berühmte Traumdeuter der islamischen Zeit, galt, daß sie den Traum erkennen und deuten konnten, bevor sie ihn erzählt bekamen. Ein solcher Traumdeuter konnte das Innere seines Gegenübers lesen.

So etwas kommt auch in der islamischen Mystik, im Sufismus, vor, wo z.B. erzählt wird, daß ein Schüler zu seinem Meister hereinkommt, der ihm dann auf den Kopf zusagt, was er in der letzten Nacht geträumt hat. Natürlich waren die Schüler außerordentlich überrascht, daß so etwas überhaupt möglich ist. Oft wird diese Traumerkennung auch mit Ratschlägen des Meisters verbunden, was der Schüler während des Tages denken solle, um z.B. verschiedene Träume auszuschalten.

Ich halte das keineswegs nur für Legenden. Irgendwie kann man den Traum entschlüsseln, ohne ihn erzählt zu bekommen, wenn man auf der richtigen Wellenlänge ist. Es gibt einfach zu viele Zeugnisse dieses Phänomens, als daß man es leugnen könnte.

W.W.: Was sind die Unterschiede von *wahy* (Offenbarung), *ilham* (Inspiration) und *ru'ya* (Traum, Gesicht)?

A. Schimmel: Nach islamischer Tradition ist *wahy,* also die Offenbarung, nur dem Propheten von Gott gegeben, während *ilham* die Inspiration ist, die auch andere Menschen haben können. Ein Traum, *ru'ya,* kann auch *ilham* sein, während er nach dem Tod des Propheten allerdings nicht mehr *wahy* sein kann. *Ilham* und *ru'ya* – eigentlich „das Gesicht" – gehen in der Bedeutung oft ineinander über. Ein guter Traum kann also auch eine göttliche Inspiration sein.

W.W.: Wie kommt es eigentlich, daß es im Arabischen kein Verb für träumen gibt?

A. Schimmel: Das weiß ich auch nicht. Man sagt: „Ich sah einen Traum", oder: „Ich sah, was der Schläfer in seinem Schlafe sieht", aber man spricht nicht davon, daß man träumt. Im Türkischen gibt es übrigens auch kein Verb für träumen. – Vielleicht kann ich an dieser Stelle das entzückende türkische Rätsel erwähnen: „Alle Menschen sehen es, nur Gott sieht es nicht. Was ist das?" Das klingt natürlich sehr ketzerisch, aber die Antwort ist: „Der Traum." Denn der Mensch *sieht den Traum,* aber Gott träumt nicht.

W.W.: Einer der berühmtesten Traumdeuter war Ibn Sirin (gest. 728). Was war er für ein Mensch?

A. Schimmel: Wir wissen sehr wenig Konkretes über Ibn Sirin. Es heißt, daß er der erste große islamische Traumdeuter war. Aber in seinen Biographien steht kaum etwas von seiner Traumdeuterei, obwohl er sicherlich einige Traumdeutungen gegeben hat. Trotzdem hat sich aus irgendeinem Grund die Kunst der Traumdeuterei an seinen Namen gehängt. Und in sehr vielen Geschichten, die über ihn erzählt werden, heißt es dann, daß er den Kalifen Harun ar-Raschid (786–809) oder andere getroffen hätte, die aber alle etwa 100 Jahre nach ihm gelebt haben. Irgendwann muß es ein

Schlüsselerlebnis gegeben haben, durch das Ibn Sirin zum Traumdeuter par excellence gemacht worden ist.

Viel wichtiger war der 713 gestorbene Ibn al-Musayyab, der auch in den ältesten Quellen ganz eindeutig als Traumdeuter erwähnt wird. Von ihm werden etliche Deutungen gegeben, die sehr intelligent sind.

W.W.: Gibt es von Ibn Sirin Aufzeichnungen?

A. Schimmel: Er soll etwas geschrieben haben, und es gibt eine Reihe von Büchern, von denen behauptet wird, daß sie originale Ibn Sirin-Manuskripte seien. Helmut Klopfer hat „Das arabische Traumbuch des Ibn Sirin" (München 1989) herausgebracht, aber es zeigt sich ganz deutlich, daß dies eine spätere Kompilation ist. Ich halte es für eine unnütze Arbeit, Originale von Ibn Sirin zu suchen. Denn am Anfang des 8. Jahrhunderts schrieben die Menschen noch nicht so viel wie in späteren Jahrhunderten.

Die ersten Traumkategorien

W.W.: Berühmt ist auch Ibn Schahin az-Zahiri (gest. 1468). Was ist er für ein Mensch gewesen?

A. Schimmel: Er war ein sehr interessanter Mensch. Das Faszinierende an ihm ist, daß er von Beruf Offizier im Mamluken-Reich gewesen ist und es sogar zum Stadthalter von Karak im heutigen Jordanien gebracht hat. Ich bin extra nach Karak gefahren, um mir anzusehen, wo er einstmals gelebt hat. Er hat neben einem geographischen Werk auch ein ausgezeichnetes Buch über Träume geschrieben: *„al-ischarát fi 'ilm al-ibarát"*, „Die Andeutungen in der Wissenschaft der Deutung". Ich halte es unter den arabischen Büchern für das schönste und übersichtlichste Buch über die Träume. Ibn Schahin berichtet in seinem Buch u.a. von seinen Menschenbegegnungen, und welche Träume die einzelnen Personen ihm erzählt haben. Sein Buch ist in einer sehr angenehmen Weise verfaßt, und man findet in ihm, was man sucht. Es ist eine der wichtigsten Quellen meines Werkes „Die Träume des Kalifen" (München 1998).

W.W.: Nach welchen Kriterien hat er die Träume geordnet?

A. Schimmel: Die Kategorien sind z.B.: Träume von Gott, Träume vom Propheten, von der Auferstehung, dem Paradies und der Hölle, vom Koran, von Sonne, Mond und Sternen, von Krankheit und Tod, von Tieren und Pflanzen, von Essen und Trinken, von seltenen und sonderbaren Phänomenen u.v.m. Das sind Kategorien, wie man sie in den meisten Traumbüchern darstellt. Es gibt auch einige Bücher, in denen die Träume alphabetisch geordnet sind, aber die meisten haben sie nach obengenannten Kategorien geordnet. Das ist das allgemeine Schema in der islamischen Welt. Und dadurch findet man sich ziemlich gut zurecht. Dieses System ist dann auch später von den Türken übernommen worden.

W.W.: Der Kalif Ma'mun (813–833) hatte eine starke Beziehung zum hellenistischen Geistesleben. Er soll auch einen Traum einer Begegnung mit Aristoteles gehabt haben. Ist dieser Traum Realität, und hat er Ma'mun beeinflußt, oder hat man damit nachträglich seine starke Beziehung zur griechischen Philosophie erklärt?

A. Schimmel: Ich glaube, daß der Traum eine nachträgliche Erfindung ist. In der arabischen Geschichte hat man oft Träume nach einem entsprechenden Ereignis oder dem Tod eines Menschen erfunden.

Der Mensch als Spiegel des gesamten Wissens

W.W.: Al-Ghazzali (gest. 1111) gibt in seinem Lehrwerk „Die Wiederbelebung der Wissenschaften von der Religion“ eine klare Traumanalyse. Welche Ansichten hat er?

A. Schimmel: Al-Ghazzali spricht von der „Wohlverwahrten Tafel“, auf der seit Urzeiten alles das, was jemals geschehen wird, aufgezeichnet ist. Er vergleicht diese Tafel mit einem Menschen, der den Koran auswendig kann, also das gesamte Buch im Bewußtsein hat, und in dessen Gehirn man aber keinen einzigen Buchstaben finden würde, wenn man sein Gehirn sezieren würde.

„Im Gleichnis [...] ist die Tafel sozusagen ein Spiegel, in dem die Formen erscheinen. Würde nun gegenüber einem Spiegel ein anderer Spiegel aufgestellt, so müßte das Bild des ersten Spiegels im zweiten wieder erscheinen. Zwischen ihnen befindet sich jedoch ein Vorhang. [Mit diesem Vorhang meint Ghazzali die Tagesinteressen des Menschen.] Kommt nun ein Wind, der den Vorhang bewegt und ihn aufhebt, so leuchtet auf dem Spiegel des Herzens blitzartig etwas von der übersinnlichen Welt auf [...]. Schlaf bedeutet, daß die Sinne [den Dingen des Diesseits] gegenüber ruhen und dem Herzen die Dinge nicht zuführen. Ist das Herz nun von ihnen und von [dem Spiel] der Vorstellung frei und in seiner Substanz rein, so hebt sich der Vorhang zwischen ihm und der Wohlverwahrten Tafel, und ins Herz fällt etwas von dem, was sich auf der Tafel befindet. [...]

Allein der Traum setzt zwar alle übrigen Sinne außer Funktion, aber nicht die Vorstellungskraft. Diese arbeitet und bewegt sich weiter. Was ins

Herz gerät, dem kommt die Vorstellungskraft sogleich zuvor und ahmt es in einem ihm nahekommenden Gleichnis nach. Die Vorstellungsbilder haften besser im Gedächtnis als anderes. So bleibt die Vorstellung im Gedächtnis, und wenn man erwacht, weiß man nur noch das Vorstellungsbild. Der Traumdeuter muß dann schauen, welchen Sinngehalt das Vorstellungsbild nachahmt, und zwar zieht er seine Rückschlüsse auf die Sinngehalte mittels der Entsprechung, die zwischen dem Vorstellungsbild und den Sinngehalten besteht." (Ghazzali, Kairo 1289/1872)

So erklärt Ghazzali die symbolische Deutung der Träume. Der *'alam al-mithal,* „die Welt der Urbilder", liegt zwischen der reinen göttlichen und der menschlichen Welt. In dieser Welt sind die Ereignisse vorgeformt, die dann von besonders begabten Menschen in die Wirklichkeit gebracht werden können. Auf der anderen Seite können sich diese Ereignisse in den Träumen zeigen. Das ist eine Theorie, die ich aus dem frühen Islam nicht kenne, aber etwa ab dem 13. Jahrhundert findet man diese Gedanken häufiger. Im 13. Jahrhundert ändert sich im Islam ohnehin sehr vieles.

In der Nacht ist die Seele bei Gott

W.W.: In welchem Organ manifestieren sich nach islamischer Ansicht die Träume?

A. Schimmel: Das ist ganz einwandfrei die Seele. Die Philosophen haben lange darüber nachgedacht, welcher Teil der Seele es ist. Im Koran heißt es auch, daß die menschliche Geisteswesenheit im Schlaf zu Gott zurückkehrt, der sie dann am nächsten Morgen wieder in die Körper zurückschickt. Und diejenigen, die er behalten will, behält er bei sich. Das sind die Menschen, die sterben.

W.W.: Gibt es Ansichten darüber, ob die Seele in einer bestimmten Weise gestimmt sein muß, wenn sie während der Nacht bestimmte Träume haben soll?

A. Schimmel: Ja, es gibt die sogenannte Sitte der *istichara* – „nach etwas Gutem suchen" bzw. „um etwas Gutes bitten" –, also daß man sich durch Waschungen und Gebete vorbereitet, was in gewisser Weise eine Fortsetzung des antiken Tempelschlafes ist. Sehr oft wird dies in der geheiligten Umgebung der Moschee getan, und man hofft dann, daß die Frage, die man hat, durch einen Traum positiv oder negativ beantwortet wird. Das ist eine Praktik, die auch noch heute angewendet wird. Ich kenne z.B. Menschen, die einem dann erzählen, daß sie gerade eine *istichara* gemacht hätten und daß dies oder jenes dabei herausgekommen sei. – Hinzu kommt, daß man sich gewisser Speisen enthalten soll. Oder wenn man bestimmte Gebete in einer bestimmten Anzahl spricht, dann kann man hoffen, dem Propheten im Traum zu begegnen. Es gibt z.B. die Überlieferung, daß derjenige, der nach dem Freitagsgebet 1.000mal die Sure 112, „Gott ist Einer", wiederholt, den Propheten im Traum sehen wird. Für solche Schulungen haben die Gelehrten, besonders die Sufis, ganze Handbücher verfaßt, in denen nachzulesen ist, was für die Traumvorbereitung notwendig ist. Die Erziehung zum Träumen war in der islamischen Tradition immer von großer Wichtigkeit. Man mußte lernen, die Seele zu trainieren, damit sie nicht auf das Traumgestrüpp hereinfiel.

Wahrträume in der Morgenstunde

W.W.: Gibt es bestimmte Voraussetzungen für Wahrträume, also spezielle Zeitpunkte, Tage oder Vorbereitungen?

A. Schimmel: Ja, es gibt z.B. Tabellen, in denen etwa steht, daß aufgrund eines Traumes in der Nacht zum Dienstag nach drei Tagen dies oder das eintreffen werde, oder ähnliches. Dazu ist vieles sehr genau ausgerechnet worden. Aber ich glaube nicht, daß die Beispiele immer sehr zutreffend sind. Wahrträume hat man meist in der Stunde des Morgengebetes, also kurz vor Sonnenaufgang. Die Beschreibung, daß der Traum in der Morgenstunde oft wahr wird, finden wir auch häufig in der europäischen Literatur, z.B. bei Bürger, Goethe und Shakespeare. Es scheint eine allgemeine menschliche Erfahrung zu sein, daß man kurz vor dem Aufwachen im Traum etwas schaut, das dann relevant für die Zukunft ist. In islamischer Tradition heißt es dazu noch, daß man auf der rechten Seite schlafen solle, auf keinen Fall auf der linken, und daß man nicht ohne die rituelle Gebetswaschung ins Bett gehen solle. Dies alles dient dazu, daß der Traum in entsprechender Weise eingeleitet wird. Aber inwieweit das wirklich wirkt, vermag ich nicht zu sagen. Jeder Mensch muß hier seine eigenen Erfahrungen machen.

W.W.: Die Erfahrung habe ich auch gemacht, daß der Aufwachtraum meist bedeutender ist als z.B. der Einschlaftraum, bei dem oft nur das Tagesgeschehen verarbeitet wird.

A. Schimmel: Genau. Oder wenn man z.B. nachts um 3 Uhr aufwacht, dann hatte man meist ziemlich chaotische Träume. Aber am Morgen kommen meist sehr interessante Dinge heraus.

W.W.: Es wird in der islamischen Welt von einem Traumengel gesprochen. Was ist das für ein Wesen?

A. Schimmel: Er ist nicht gründlich ausgearbeitet, kommt aber in einigen Quellen vor. Er bringt die Träume als Bote von Gott. Aber es gibt keine größere Literatur über diesen Traumengel.

W.W.: Wie erklärt man sich einen Wahrtraum?

A. Schimmel: Das ist eine Inspiration unmittelbar aus der Gegenwart Gottes oder dem *'alam al-mithal,* der Welt der Urbilder. Dabei erfährt man etwas, was wirklich in Zukunft eintreten wird. Allerdings muß man sehr vorsichtig sein, daß man diese Träume nicht einem falschen Menschen erzählt, denn dann könnten sie ins Gegenteil umschlagen. Das halte ich ohnehin für die richtige Haltung: Man sollte seine Träume nicht leichtfertig erzählen, sondern warten, bis der richtige Mensch erscheint, dem man seinen Traum verkünden kann. Denn solange man ihn noch nicht erzählt hat, schwebt er wie ein Vogel – wie es im Arabischen heißt – über dem Menschen, wenn man ihn aber ausgesprochen hat, verwirklicht sich der Traum. Ich erzähle auch viele meiner Träume nur ganz vertrauten Freunden, wenn überhaupt. Dabei denke ich nicht an anstößige Träume, sondern an Dinge, die so kostbar sind, daß man sie mit niemandem teilen mag.

Wie ein Traumdeuter vorgeht

W.W.: Sie erwähnten vorhin die Traumdeuter, die, wenn sie sehr fähig waren, den Traum eines Menschen erkannten, bevor er ihnen erzählt wurde. Gilt dieser Anspruch noch heute in der islamischen Welt, daß ein wirklich guter Traumdeuter den Traum auf diese Weise erkennen sollte?

A. Schimmel: Einen solchen Menschen habe ich noch nie getroffen. Von einem meiner Freunde könnte ich mir allerdings vorstellen, daß er es kann.

W.W.: Wie geht ein Traumdeuter vor, wenn man ihn besucht und um die Deutung eines Traumes bittet?

A. Schimmel: Jeder hat seine eigene Vorgehensweise und seine eigenen Formeln, wie er einen Traum deutet. Ich habe leider nicht den Mann in Kairo getroffen, der behauptet, daß er ein Nachkomme von Ibn Sirin sei, aber einer meiner jungen Freunde besucht ihn hin und wieder. Er ist ganz praktisch, hat zu Hause auch ein Telefon, jetzt wahrscheinlich sogar ein Handy, damit man ihn anrufen kann, wenn man irgend etwas Beunruhigendes geträumt hat.

Man begrüßt sich sehr formalistisch. Derjenige, der einen Traum gedeutet haben möchte, muß im Zustand ritueller Reinheit sein, er darf nicht flapsig auftreten, sondern muß ernster Stimmung sein. Man begrüßt sich, und dann folgen die üblichen Formeln, z.B. „Wie geht es?" usw. Dann sagt der Suchende: „Ich habe etwas geträumt ..." Die Antwort des Traumdeuters ist gleich darauf: „Möge es etwas Gutes sein ..." Nachdem der Traum erzählt worden ist, wird nach Einzelheiten gefragt, z.B. ob der Mann, den man im Traum gesehen hat, einen schwarzen oder einen grünen Mantel getragen habe, oder ob es eine schöne Landschaft, ob es Felsen gewesen sind usw. Wenn der Traumdeuter die gesamten Details gehört hat, gibt er seine Erklärung. Meist ist es eine sehr genaue Untersuchung.

W.W.: Gibt es in der Traumdeutung verschiedene Symbole, die genau festgelegt sind und die für alle Menschen gelten, oder kann dasselbe Symbol bei dem einen Menschen eine andere Bedeutung haben als bei einem anderen?

A. Schimmel: An sich gibt es feste Symbole. Wenn man z.B. von einem Pferd träumt, so bedeutet das im allgemeinen etwas Positives. Aber es gibt auch viele Symbole – gerade Tiersymbole –, die unterschiedliche Bedeutungen haben können. In Marokko deutet z.B. das Kamel auf der einen Seite auf eine Totenbahre hin, auf der anderen Seite bedeutet es „die lange Zeit". Hierbei kommt es auf die Intelligenz des Traumdeuters an, welche der Bedeutungen die richtige ist. Hinzu kommt, daß er den Zustand des Träumenden und den Stand seiner Bildung ins Auge fassen muß. Denn wenn ein Analphabet von einem indischen Fürsten oder einer Kokospalme träumt, muß man erst einmal herausfinden, ob er je von diesen Dingen gehört hat. Man muß auch immer darauf achten, ob die Symbole aus dem eigenen oder einem fernen Land stammen. Wenn jemand in der altarabischen Welt von Hühnern träumte, so hatte das etwas mit Persien zu tun, wenn jemand von einem Elefanten träumte, mit Indien. Aufgrund der Entschlüsselung der verschiedenen Verzweigungen und der Herkunft der einzelnen Symbole zeigt sich die Weisheit des Traumdeuters.

Ich denke jetzt z.B. an die Geschichte von al-Kirmani, der den Traum des Kalifen al-Mahdi (775–785) deutete. Der Kalif hatte geträumt, daß sein Gesicht schwarz geworden sei. Normalerweise bedeutet es, daß die Gesichter von Sündern oder Verdammten schwarz sind. Aber al-Kirmani deutete den Traum so, daß ihm eine Tochter geboren werde. Der Kalif belohnte ihn, und als ihm wenige Tage später wirklich eine Tochter geboren wurde, händigte er ihm eine noch größere Belohnung aus. Al-Kirmani hatte nämlich nicht an den Koranvers gedacht, der besagt, daß den Verdammten das Gesicht schwarz wird, sondern an den Koranvers der Sure 16, 58, in dem es heißt: „Und wenn einem von ihnen eine Tochter geboren wird, dann wird sein Gesicht schwarz überschattet ..." Das war eine sehr kluge Lösung des Traumdeuters, und die Prophezeiung trat dann auch wirklich ein.

W.W.: Konnten gute Traumdeuter auch erkennen, daß man Träume anderen Menschen zuschob, weil sie einem peinlich waren?

A. Schimmel: So etwas soll es gegeben haben. Und es wird auch immer wieder davon gesprochen, daß es sehr sündhaft sei, sich den Traum eines anderen anzumaßen. Es gibt die Geschichte von einem Kalifen, der sich schämte, seinen eigenen Traum zu erzählen, und so schickte er einen seiner Vertrauten zum Traumdeuter, der ihm aber auf den Kopf zu sagte, daß er diesen Traum nicht gehabt haben könne, da es ein Traum eines Herrschers sei.

Arten der Traumauslegung

W.W.: Eine der Arten der Traumauslegung geht vom Wort aus. Können Sie dafür ein Beispiel geben?

A. Schimmel: Das Wort kann an sich und auch nach seinem numerischen Wert ausgelegt werden. Für den Zahlenwert der Buchstaben benutzte man die altertümliche Reihenfolge der Buchstaben, wobei die ersten zehn Buchstaben die Einer, die zweiten zehn Buchstaben die Zehner bedeuten, während die übrigen bis zum 28. Buchstaben die Hunderter angeben.

Es träumte z.B. eine Frau, daß eine Katze in den Bauch ihres Mannes gekrochen sei, und diesen Traum hat Ibn Sirin folgendermaßen gedeutet: *sinnaur,* auf arabisch Katze, hat den Zahlenwert 316. Die Katze sei ein Symbol für einen Dieb, und dieser Dieb hätte 316 Silberstücke gestohlen. Man nimmt also das Wort des Traumsymbols und interpretiert es so, daß es mit einer Zahl übereinstimmt.

Auf der anderen Seite kann man aber auch das Wort an sich nehmen. Oft ist es möglich, aus einem Traumsymbol drei bis fünf verschiedene Worte herauszulesen. Man hat z.B. die Wurzel *s-n.* Ich erfinde dazu einmal einen Traum. Jemand träumt z.B. von zwei Zähnen, *sinan.* Der Traumdeuter könnte daraus folgern, daß man noch zwei Jahre zu leben habe, weil *sana,* Jahr, und *sinan,* Zähne, ähnlich klingen bzw. dieselbe Wurzel haben. Derlei Spiele hat man häufig gemacht. Und das Arabische ist eine herrliche

Sprache zum Spielen! Im Türkischen und im Persischen ist es fast noch einfacher, weil man dann die türkischen, persischen und arabischen Worte in einem großen Puzzlespiel miteinander verbinden kann.

W.W.: Ist es nur ein Spiel, oder kommt man bei dieser Art von Traumauslegung auch der Wahrheit nahe?

A. Schimmel: Man kommt der Wahrheit manchmal sehr nahe, vor allem wenn es um die Zahl der noch verbleibenden Lebensjahre geht, die man aus einem im Traum erscheinenden Objekt herauslesen kann. Das scheint ziemlich gut funktioniert zu haben, zumindest wenn man den Quellen glauben will.

W.W.: Dann müßte es ja so sein, daß ein unterbewußter Teil im Menschen oder auch ein Bereich in der geistigen Welt das Wissen von der restlichen Lebenszeit und den Zahlenwerten der arabischen Buchstaben haben muß, so daß dadurch die Zahl der verbleibenden Lebensjahre in ein Wort mit dem entsprechenden Zahlenwert verschlüsselt wird.

A. Schimmel: Wie das funktioniert, weiß man nicht, aber es scheint zu funktionieren.

W.W.: Wie verhält es sich mit der Interpretatio ex contrario? Träumt man oft das Gegenteil?

A. Schimmel: In den ältesten Quellen findet man diese Art der Traumauslegung nicht. Man vermutet, daß sie in die islamische Traumauslegung gekommen ist, als man in der arabischen Welt mit der Traumauslegung der Griechen in Berührung gekommen ist. Ich weiß nicht genau, ob das stimmt. Soweit die Quellen eine Einsicht erlauben, kommt diese Art der Traumauslegung auch nicht sehr häufig vor. Man findet aber häufig das Beispiel, daß man im Traum weint, dann aber am Tage Freude erleben wird. Oder man könnte von einer Hochzeit träumen, im Tagesgeschehen wird aber eine Beerdigung folgen.

Wenn zwei das gleiche träumen

W.W.: Sie schildern in Ihrem Buch „Die Träume des Kalifen" einen Traum, den Sie hatten und der identisch mit dem Traum eines Ihrer Harvard-Assistenten war. Wie erklären Sie es sich, daß zwei Menschen das gleiche träumen können?

A. Schimmel: Das ist ein merkwürdiges Phänomen, das bei sich sehr nahestehenden Personen eintreten kann. Der Harvard-Assistent war fast wie mein geistiger Sohn. Zwischen zwei sich so nahestehenden Personen muß eine Art gleicher Wellenschwingung vorhanden sein, und ich stelle es mir so vor, daß sich der Traum sowohl nach rechts als auch nach links – also zu den zwei Menschen – ausbreitet. Mit meiner Mutter habe ich dieses Phänomen auch häufig erlebt. Auf jeden Fall kommt es auf die seelische Nähe zwischen zwei Menschen an. Deswegen finden wir im Sufismus viele Beispiele dafür, daß die Jünger eines Meisters alle dasselbe träumen, weil sie gewissermaßen eine Seele bilden.

W.W.: Ist es bei den Sufis und in der übrigen islamischen Welt Tradition, daß ein Traum authentischer wird, wenn er von mehreren Menschen erlebt wird?

A. Schimmel: Ja, zumindest wird es so gesagt. Es gibt in der islamischen Geschichte einige Beispiele dafür, wie historische Entscheidungen dadurch gefällt wurden, daß viele Menschen den gleichen Traum hatten, z.B. wurde die Stadt Mazar-i scharif im Norden von Afghanistan als Grabesstätte von Ali etabliert, weil viele Menschen dies gleichzeitig geträumt hatten, obwohl sein wirkliches Grab in Nadschaf, im heutigen Irak, liegt. Natürlich wußten das die Menschen damals, trotzdem wurde Mazar-i scharif zu einer vielbesuchten Pilgerstätte.

W.W.: Sie träumten von dem Sturz des pakistanischen Ministerpräsidenten Bhutto. Was war das für ein Traum?

A. Schimmel: Ich kannte ihn sehr gut und träumte im Sommer 1977 während einer Tagung in Oxford am Morgen, daß der damalige pakistanische Ministerpräsident ganz entspannt in einem silbernen Schaukelstuhl saß. Dann ging jemand an seinem Stuhl vorbei, berührte ihn nur ganz leicht, und er stürzte um. Beim Frühstück im Speisesaal fragte mich dann ein Kollege, ob ich schon die Nachrichten gehört habe. Als ich verneinte, teilte er mir mit, daß man Bhutto soeben gestürzt habe.

Wenn die Biene summt, wird der Honig süß

W.W.: Welchen Stellenwert haben Tierträume, und wie werden sie gedeutet?

A. Schimmel: Tiere haben einen hohen Stellenwert in der islamisch-arabischen Traumdeutung. Tiere zeigen besondere menschliche Eigenschaften. Das Pferd ist beispielsweise die Seele, die auch sehr störrisch sein kann und die erzogen werden muß. Wenn man von wilden Tieren träumt und sie überwindet, bedeutet es, daß man seine eigenen Schwächen überwindet. Aber wenn sie einen angreifen oder gar zerreißen, schwebt man in der

Gefahr, von den eigenen Fehlern und Schwächen verwundet zu werden. Natürlich kann es auch auf die Angriffe anderer Menschen hindeuten. Es gibt aber auch ganz kleine Tiere, z.B. Wespen oder Mücken, die einen an die eigenen Schwächen erinnern können.

W.W.: Wenn man von Bienen, Heuschrecken, Fröschen oder anderen Tieren träumt, geht man dann von dem Symbol aus, dem entsprechenden Zahlenwert oder von beidem?

A. Schimmel: Eher vom Symbol. Gerade bei der Biene, der Mücke oder der Spinne hat man koranische Sanktionen, denn sie kommen in verschiedenen Suren vor. Der Traum wird dann aufgrund der koranischen Aussage über das betreffende Tier gedeutet. Die Biene wird z.B. in Sure 16 ganz außerordentlich gelobt, weil Gott sie inspiriert hat, die Waben zu bauen und den Honig zu bringen. Träumt man von der Biene, so symbolisiert das immer eine positive Eigenschaft. Denn die Biene macht aus der Natur etwas Süßes. Die Bienenkönigin galt bis zum 17. Jahrhundert im Orient als Symbol für einen starken Heerführer, während die Bienen selbst als das Heer des Islam gedeutet wurden, nicht zuletzt deswegen, weil sie Ali bei einer Schlacht beigestanden haben sollen.

Meist aber deutet der Traum von der Biene oder dem Bienenstock darauf hin, daß die alltäglichen Sorgen verschwinden werden, man sehr fromm ist oder auch ein intensives Arbeitsleben führt. Auch die Biene selbst ist ein sehr frommes Tier, und die Muslime wissen, daß, wenn die Biene summt, sie den Segenswunsch für den Propheten summt – und dadurch wird der Honig süß.

Wenn man in Marokko träumt, daß einem eine Biene in den Mund fliegt, bedeutet es, daß man eine sehr schöne Stimme bekommen wird. Bienen sind im allgemeinen mit solchen positiven Eigenschaften identifizierbar.

Wenn die Seele in die ewige Heimat zurückkehrt

W.W.: Wie steht es mit dem Elefanten?

A. Schimmel: Der Elefant kommt im Koran nur als Angriffstier vor. Eines der schönsten und merkwürdigsten Traumsymbole ist der Elefant, der von Indien träumt, sich seiner Fesseln entledigt und in seine Heimat zurückkehrt. Der Elefant steht für die Seele, und man glaubt, daß der Elefant, der sich seiner Fesseln entledigt, darauf hindeutet, daß die Seele während der Lebenszeit im Körper gefangen ist, eigentlich aber einer anderen Heimat angehört. Es ist die Seele, die wieder in die ewige Heimat zurückkehrt. Das ist für mich eines der schönsten Traumsymbole, die die islamische Welt hervorgebracht hat.

Hunde, da sie nicht sehr beliebt sind, sind meist etwas Negatives, obwohl sie auch hin und wieder als Sinnbilder der Treue auftreten können. So hat jedes Tier seine eigene Rolle. In dem naturwissenschaftlichen Buch des ägyptischen Theologen ad-Damiri (gest. 1405) über „Das Leben der Tiere" ist neben der sachkundigen Beschreibung der Tiere auch jeweils die Bedeutung des Tieres im Traum dargestellt.

W.W.: Welche Bedeutung haben Bäume und Früchte in Träumen, beispielsweise die Dattel?

A. Schimmel: Auf der einen Seite können sie eine positive Bedeutung haben, z.B. der Apfel, vor allem aber die Dattel. Die Dattel ist die zentrale Frucht im Islam. Andererseits kann man hier auch wieder mit dem Zahlenwert oder der Herkunft des Baumes bzw. der Frucht spielen. Interessant ist die Traumauslegung der Quitte. Auf arabisch heißt sie *safargal. Safar* bedeutet „Reise", *galla* „erfolgreich sein". Daraus haben die Traumdeuter gemacht, daß derjenige, der von einer Quitte träumt, eine erfolgreiche Reise haben werde. Ähnliche Spiele gibt es zahlreiche.

W.W.: Gibt es auch Träume, die den vier Temperamenten des Menschen entsprechen?

A. Schimmel: Diese Traumauslegung gibt es auch. Wenn ein Mensch beispielsweise cholerisch ist, dann handeln seine Träume mehr von roter Farbe und Feuer. Bei einem Phlegmatiker sind es eher grau-gelblich gefärbte Träume. Aber inwieweit das stimmt, müßte erst einmal medizinisch erforscht werden.

W.W.: Gibt es auch Träume, die auf Krankheiten hindeuten?

A. Schimmel: Es gibt bestimmte Hinweise, daß jemand, der von einer Krankheit träumt, von dieser Krankheit genesen kann, andererseits gibt es Hinweise, daß ein Mensch, der von bestimmten Gegenständen träumt, an einer entsprechenden Krankheit leidet, z.B. der Wassersucht oder einer Lungenkrankheit. Damit haben sich auch die Mediziner beschäftigt, denn sie mußten für ihre Diagnose wissen, welche Träume ihre Patienten hatten. Manchmal konnten sie dann aus der Art der Träume auf die Art der Erkrankung schließen.

W.W.: Gibt es in der islamischen Geschichte auch Träume von Männern oder Frauen – wie sie bei uns im Westen öfter geschildert werden –, in denen sie von ihrem noch nicht geborenen Kind träumen?

A. Schimmel: Das gibt es, aber es ist nicht sehr häufig. Von Männern wüßte ich es nicht, aber Frauen – speziell in den vornehmen Familien – haben solche Träume erzählt. Man träumt dann z.B., daß man einen Sohn oder eine Tochter bekommen werde und welchen Namen man ihnen geben solle. Von Heiligen wird oft erzählt, daß die Mutter den Namen bereits vor der Geburt in einem Traum erfahren habe.

Sakramentales im Islam?

W.W.: Der Gebetsruf der Muslime ist durch einen Traum entstanden. Können Sie die damalige Situation schildern?

A. Schimmel: Man überlegte in Medina, wie man die Menschen am besten zum Gebet rufen könne. Die Glocke und das Holzbrett, mit dem man Lärm machen konnte, lehnte man ab, weil beide christlichen Sitten entsprachen. Und dann sprach sich ein Frommer dafür aus, die menschliche Stimme zu verwenden, denn er habe im Traum vernommen, daß die menschliche Stimme dafür am besten geeignet sei. Omar – der später Kalif wurde – trat zu ihm und bekundete, daß er genau das gleiche geträumt hätte. Ob er das nun wirklich geträumt hat, wissen wir nicht, zumindest hat er es behauptet. Dann wurde aufgrund dieses Traumes, den auch noch andere Muslime gehabt haben wollen, der Gebetsruf eingeführt. So wird es in frühen Quellen berichtet, und ich glaube sogar, daß es korrekt ist. Denn sonst hätte man wenig Grund gehabt, den Gebetsruf so einzurichten, wie er heute ist.

W.W.: Gibt es besonders prägnante Träume vom Koran?

A. Schimmel: Vom Koran gibt es sehr viele Träume. Eine Koranrezitation im Traum kann z.B. einen Menschen auf den rechten Weg bringen. Der Koran wird oft auch personifiziert und spricht dann z.B. eine Warnung für den Menschen aus. Auch die einzelnen Suren kommen in Träumen vor, und jede hat eine spezielle Bedeutung. Wenn man z.B. von der 36. Sure träumt, derjenigen Sure, die für die Toten rezitiert wird, erfährt man dadurch, daß jemand aus der eigenen Umgebung oder man selbst sterben wird. Das hängt von dem jeweiligen Kontext ab.

Es gibt einzelne Koranverse, von denen man träumen kann und die so das Leben eines einzelnen Menschen verändern können. Es ist oft passiert, daß ein Mensch von dieser Wahrheit im Traum getroffen wurde und dadurch von seinem schlechten Weg abgerückt ist.

W.W.: Was bedeutet es, wenn man träumt, daß man den Koran ißt?

A. Schimmel: Das ist ein sehr interessanter Traum, der aber nicht sehr häufig vorkommt. Das kennen wir auch aus dem Alten Testament, wo Ezechiel das Büchlein ißt, und aus der Apokalypse des Johannes. Es bedeutet, daß man sich den heiligen Text ganz und gar einverleibt, mit ihm eins wird, und dadurch gereinigt und geheiligt wird. Es gibt sogar einen Sufi, der einst geträumt hat, daß er den Propheten gegessen habe. Das ist die völlige Einverleibung bzw. Verschmelzung mit dem Göttlichen, also das Sakramentale. Gerade deswegen ist es interessant, daß dieser so unislamische Gedanke hin und wieder doch in den Träumen der Muslime auftaucht.

Träume von Gott und dem Teufel

W.W.: Sicherlich gibt es auch Träume von Gott. Welcher Art sind diese?

A. Schimmel: Von Gott gibt es verschiedene Träume. Die einen sehen ihn in der Gestalt des Vaters, eines Königs oder eines Meisters, andere nur als vages Licht. Aber es ist erstaunlich, wie oft davon die Rede ist, daß Gott im Traum erscheint und dem Träumenden gute Ratschläge gibt. Am interessantesten ist dieses Phänomen in den Traumtagebüchern der Sufis, die sich fast täglich im Traum mit Gott unterhalten. In meinem Buch, „Die Träume des Kalifen“, habe ich das Beispiel aus dem Buch von Jonathan Katz, „Dreams, Sufism and Sainthood. The Visionary Career of Muhammad al-Zawawi“ (Leiden 1996), gegeben, in dem er den Sufi al-Zawawi aus dem 14. Jahrhundert schildert, der sich wirklich jede Nacht mit Gott und dem Propheten unterhielt, ihm alle persönlichen Fragen vorlegte und dann im Traum Antwort bekam. Das ist natürlich ein psychologisch sehr heikles Thema, und einige meiner gelehrten Freunde finden dieses Buch abscheulich. Ich fand es aber ungeheuer interessant, was Zawawi im Laufe seines Lebens mit Gott und dem Propheten verhandelte.

W.W.: Woher weiß man denn, daß, wenn man von Gott träumt, dies auch Gott ist und nicht irgendein anderes Wesen, das sich als Gott ausgibt?

A. Schimmel: Das eben ist die große Frage. Es gibt einige Kriterien für die Authentizität Gottes, aber ob man die alle annehmen kann, ist eine Frage. Es könnte sich natürlich eine andere Figur in das Gewand Gottes eingeschlichen haben, z.B. ein dämonisches Wesen. Aber es gab einige Kriterien und Formeln, anhand derer die Sufis glaubten, erkennen zu können, daß es sich wirklich um Gott handelte. Mir persönlich ist das Träumen von Gott etwas unheimlich. Ich kann es noch nachvollziehen, wenn man seine Stimme hört, aber ihn in ganzer Gestalt, gewissermaßen personifiziert, zu sehen, ist eigentlich eine etwas unislamische Entwicklung.

W.W.: Gibt es auch Träume vom Teufel?

A. Schimmel: Ja, die gibt es, und sie sind manchmal ganz nützlich. Die Teufel erscheinen meist bei Dichtern und Musikern im Traum und bringen ihnen wunderschöne Melodien und Gedichte bei. Zwar werden diejenigen, die auf diese Weise vom Teufel gesegnet worden sind, meistens verrückt, aber der Teufel spielt vor allem als Inspirator der Künste eine recht große Rolle im Traumleben der Muslime. Das finde ich außerordentlich interessant. Vielleicht sind bei uns im Westen auch einige Menschen im Traum vom Teufel inspiriert worden.

W.W.: Wie steht es mit den Träumen und Vorstellungen vom Jenseits und vom Paradies?

A. Schimmel: Das ist eigentlich das Lieblingsthema der Muslime. Man träumt von Versprechungen und vor allem von den schönen Paradiesesjungfrauen und hofft dann natürlich, irgendwann in dieses Paradies zu gelangen. Wenn wir den Traumbüchern Glauben schenken, haben diese Paradiesesjungfrauen viele Muslime dazu gebracht, ihr Leben im Kampf einzusetzen oder gute Werke zu tun. Sie glaubten, daß im Paradies eine solche Jungfrau auf sie warte. Das war für viele Muslime ein gewaltiger Anreiz, sich in den Kampf für den Glauben zu stürzen.

Auch ansonsten wird das Jenseits in sehr konkreten Bildern geschildert. Man sieht dort z.B. seine eigenen guten Werke wachsen. Und wenn man irgendwo gefehlt hat, dann fehlt z.B. an einem Paradiesesstuhl ein Bein oder an einer Pflanze eine Blüte. Das ist pädagogisch sehr genau geregelt. Hier kommen natürlich Zweifel auf, bis zu welchem Grade es sich um echte Träume handelt. Vielleicht sind sie auch später erfunden worden, um eine gewisse Meinung zu verbreiten. Vor allem bei den Paradiesesträumen bin ich skeptisch, aber sie sind ungeheuer interessant, weil sie uns zeigen, welche Ideale der Muslim hatte und was für ihn notwendig war, damit er hoffen konnte, ins Paradies zu gelangen.

W.W.: Wahrscheinlich hat man in den Träumen bzw. in den vorgegebenen Träumen das Paradies auch noch weiter ausgeschmückt.

A. Schimmel: Natürlich.

W.W.: Gibt es im Islam auch die Todesvorausschau im Traum?

A. Schimmel: Durchaus. Ich habe das selbst in Ankara erlebt, als ein Kollege von mir, ein junger Arzt, mich ganz entsetzt anrief und mir erzählte, daß er von 17 Krankenhausbetten mit Toten geträumt hätte. Das war

1959 in der Nacht, bevor das Flugzeug mit Adnan Menderes, dem damaligen Ministerpräsidenten der Türkei, abstürzte. Mein Kollege hat die Zahl der Toten genau vorausgeträumt. Menderes selbst überlebte, er wurde aber 1961 hingerichtet. Es ist mir überhaupt aufgefallen, daß die Treffsicherheit der Träume in der Türkei sehr groß ist. Meine Mutter drückte es immer so aus, daß dies an der Weite der Landschaft läge, in der die Träume gewissermaßen ungehindert Raum hätten. Sie selbst hatte ihre Wahrträume genauso wie in Norddeutschland auch in der Türkei. Als wir in Berlin lebten, hatte sie dagegen kaum welche. In Berlin fühlte sie sich eingekapselt und spürte, daß der Geist nicht so stark an sie herankommen könne. Ich kann das gut nachempfinden. Deshalb ist im Islam die Traumwelt auch sehr viel näher als bei uns im Westen, wo wir durch die Technik und Zivilisation doch ziemlich abgelenkt sind. Ich weiß z.B. nicht, ob die heutige Jugend überhaupt noch träumt oder ob sie nur ihre Webseiten anguckt.

Die Todesträume der Kalifen

W.W.: Es gibt auch einige Kalifen, die von ihrem eigenen Tod geträumt haben. Können Sie bitte den Todestraum von Harun ar-Raschid erzählen?

A. Schimmel: Er träumte auf dem Zug nach Chorassan, daß unter seinem Bett eine Hand mit roter Erde hervorkam und eine Stimme rief: „Das ist die Erde Haruns." Seine Ärzte bedeuteten ihm, daß er nicht krank sei, aber er war sicher, daß diese rote Erde der Platz sein würde, an dem er sterben würde. Als er dann nach Tus kam, und die rote Erde dieses Landes sah, wurde es ihm endgültig klar, daß er hier sterben würde. Ein paar Tage später starb er tatsächlich. – Harun ar-Raschid hat also seinen Tod wirklich vorher geträumt. Ähnliche Schilderungen gibt es auch von anderen, vor allem von Sufis. Rumi gehört wohl auch zu ihnen, obwohl wir dazu keine direkten Aufzeichnungen von ihm haben.

W.W.: Wie war der Todestraum von Kalif Othman?

A. Schimmel: Er sah Mohammed und die beiden ersten Kalifen Abu Bakr und Omar im Traum, und ihnen wurden vier Becher angeboten. Alle drei nahmen einen, und der vierte wurde dem träumenden Othman gereicht. Am folgenden Tag wurde er ermordet.

W.W.: Welche weiteren Traumbilder für den bevorstehenden Tod gibt es im Islam?

A. Schimmel: Sehr häufig ist es die reale Schilderung des Todes, oft auch ein Opfer oder eine Art von Verdunkelung. Manchmal wird einem auch ganz konkret gesagt, wo man seine letzte Ruhestätte finden werde. Andererseits gibt es aber auch Symbole bzw. allgemeine Andeutungen. Ein Mann fragte z.B. einmal Ibn Sirin, was es bedeute, daß ein Vogel vom Himmel gekommen sei, sich auf einen Jasminstrauch gesetzt und nacheinander alle Blüten abgepflückt habe. Ibn Sirin deutete diesen Traum so, daß nacheinander alle Gelehrten des betreffenden Ortes sterben würden, was auch tatsächlich eintraf.

Es kommt auch vor, daß man von bereits Verstorbenen träumt, die einem entgegenkommen und dem Träumenden mitteilen, daß sie ihn erwarten. Es gibt z.B. die Geschichte vom Prophetenenkel Husain, der zur letzten Schlacht nach Kerbela zog und kurz vorher von seinem Großvater, seiner Mutter und seinem Bruder träumte. Im Traum sagte er ihnen, daß er gern noch ein wenig leben möchte, aber der Prophet antwortete ihm: „Nein, du wirst mit uns heute abend im Jenseits das Fasten brechen." Der zehnte Muharram, Husains Todestag, war im frühen Islam ein Fastentag.

Im Jahre 680 wurde Husain bei Kerbela von dem omayyadischen Heer geschlagen, und es wird von ihm zusätzlich noch erzählt, daß er bei einem Besuch in Medina von seinem Großvater Mohammed geträumt hätte. Dieser kam, von Engelscharen begleitet, nahm ihn an die Brust und sagte: „Ich sehe dich bald in deinem Blut gebadet, erschlagen in einem Land von ‚Kummer und Heimsuchung'." Das bedeutet auf arabisch *karb wa bala;* so wurde der Name Kerbela volksetymologisch gedeutet.

Die Toten als Lehrmeister der Lebenden

W.W.: Welche Beziehung hat man in der islamischen Welt überhaupt zu den Toten?

A. Schimmel: Es ist selbstverständlich, daß man von Toten träumt, weil die Beziehung zwischen Lebenden und Toten in der islamischen Welt auf der Annahme einer nur scheinbaren Trennung beruht. Die Toten befinden sich in der Welt der Wahrheit, und es findet eine ständige Begegnung zwischen den Lebenden und den Heeren der Toten statt. Inwieweit die Lebenden die Toten wahrnehmen, ist eine andere Sache.

Dann gibt es die Vorstellung, daß die Toten in ihren Gräbern schlafen und am Jüngsten Tag wieder auferweckt werden. Sehr viel häufiger ist aber die Vorstellung, daß das Grab bereits einen Vorgeschmack auf die Zeit nach dem Jüngsten Tag, also der Auferstehung, gibt. Die Frommen leben dann in großen und schönen, weiten Bereichen, während die Sünder von

Schlangen, Skorpionen und anderen unerfreulichen Wesen gequält werden. An der Art, wie ein Verstorbener im Traum erscheint, kann man bereits erkennen, ob er zu den Seligen oder zu den Sündern gehört.

In allen Träumen der islamischen Welt, die von Verstorbenen handeln, gibt es eine Standardfrage: „Was hat Gott mit dir getan?" Und dann geben sie die Antwort, er hätte sie zuerst etwas ausgeschimpft und sie darauf hingewiesen, daß er sie in die Hölle schicken würde, wenn sie nicht dies oder jenes Gute getan hätten, usw. Das ist theologisch nicht zu erklären, da diese Wirkungen – die aus den Ursachen, die man während des Lebens gelegt hat, resultieren –, eigentlich erst nach der Auferstehung eintreten dürften. Aber in der Traumwelt der Muslime wird diese Zeit bereits in die nachtodliche Zeit, also in unsere heutige Zeit, vorverlegt. Denn die Toten, mit denen der Träumende kommuniziert, sind meist erst seit wenigen Tagen verstorben. Aber sie wissen bereits um die Konsequenzen aus ihrem Erdenleben und haben auch bereits mit Gott darüber gesprochen.

Daß die Verstorbenen aber mit den Lebenden in Verbindung treten, ist für den Islam ganz selbstverständlich. Eigentlich sind die Toten die Lehrmeister der Lebenden, die ihnen u.a. klarmachen, was sie auf Erden tun müssen, damit es ihnen später genauso gut ergeht wie ihnen, die bereits verstorben sind. Sie erklären ihnen auch, wie sie am besten Gottes Vergebung erlangen. Oder sie erzählen, weshalb sie – zumindest für eine kurze Zeit – gezüchtigt wurden, z.B. weil sie einmal während des Lebens unbedachterweise auf ein schönes Mädchen bzw. auf einen schönen Jüngling geblickt haben, und ähnliches. Also die Kommunikation zwischen den Toten und den Lebendigen ist ganz außerordentlich eng.

Am Morgen den Duft des Propheten wahrnehmen

W.W.: Welche Rolle spielt der Prophet Mohammed in den Träumen der islamischen Welt?

A. Schimmel: Vom Propheten zu träumen, ist die größte Seligkeit, die ein Muslim haben kann. Es heißt vom Propheten: „Wer mich im Traum sieht, sieht mich wirklich, denn Satan kann meine Gestalt nicht annehmen." Deshalb ist der Muslim überzeugt, daß er wirklich mit dem Propheten spricht, wenn er ihm im Traum erscheint. Manchmal ermahnt ihn der Prophet, mitunter dankt er ihm für etwas, oder er gibt ihm gute Ratschläge, wie er sein Leben noch besser gestalten kann. Das ist gewissermaßen eine ganz normale Kommunikation zwischen zwei Menschen, also zwischen dem Träumenden und dem Propheten. Manche glauben sogar, daß der Prophet während des Traumes in persona ins Zimmer komme, so daß sie am Morgen noch seinen Duft wahrnehmen könnten. Dazu gibt es wunderbare Legenden. Wie gesagt, den Propheten im Traum zu sehen, ist einer der größten Wünsche eines frommen Muslim.

Als ich vor zwei Jahren in Kairo war, ging ich mit einer deutschen Muslima spazieren, und sie teilte mir am Ende unseres Spaziergangs ganz scheu mit: „Ich habe schon ein paar Mal den Propheten im Traum gesehen." – Und ich merkte dabei, wie selig sie war. Das war sehr interessant für mich, weil sie eigentlich die einzige Person gewesen ist, die mir das so offen erklärt hat. Aber das zeigt doch, daß die Hoffnung, ihn einmal zu erblicken, auch bei modernen, und sogar bei westlichen Muslimen immer noch vorhanden ist.

W.W.: Wie erkennt man denn den Propheten im Traum? Schließlich gibt es kaum authentische Abbildungen von ihm.

A. Schimmel: Das ist das Merkwürdige an dieser Sache. Wenn Mohammed im Traum eine bestimmte Formel gebraucht, dann heißt es, daß es sich wirklich um ihn selbst handelt. Und man glaubt, daß Satan nicht seine Gestalt annehmen kann. Aber Sie haben völlig recht, es gibt keine authentischen Bilder von Mohammed. Wir haben nur die Beschreibungen in den ältesten Quellen, wie er ausgesehen hat, und wir wissen auch, daß sein Enkel Hasan ihm sehr ähnlich gesehen haben soll. Die Beschreibung des Propheten hat sich durch die Jahrhunderte weiter gehalten und dann das Bild geformt, welches man im Traum sieht. Wenn wir z.B. die Träume verschiedener Sufis über Mohammed nachlesen, können wir uns wundern, wie genau Mohammed in allen Einzelheiten beschrieben wird und was es z.B. bedeutet, wenn seine Hände geschlossen sind, wenn sie offen sind oder wenn er irgendeine Gestik vollzieht usw. Das zeigt, daß man sich von ihm und seinen Handlungen eine ganz konkrete Vorstellung gemacht hat.

Man muß dazu wissen, daß das, was Mohammed zu dem jeweiligen Träumer sagt, nur für diesen gilt, nicht aber für alle Gläubigen. Die Trauminspiration vom Propheten ist eine private Inspiration. Und der Träumende ist auch nicht berechtigt, diese privaten Inspirationen der Allgemeinheit kundzutun. Es gibt z.B. die Anekdote von Ibn Chafif (gest. 982). Dieser versuchte, das Gebet auf Zehenspitzen durchzuführen, weil er irgendwo gelesen hatte, daß Mohammed dies auch so gemacht hätte. Aber dann hat er im Traum vom Propheten die Belehrung bekommen, daß diese Art zu beten nur für ihn, Mohammed, gelte, denn für andere Menschen sei sie zu schwierig. Da wachte Ibn Chafif getröstet auf und betete fortan wieder auf normale Weise.

Irgendwie sind diese Geschichten so rührend! Denn sie zeigen eine Art kindlichen Vertrauens. Deswegen habe ich diese Geschichten so gerne! Die Theologen sind davon natürlich nicht so entzückt. Mich interessiert dabei aber die persönliche Frömmigkeit eines Menschen mehr als große Theorien der Theologen und Philosophen.

„Erwache sofort!“

Traumerlebnisse

Arfst Wagner*

„Dreamwatcher“

Ein Mann rastet aus. Er will seine Tochter und seine Frau erstechen. Beide können entkommen, da der Mann bei der Verfolgungsjagd von einem Lastwagen überfahren wird.

Die Frau kommt in eine Klinik. Sie hat eine besondere Fähigkeit. Sie kann in Träume anderer Menschen hineinblicken, in vollem Bewußtsein. Sie kann in diese Träume hineinwirken, sie verändern. In der Klinik trifft sie andere Menschen mit dieser Fähigkeit. Zum großen Teil sind es Menschen, die an der Autismus-Krankheit leiden und daher eine ganz besondere Form von Sensitivität besitzen.

Was die Frau nicht weiß, ist, daß der amerikanische Geheimdienst diese Klinik betreibt und daß der leitende Arzt, Dr. Devane, von diesem bezahlt wird. Unter Vortäuschung falscher Tatsachen soll die Frau eine Nonne, die sich für die Ärmsten der Armen im mittelamerikanischen Urwald engagiert und dafür den Friedensnobelpreis erhalten soll, in deren Träumen manipulieren. Sie soll ihre Moral durch sexuelle Phantasien verderben, doch sie erkennt in der Nonne eine wahre Heilige und kommt ihrer Aufgabe nicht nach.

Ein anderer tritt an ihre Stelle. Sie bemerkt es, und es kommt innerhalb der Traumbewußtseins der Nonne zu einem Kampf zwischen der Frau und ihrem fürchterlichen Gegenspieler. Dieser macht sich mit Hilfe seiner Fähigkeit an die Tochter der „Dreamwatcherin“, wie man Menschen mit dieser Fähigkeit nennt, heran und zerrt sie in dunkelste angstbesetzte Ebenen des Traumbewußtseins. Es stellt sich heraus, daß er mit Hilfe seiner Fähigkeit auch bereits das Bewußtsein des Mannes der Frau so beeinflußt hatte, daß dieser wahnsinnig wurde und deshalb seine Frau und seine Tochter ermorden wollte.

---

* **Arfst Wagner,** geb. 1954, Mitarbeiter der FLENSBURGER HEFTE-Redaktion, Verleger (Lohengrin-Verlag), arbeitet als Eurythmielehrer an der Freien Waldorfschule Rendsburg.

Durch die Hilfe der Nonne, durch deren Kenntnis der spirituellen Verbindung von Christentum und archaischer mittelamerikanischer Religion schaffen es die beiden Frauen gemeinsam, den Traumgangster zu vertreiben und seine Aktivitäten für immer zu beenden. –

Vor Jahren las ich diesen in Deutschland recht unbekannt gebliebenen Roman „Dreamwatcher“ von Theodore Roszak, Geschichtsprofessor an der Universität Berkeley, der Ende der 60er Jahre durch sein Buch „The Making of the Counter-Culture“ berühmt geworden war. Ein vernünftiger Mann also. Und der schreibt nun solche abgehobenen Fiktionen?

Mich erinnerte der Roman allerdings an manche Erzählungen von Schülerinnen und Schülern, die mir im Unterricht begegneten – und letztlich auch an eigene Erlebnisse.

„Jetzt bist du für immer einer von uns“

Es war in Berlin, etwa im Jahre 1980, ein Arbeitstreffen einer freien Studiengruppe. Wir hatten tagelang künstlerisch gearbeitet, waren alle erschöpft, aber auch offen für verschiedenste seelische und geistige Eindrücke. Am Abend gab es noch Gespräche, auch mit uns unbekannten Menschen, die in der Kommune zu Gast waren, in der auch ich übernachten durfte. Einer von ihnen gehörte einer Gruppierung an, die sich Ananda Marga nannte. In den Gesprächen ging es um geistige Freiheit, verborgene Möglichkeiten der Manipulation und Gurutum. Es ging um Gefahren. Endlich war der späte Abend zu Ende, und ich ging schlafen.

Nachdem ich eine Weile dahingedämmert war, stand ich im Traum vor einem Tor. Dieses tat sich auf, und eine Gruppe weißgekleideter lächelnder Menschen trat auf mich zu. Sie umringten mich und führten mich in ein Haus. Dort war ein großer Saal, der festlich ausgeschmückt war. Plötzlich verschwanden die weißgekleideten Menschen mit einem Schlag, nicht ohne zu rufen: „Jetzt bist du für immer einer von uns.“ Ich antwortete: „Aber ihr habt mich ja gar nicht gefragt!“ Doch meine Stimme wurde von einem großen Knall übertönt, mit dem sich auf einen Schlag alle Türen und Fenster schlossen.

Dann ertönte eine Stimme: „Erwache sofort! Sonst geschieht etwas Furchtbares!“

Ich versuchte zu erwachen. Mitten im tiefen Schlaf wußte ich, daß ich erwachen mußte. Ich erlebte dieses Bewußtsein im Unbewußtsein, das mich wieder ins Licht führen wollte. Absurd, aber es war so: Ich schaffte es zunächst nicht, an die Oberfläche zu gelangen; erst als ich mir die Kraft eines 40-Tonnen-Lastwagens vorstellte und mir diese zu eigen machte, schraubte ich mich wieder in den Wachzustand.

Und was fand ich vor? Neben mir sitzend, im Lotussitz, offensichtlich meditierend, sah ich meinen Gesprächspartner, der nur wenige Sekunden später aus seiner Meditation erwachte und sofort, ohne ein weiteres Wort, seine Sachen packte und ging.

Das Gespräch hatte im Traum eine sehr intensive Form der Fortsetzung gefunden.

Ein Ring aus Feuer

In der Zeit meiner ersten beruflichen Tätigkeit hatte ich einen Traum. Dieser Traum setzte nahtlos dort an, wo der Tag geendet hatte: bei tiefen schmerzvollen Gedanken an einen Kollegen, der alles tat, um mich zu schikanieren, auch im Verborgenen. Wie verborgen, das sollte sich in einem Traum und in dem, was mit diesem Traum zusammenhing, noch in besonderer Form erweisen.

Es war auch dies einer dieser wenigen Träume, innerhalb derer man eine Stimme hört, die etwa lautet: „Erwache sofort! Sonst geschieht etwas Schreckliches!"

Dem Kollegen war ich offenbar, was sonst eher selten ist, ein Dorn im Auge. Bei genauerem Hinsehen zeigte es sich, daß er offenbar eine Furcht vor jeder selbständigen geistigen Tätigkeit besaß, die seinesgleichen suchte.

Durch Umstände, die hier nicht geschildert werden sollen, geriet ich mit ihm in einen regelrechten geistigen Krieg, der so recht innerhalb dieses Traumes zum Ausbruch kam. Nach einer heftigen Auseinandersetzung mit ihm am Tage fühlte ich mich sehr erschöpft und ging verhältnismäßig früh schlafen. Bereits einige Tage vorher konnte ich wahrnehmen, wie durch die Auseinandersetzung mit ihm alle Kraft, alle Motivation zu schwinden drohte. Das ging bis hin zu Lähmungserscheinungen.

In dieser Nacht schlief ich nun zunächst ruhig ein. Ich hatte mich vorbereitet. Wieder trat dieses merkwürdige „Schlafen und doch nicht Schlafen" ein, dieses Wachsein im Schlaf, oder wie man es nennen soll.

Als es begann, bemerkte ich es sofort. Langsam wuchs ein Kranz aus Feuer um mich herum. Etwa in Höhe des Sonnengeflechts umgab mich ein Ring aus Feuer. Ich fühlte Schmerz. Ich wollte fortlaufen. Das ging überhaupt nicht. Ich wollte aus dem Ring entweichen. Auch das war unmöglich: Er folgte mir stets und blieb in seiner Position. Er wurde heißer und heißer. Ich wand mich. Er begann, mich zu verbrennen.

Dann hörte ich die Stimme: „Erwache, sonst geschieht etwas Schreckliches!"

Ich versuchte zu erwachen, aber es gelang mir zunächst nicht ganz. Knapp unterhalb der Schwelle des Erwachens hielt mich der Ring aus Feuer fest. Da erfüllte mich ein bisher nie gekannter Mut, und die Stimme sprach: „Schaue in den Ring hinein! Konfrontiere dich mit ihm! Er lebt nur von deiner Furcht!"

Ich schaute hinein. Deutlich sah ich den Ring. Ich sah genauer hinein. In ihm spiegelten sich Bilder wie in Wasser. Das Feuer war von Bildern erfüllt. Wollte ich sie genauer ansehen, schwanden sie aber vor meinem Blick, sie wollten unbeobachtet bleiben. Ich nahm all meine Kraft zusammen: Mein Blick fiel auf ein besonders intensives Bild, und es gelang mir, es festzuhalten. Ich sah drei Männer, die irgendetwas in ein Feuer hielten und sich in irgendeiner Form daran zu schaffen machten. Was es genau war, weiß ich nicht, es hatte Ähnlichkeit mit einer Puppe. Um dieses puppenähnliche Ding schwebten im Feuer drei Ringe aus Metall. Sie glühten. Die drei Männer lachten. Ich schaute genauer hin. Und ich erkannte zwei dieser Männer. Der eine bemerkte es und erschrak. Daraufhin entglitt die „Puppe" den drei Männern, und die Ringe lösten sich im Feuer auf.

Ich erwachte.

Noch war Feuer um mich herum. Um meinen Körper herum flogen Fetzen des Feuers. Ich „sah" sie. Langsam und unter Zuhilfenahme eines speziellen Spruches, der mir allerdings nicht in seinem gesamten Text in Erinnerung war (mir fehlte eine Zeile), lösten sich diese Reste nach und nach auf. Leise fühlte ich noch Schmerz in dem Bereich, in dem das Feuer mich umgeben hatte. Ich schlief wiederum ein. Es war nun ein ruhiger, friedlicher Schlaf.

Als ich am nächsten Morgen erwachte, bemerkte ich, daß ich mich bereits eine Weile an der Stelle um den Solar Plexus herum kratzte. Ich hatte kleine Bläschen auf der Haut. Der Arzt, den ich deswegen aufsuchte und dem ich von dem Traum erzählte, meinte, dies sei der Anfang einer Gürtelrose. Einen Tag später waren die Symptome verschwunden.

Probleme mit dem Kollegen hatte ich von diesem Tag an nicht mehr. Den anderen, den ich erkannte, sehe ich mehrmals in der Woche. Der dritte ist mir bis heute unbekannt geblieben.

Träume sind Wirklichkeit

Inzwischen sind mir viele Menschen bekannt geworden, die solche Träume gut kennen. Sie leben in solchen Träumen, die selbstverständlich auch nicht immer schrecklich sein müssen. Diese Träume sind ein Teil ihrer Biographie, und sie sind Wirklichkeit. Sie gehören zum Leben. In mir entstand der Wunsch, Leitlinien für eine Traumberatung zu entwickeln. Seit Jahren gehe ich dem nach. Ich habe durch meine eigenen Träume gelernt, diese ernster zu nehmen, als ich es vorher tat. Die Phänomene, wie ich sie in meinen Träumen erlebe oder aus den Träumen anderer geschildert bekomme, setzen sich vom Wachzustand bis in den Tiefschlaf nach ganz bestimmten Gesetzmäßigkeiten fort. Diese Gesetzmäßigkeiten zu erforschen ist eine spirituelle Notwendigkeit.

Die drei Männer, auch wenn ich zwei von ihnen persönlich kenne, möchte ich durch diese Beschreibung nicht dämonisieren. Darum geht es nicht. Sicher, sie haben gewiß ihren Teil zu den Geschehnissen beigetragen. Sie sind jedoch in diesen Situationen vorwiegend Ausdruck wirkender Kräfte, mit denen man sich auseinandersetzen muß, wenn sie einem begegnen.

Träume ihrem Inhalt nach ausschließlich auf die Gegenwart zu beziehen, halte ich auch für zu kurz gegriffen. Sie enthalten Vergangenheit, Gegenwart und Zukunft. Am ehesten kann man sagen: Ein Traum ist die gegenwärtige Erfahrung eines zukünftigen Ereignisses, das sich in Bilder aus der Vergangenheit kleidet. Das ist jedoch nur eine Matrix zum grundsätzlichen Verständnis eines Traumes und muß bei jedem Traum wiederum überprüft werden. Denn es gibt sehr verschiedene Formen von Träumen.

HENNING KULLAK-UBLICK (HG.)

Erziehung zur Freiheit – in Freiheit

AKTION MÜNDIGE SCHULE

160 Seiten, 15 farb. Abb., kart., DM 20,– ISBN 3-926841-94-X

Taugt die Schule des 20. Jahrhunderts noch für das 21. Jahrhundert? Wie können unsere Schulen zu Übungsstätten für individuelle und soziale Fähigkeiten werden, die ein lebenslanges Lernen in einer immer komplizierter werdenden Welt als Chance und nicht als Bedrohung ergreifen?

Dieses Buch möchte allen Eltern, LehrerInnen, SchülerInnen und Zeitgenossen Mut machen, initiativ zu werden, sich einzumischen und die Schule zum Ausgangspunkt einer wirklichen Kultur der Freiheit werden zu lassen. Obwohl sie mehr als 200 Jahre lang vom Staat betrieben, verwaltet und oft genug auch vereinnahmt wurde, ist Schule eine Angelegenheit aller Menschen. Soll Bildung nicht zur Ware, zum bloßen Lieferanten menschlicher Ressourcen für den Arbeitsmarkt verkommen, muß sie aus der lebendigen Begegnung von Menschen erwachsen.

Was braucht die Schule für ihre lebendige Entwicklung? Wie kann pädagogische Initiative an die Stelle einer bürokratischen Verwaltung treten? Was kann das Schulwesen von den jahrzehntelangen Erfahrungen der freien Schulen über Autonomie, Schulprofile und Selbstverwaltung lernen? Wie finanziert man ein freiheitliches Schulwesen? Wie kann Kontrolle zu Evaluation werden?

Mit Beiträgen von: Manfred Borchert, Ute Erdsiek-Rave, Irene Fröhlich, Gregor Gysi, Bernd Hadewig, Benediktus Hardorp, Johannes Kiersch, Henning Kullak-Ublick, Stefan Leber, Harm Paschen, Heide Simonis, Christoph Strawe, Peter Struck, Johannes Stüttgen, Johann Peter Vogel, Sybille Volkholz.

Bezug über den Buchhandel oder direkt beim Verlag (zzgl. Porto u. Verpackung)

Flensburger Hefte Verlag

Holm 64, D-24937 Flensburg

Tel.: 0461 / 2 63 63 Fax: 0461 / 2 69 12 e-Mail: flensburgerhefte@t-online.de

Traumhaft

Interview mit Michael Schredl

von Wolfgang Weirauch

Dr. Michael Schredl, *geb. 1962 in Wiesloch, Österreich. Studium der Elektrotechnik in Karlsruhe und der Psychologie in Mannheim; 1998 Promotion im Fach Psychologie an der Universität Mannheim. Tätigkeit als wissenschaftliche Hilfskraft am Institut für theoretische Elektrotechnik in Karlsruhe, wissenschaftliche Hilfskraft am Lehrstuhl Psychologie II in Mannheim sowie als Diplompsychologe am Zentralinstitut für seelische Gesundheit in Mannheim. Seit 1994 Lehraufträge an den Universitäten Mannheim und Heidelberg zu den Themen Schlaf- und Traumforschung.*

Buchveröffentlichung: „Hör auf deine Träume" (Küttigen/Aarau 1996).

Haben Sie es schon einmal erlebt, wie Ihr Kind in den ersten Stunden nach dem Einschlafen schreiend aus dem Bett sprang und zu Ihnen ins Wohnzimmer stürzte? Vielleicht deklamierte es lautstark über irgendwelche Verbrecher, Dämonen oder belastende Situationen aus der Schule – aber am nächsten Morgen war alles vergessen. Oder kennen Sie es, wenn Sie ein Alptraum plagt und Sie schweißgebadet aufwachen und sogar Panik haben, wieder einzuschlafen?

Michael Schredl spricht in nachfolgendem Interview über diese Phänomene der Nachtangst und des Alptraumes, weiterhin über einzelne Traumtypen sowie verschiedene Übungen zur Traumerinnerung.

Wolfgang Weirauch: Könnten Sie die verschiedenen Schlafphasen kurz skizzieren?

Michael Schredl: Das Schlafprofil eines gesunden Erwachsenen weist verschiedene Schlafphasentypen auf. Eine besondere Phase ist dabei der sogenannte REM-Schlaf; REM ist eine Abkürzung für den englischen Ausdruck Rapid Eye Movements (schnelle Augenbewegungen). In einer REM-Phase sind die Augen geschlossen, aber sie bewegen sich unter den Augenlidern. Dann gibt es die sogenannten Non-REM-Phasen, die in leichten Schlaf, normalen Schlaf und Tiefschlaf unterschieden werden. Allgemein sieht die Nacht so aus, daß man nach dem Einschlafen in den Leicht- und dann in den Tiefschlaf kommt, und nach ca. 60 bis 90 Minuten tritt dann die erste REM-Phase auf. Anschließend beginnt dieser Zyklus von neuem. Während einer Nacht hat man etwa vier bis fünf Zyklen mit REM- und Non-REM-Schlafphasen. Im Verlauf der Nacht werden die REM-Phasen länger, während dagegen der Tiefschlafanteil abnimmt.

Träumen als psychische Aktivität

W.W.: Träumt man jede Nacht? Träumt man in den REM-Phasen oder in diesen gerade nicht?

M. Schredl: Träumen wird als psychische Aktivität während des Schlafes definiert. Man kann davon ausgehen, daß das Gehirn die gesamte Nacht aktiv ist. Aber die intensiven bildhaften Träume finden vorwiegend in der REM-Phase statt. Allerdings ist das Gehirn auch in den Non-REM-Phasen aktiv, bei manchen Personen sogar ähnlich aktiv wie während der REM-Phase.

W.W.: Sind die Einschlaf- und Aufwachphasen besonders traumreich?

M. Schredl: Man hat erforscht, daß auch in diesen Phasen besonders viel geträumt wird, und zwar weil es der Übergang von der Wachgehirnaktivität in den Schlaf ist bzw. umgekehrt. Man kennt ja auch das Gefühl während des Einschlafens, daß die Gedanken, die man kurz vorher gedacht hat, noch weitergesponnen werden. In dieser Phase ist das Gehirn sehr aktiv, und deswegen können die entsprechenden Träume erinnert werden.

W.W.: Im Traum treten Bilder auf, während des Wachens denkt man in Begriffen. Kann man sagen, daß der Mensch während des Träumens auch denkt?

M. Schredl: Die Bilder des Traumerlebens kann man mit Wahrnehmungen während des Wachlebens vergleichen. Ein Großteil der Träume wird ähnlich wie ein Wacherlebnis erlebt. Auch wenn man während des Traumes nicht im Vollbesitz seiner geistigen Fähigkeiten ist, z.B. nicht rechnen kann, so geht doch ein Großteil der Forscher davon aus, daß man auch während des Traumes denkt.

Der Traum ist ein sehr dichtes Erleben

W.W.: Wie ist es möglich, daß im Traum eine lange Zeitspanne erlebt wird, während in der Wirklichkeit eine viel kürzere Zeit vergeht?

M. Schredl: Die Forschungen widersprechen dieser These. Gegen Ende der Nacht sind die REM-Phasen eine halbe bis zu einer dreiviertel Stunde lang. In bezug auf den Traum muß man beachten, daß z.B. die Fortbewegung von einem Ort zum anderen natürlich sehr viel schneller vor sich geht als in der Wirklichkeit. Der Traum ist ein sehr dichtes Erleben. Dadurch entsteht der Eindruck, daß sehr viel in sehr kurzer Zeit geschieht. Wenn man aber das Geträumte mit dem Zeitablauf in der Wirklichkeit vergleicht, dann kann man davon ausgehen, daß die Traumzeit weitgehend der Echtzeit entspricht. Der Traum wird nur dichter erlebt.

W.W.: Nun kennt aber jeder, daß man durch ein Geräusch aufwacht und dieses Geräusch integraler Bestandteil am Ende eines langen Traumes ist. Das würde dem doch widersprechen.

M. Schredl: Nicht unbedingt. Das ist ein ganz normaler Vorgang. Das Gehirn ist niemals von der Außenwelt abgekoppelt, alle Reize der Außenwelt werden irgendwie verarbeitet. Die meisten werden ignoriert, aber einige Reize finden in den Traum Eingang. Das Beispiel, das Sie erwähnt haben, erklärt man sich so, daß man ohnehin einen Traum hat, der bereits im Gange ist, und dann kommt z.B. ein lautes Geräusch, das dann in den

Traum eingebaut wird. Also man geht davon aus, daß bereits vorher geträumt worden ist.

W.W.: Wie ist es möglich, daß es Träume gibt, in denen man sich sowohl von außen sieht, aber gleichzeitig aus sich herausschaut und die Traumwelt innerlich erlebt?

M. Schredl: Das ist eine gute Frage, die – soweit ich es überblicke – noch nicht hinreichend beantwortet ist. Denn hierbei handelt es sich um eine Perspektive, die wir normalerweise nicht kennen. Zum einen sieht man aus seinen Augen in die Traumwelt, auf der anderen Seite sieht man sich aber auch von außen. Im Wachleben kennen wir allenfalls vergleichbare Ausnahmesituationen, in denen man sich von oben betrachtet bzw. neben sich steht.

Forschungsrichtungen

W.W.: Was sind die Grundzüge der Freudschen Traumdeutung?

M. Schredl: In der Traumforschung unterscheidet man im wesentlichen drei Forschungsrichtungen: die psychoanalytische, die neurophysiologische und die psychologische Traumforschung. Die psychoanalytische Traumforschung begann mit den Arbeiten Sigmund Freuds, die in seinem grundlegenden Werk „Die Traumdeutung" ihren Ausdruck fanden. Freud unterschied den manifesten und den latenten Trauminhalt. Zum manifesten Trauminhalt gehört das, was der Träumende erinnert, der latente Trauminhalt wird durch die sogenannten verbotenen Triebe geprägt, die nicht ins Bewußtsein dringen. Ziel der Analyse ist es nun, aus dem manifesten Traum Rückschlüsse auf dasjenige zu ziehen, was als Wünsche und Triebe im Unbewußten der Person vorhanden ist. Im weiteren werden die Traumdeutungen dazu benutzt, dieser Person im Rahmen einer Psychoanalyse zu helfen.

W.W.: Zur psychoanalytischen Traumforschung werden auch Adler und Jung gerechnet. Was sind die Grundzüge ihrer Traumdeutung?

M. Schredl: Ihre Theorien unterscheiden sich in bezug auf die Rückschlüsse, die aus den Traumbildern auf die inneren seelischen Prozesse zu ziehen sind. Aber die Grundidee ist insofern die gleiche, als auch Jung und Adler aus den Träumen der Patienten erarbeiten wollten, welches die wichtigen Konflikte des jeweiligen Menschen sind, was ihn innerlich beschäftigt, und sie wollten die Traumarbeit auch dazu nutzen, therapeutische Fortschritte zu erzielen. Beide waren sie zunächst Schüler Freuds. Adler, der Begründer der Individualpsychologie, wich dann mit seinen Begriffen wie Machtstreben, Minderwertigkeit, Lebensaufgaben, auf die der Mensch hinarbeite, immer mehr von Freuds Lehre ab. Und bei Jung kam u.a. die Unterscheidung des persönlichen und des kollektiven Unbewußten hinzu.

W.W.: Wie ist der neurophysiologische Ansatz?

M. Schredl: Die neurophysiologische Traumforschung begann eigentlich mit der Entdeckung des REM-Schlafes, die im Jahre 1953 publiziert wurde. Die Schlafforschung setzt u.a. das EEG ein, um die einzelnen Schlafphasen zu untersuchen, um Schlafstörungen zu verstehen und zu behandeln. Man versucht auch, Rückschlüsse von Traumelementen auf Veränderungen in der Gehirnphysiologie und auf neurophysiologische Prozesse zu ziehen. Grundsätzlich bringt die Neurophysiologie Veränderungen im Gehirn und im Nervensystem in Verbindung mit Prozessen während des Traumlebens; das Träumen wird also als eine Körper-Seele-Interaktion verstanden.

W.W.: Wie ist der psychologische Ansatz?

M. Schredl: Der psychologische Ansatz definiert den Traum zunächst als subjektives Erleben während des Schlafes. Bei der Untersuchung des Traumlebens geht es insbesondere um den Zusammenhang zwischen Wachleben und Traum, eine Fragestellung, mit der ich mich sehr stark beschäftige. Dabei geht es darum, daß das Erleben des Tages im Traum vielfältig widergespiegelt wird. Ein weiterer Aspekt ist z.B., daß gesunde Personen andere Träume haben als kranke. Die entscheidende Frage ist natürlich, welche Funktion das Träumen hat.

W.W.: Ihr Ansatz ist also der psychologische?

M. Schredl: Ja, ich bin Psychologe und bewege mich hauptsächlich auf diesem Gebiet.

W.W.: Welche Funktion hat das Träumen nach Ihrem Verständnis?

M. Schredl: Über die Funktion des Träumens wurde viel spekuliert. Während experimentelle Befunde klar für eine Funktion des REM-Schlafes in der Gedächtniskonsolidierung sprechen, ist es methodisch nicht möglich, die Funktion des Träumens als psychische Aktivität mit Befunden zu untermauern, da Träume immer im Wachzustand erzählt werden müssen, um ihren Inhalt zu erfassen. Der plausibelste Erklärungsansatz, die sogenannte Mastery-Hypothese, vergleicht das Träumen mit dem Denken im Wachzustand. Wenn Probleme auftreten, wird das Denken genutzt, um Ideen für Lösungen zu bekommen. Ähnliches könnte auch im Traum geschehen.

Nachtangst

W.W.: Sie unterscheiden u.a. drei Gruppen von Träumen: den Alptraum, die posttraumatische Wiederholung und die sogenannte Nachtangst. Was ist die Nachtangst, Pavor nocturnus, und wie äußert sie sich?

M. Schredl: Das ist eine Art Aufschrecken aus dem Tiefschlaf als eine starke Angstreaktion. Meistens tritt die Nachtangst etwa eine Stunde nach dem Einschlafen auf, weil in dieser Zeit der Tiefschlaf am intensivsten ist. Die Personen selbst wissen meist nichts davon, daß sie während der Nacht aufgeschreckt sind, weil sie nicht vollständig wach werden. Wenn man ein solches Aufschrecken eines Menschen erlebt, so kann er zwar offene Augen haben, um sich schauen, schreien, manchmal auch im Zimmer herumlaufen, aber trotzdem ist er nicht ganz wach. Wenn man die Person beruhigt und sie wieder einschläft, kann sie sich am nächsten Morgen oft nicht an dieses Erlebnis erinnern.

W.W.: Ich kenne das von Kindern, die nachts aus dem Schlaf aufschrecken, im Zimmer herumlaufen und von Dämonen und ähnlichem sprechen und sich am nächsten Morgen an nichts mehr erinnern können. Tritt der Pavor nocturnus speziell bei Kindern auf oder auch bei Erwachsenen?

M. Schredl: Am häufigsten tritt die Nachtangst bei Kindern im Alter von drei bis sechs Jahren auf, mit dem Älterwerden des Kindes nimmt das Auftreten der Nachtangst stark ab. Sie kann aber auch bei Erwachsenen auftreten, dann aber eher selten, etwa einmal pro Monat.

W.W.: Tritt die Nachtangst nur nach etwa der ersten Stunde des Schlafes auf oder auch später?

M. Schredl: Vorwiegend im Tiefschlaf, der auf die erste Nachthälfte konzentriert ist. Bei Personen, die einmal pro Nacht aufschrecken, geschieht dies immer in der ersten Nachthälfte, während die zweite Nachthälfte dann ohne Störung verläuft. In extremen Fällen kann es aber auch auftreten, daß Menschen drei bis vier Attacken pro Nacht haben, und diese treten dann auch in der zweiten Schlafhälfte auf.

W.W.: Was sind die Ursachen der Nachtangst?

M. Schredl: Die Ursachen sind bis heute nicht bekannt. Aber bei den meisten Personen kann man feststellen, daß Streßfaktoren die Häufigkeit des Auftretens der Nachtangst beeinflussen. Und man geht auch davon aus, daß es eine gewisse genetische Veranlagungskomponente dafür gibt.

Alpträume

W.W.: Was sind demgegenüber Alpträume?

M. Schredl: Alpträume werden als Träume definiert, in denen das negative Gefühl so stark ist, daß es zum Erwachen führt. Physiologisch werden Alpträume als REM-Schlafträume definiert, d.h. daß sie vorwiegend in der zweiten Nachthälfte auftreten, da in dieser Zeit mehr REM-Schlafphasen sind. Wenn die betreffende Person aufwacht, kann sie sich sehr bildhaft an den Alptraum erinnern. Häufige Themen sind hier Verfolgungen oder Fallträume oder auch die Bedrohung nahestehender Personen. Die Ursachen der Alpträume liegen noch weitgehend im Dunkeln. Man weiß aber, daß es bestimmte Personentypen gibt, die ein Alptraumforscher einmal als dünngrenzige Personen bezeichnet hat, die auf Belastungen sehr leicht mit Alpträumen reagieren. Starker Streß kann zu Alpträumen führen. Und insbesondere bei Kindern können Traumata und besonders schreckliche Erlebnisse zu Alpträumen führen.

W.W.: Und an die Alpträume kann man sich am nächsten Tag bzw. beim Aufwachen erinnern?

M. Schredl: Ja, das liegt daran, daß man direkt aus dem Traum aufwacht. Deswegen hat man eine gute Erinnerung an den Traum. Im Gegensatz zur Nachtangst wird die Person, die einen Alptraum hat, richtig wach.

W.W.: Das heißt, daß man sich an die Nachtangstträume nicht erinnert, weil man nicht richtig wach wird?

M. Schredl: Genau.

W.W.: Und würde man richtig wach werden, so könnte man sich auch an die Nachtangsterlebnisse erinnern?

M. Schredl: Ja. Es gibt allerdings auch Einzelfälle erwachsener Patienten, die sich an Erlebnisse der Nachtangst erinnern können.

W.W.: Sie schreiben in Ihrem Buch „Hör auf Deine Träume" (Küttigen/Aarau 1996), daß der Alptraum ein unvollendeter Traum sei. Wie ist das gemeint?

M. Schredl: Bei Alpträumen wacht man auf, bevor es zu einer Lösung gekommen ist. Ein klassischer Alptraum ist z.B., daß man von einer Person verfolgt wird und dann aufwacht, bevor sie einen ergreifen kann. Der Traum ist insofern unvollendet, als die Situation, die im Traum auftritt, nicht bewältigt ist. Und das kann dazu führen, daß dieser Alptraum immer wiederkehrt, weil man im Wachbewußtsein nie überlegt hat, wie eine entsprechende Situation bewältigt werden könnte.

W.W.: Was ist die posttraumatische Wiederholung?

M. Schredl: Das ist ein Symptom der posttraumatischen Belastungsstörung, also die Folge einer seelischen Verletzung. Ein Trauma führt dazu, daß sich ein bestimmter psychischer Inhalt abkapselt und sich immer wieder in ähnlicher Form präsentiert. Man hat dies z.B. bei Vietnam-Veteranen oder Holocaust-Opfern beobachtet. Bei ihnen waren bestimmte Erlebnisse so intensiv, daß die psychische Belastbarkeit überschritten worden ist und die Erlebnisse in ähnlicher Form immer wieder erlebt werden, sowohl nachts als Träume als auch tagsüber als sogenannte Flashbacks.

Angstbehandlungen

W.W.: Wie geht man mit einem Kind um, das nachts durch die Nachtangst aufschreckt?

M. Schredl: In bezug auf die Nachtangst gibt es bisher wenig Erkenntnisse, wie man sie behandeln kann. Aber da man weiß, daß Streßfaktoren beeinflussend sind, kann man während des Tages mit Entspannungsübungen oder abends mit Einschlafritualen versuchen, den Streß abzubauen. In der Nacht selbst muß man mit dem Kind möglichst vorsichtig umgehen. Man darf es z.B. nicht packen oder schütteln, denn dadurch, daß das Kind nicht wach ist, erkennt es einen auch nicht. Deshalb sollte man durch sanftes Ansprechen versuchen, das Kind zu beruhigen und es wieder ins Bett zurückzubringen.

W.W.: Wie kann man das Kind während des Tages im einzelnen darauf vorbereiten, wenn die Nachtangst wiederholt auftritt?

M. Schredl: Eigentlich ist die Nachtangst für das Kind nicht sehr belastend, weil es davon nichts mitbekommt. Für die Eltern ist die Situation belastender. Mein Ansatz ist es, den überhöhten Streß durch Entspannungsübungen abzubauen, damit der Schlaf insgesamt ruhiger wird. Nach meinen Erfahrungen nimmt dadurch zumindest die Häufigkeit der Nachtangst ab.

W.W.: Wie gehen Sie therapeutisch bei Menschen vor, die unter Alpträumen leiden?

M. Schredl: Alpträume sind ein Phänomen, das jeder Mensch schon einmal erlebt hat. An eine Behandlung wird man natürlich nur denken, wenn die Alpträume häufig vorkommen, also etwa einmal pro Woche oder häufiger. Alpträume bekommen im wesentlichen Menschen, die mit dünnen Grenzen auf vielfältige Belastungen sehr empfindlich reagieren. Natürlich gibt es auch ganz normale Personen, die auf extreme Situationen mit Alpträumen reagieren. Bei Frauen, die Opfer einer Vergewaltigung geworden sind, treten Alpträume z.B. häufig als ein Symptom der Verarbeitung auf.

Bei der Behandlung von Alpträumen geht man zunächst davon aus, daß es wichtig ist, den Betreffenden mit der entsprechenden Situation zu konfrontieren. Beim Traum ist dies relativ einfach, da er nur niedergeschrieben werden muß – Kinder läßt man den Traum malen – und man dann die Situation erörtern kann. Ein zweiter Schritt ist, wie bei allen Angstbehandlungen, daß die Situation bewältigt wird. Die Alptraumsituation soll mit Hilfe der Vorstellungskraft bewältigt werden. Diese Bewältigungsstrategie wird dann einmal am Tag fünf bis zehn Minuten lang eintrainiert, und zwar über eine Dauer von etwa 14 Tagen, so daß im Kopf ein neues Muster entsteht. Und dieses neue Muster wird dann vom Wachleben in den Traum übertragen, so daß sich die Träume verändern.

Wiederholungsträume

W.W.: Woraus resultieren die sogenannten Wiederholungsträume?

M. Schredl: Bei den Wiederholungsträumen wiederholt sich ein Thema fortwährend, z.B. die Prüfungsangst. Man soll z.B. eine Klausur schreiben, hat sich zu wenig vorbereitet und hat Angst vor dem Versagen. Die Situation wird dann weiter angstbeladen ausgestaltet, und das ganze Szenario kommt wiederholt in den Träumen vor. Bei solchen Wiederholungsträumen geht man davon aus, daß eine ähnliche Ursache wie bei wiederholten Schwierigkeiten im normalen Tagesleben vorliegt. Wenn man im Wachbewußtseinszustand prüfungsängstlich ist, dann wird man vor jeder Prüfung schlecht schlafen, sich nervös Gedanken machen und andere Auswirkungen der Prüfungsangst spüren.

Bei einem unangenehmen Wiederholungstraum liegt es nahe, daß er darauf hindeutet, daß die Person etwas Neues lernen muß, ähnlich wie im Fall der Prüfungsangst, wo es darum geht, Angstbewältigungstechniken zu erlernen, wie z.B. Entspannungs- oder Vorstellungstechniken. Der negative Wiederholungstraum weist darauf hin, daß dem Träumer eine bestimmte Fähigkeit fehlt.

W.W.: Die Angst bzw. die Unvollkommenheit löst also den Traum aus. Und deshalb wird der entsprechende Mensch wahrscheinlich auch nicht davon träumen, daß er eine Prüfung besteht.

M. Schredl: Ja. Wobei gerade bei Prüfungsträumen interessant ist, daß die meisten Menschen von Prüfungen träumen, die sie im realen Leben bestanden haben. Es geht also im Traum nicht um das tatsächliche Bestehen bzw. Nichtbestehen, sondern dieser Wiederholungstraum scheint eher die allgemeine Angst vor Prüfungen widerzuspiegeln.

Flugträume

W.W.: Oft träumt man davon, daß man fliegt oder schwebt. Kennen Sie die Ursachen eines solchen Traumes?

M. Schredl: Das Fliegen und Schweben wird von den meisten Menschen sehr positiv erlebt. Man geht davon aus, daß ein solcher Traum Ausdruck eines starken Glücksgefühls ist. Der Traum kann auch ein Ausgleich zum Wachleben sein, d.h. daß der Traum für die entsprechende Person eine Anregung sein kann, sich im Realleben mehr positive Gefühle zu verschaffen.

W.W.: Desweiteren gibt es Träume, in denen man fliegt und irgendwann in die Tiefe fällt. Aber bevor man aufschlägt, wacht man auf. Wie interpretieren Sie das?

M. Schredl: Das ist ein typisches Phänomen der Fallträume. Der Falltraum deutet oft auf eine Verlustsituation hin, die man im realen Leben hat. Dahinter kann z.B. ein Angstgefühl stehen, mit einer momentanen Situation nicht fertig zu werden, also daß man völlig hilflos ist und sozusagen nur noch fallen kann.

Luzide Träume

W.W.: Was ist eigentlich ein luzider Traum?

M. Schredl: Unter luziden Träumen versteht man Träume, in denen man sich bewußt ist, daß es ein Traum ist. Man weiß also während des Traumes, daß man träumt. Und so ein Traum öffnet je nach Inhalt mannigfaltige Möglichkeiten, mit diesem Traum umzugehen. Es gibt Personen, die dieses Bewußtsein nutzen, um bestimmte Übungen zu machen, z.B. bewußt hochzufliegen, durch die Luft zu segeln oder auch sexuelle Dinge auszuprobieren. Hier sind der Phantasie wenig Grenzen gesetzt.

W.W.: Man kann also mit seinem Denken und seinem Willen den Traum bewußt beeinflussen, weil man weiß, daß man träumt?

M. Schredl: Genau.

W.W.: Kann man diese Fähigkeit auch durch Übungen steigern?

M. Schredl: Es gibt verschiedene Techniken, diese luziden Träume zu erlernen. Die effektivste Technik für Anfänger ist, sich etwa fünf- bis zehnmal am Tag die Frage zu stellen: „Träume ich, oder bin ich wach?" Während man sich diese Frage stellt, kontrolliert man seine Umgebung, ob sie den Wachgesetzen entspricht. Die Grundidee ist, daß man dadurch eine Art kritisches Bewußtsein entwickelt und daß man daraus folgend irgendwann beginnt, sich die gleiche Frage auch im Traum zu stellen. Denn im Traum treten oft Situationen auf, in denen es nicht mit rechten Dingen zugeht. Ich selbst habe z.B. einmal geträumt, daß ich einen Baum senkrecht hinaufgelaufen bin, und anhand einer solchen Situation kann einem dann während des Traumes bewußt werden, daß es ein Traum ist. Es gibt noch andere Methoden, z.B. daß man versucht, direkt vom Wachbewußtsein in das Traumbewußtsein hinüberzugleiten, aber das ist eine recht komplexe Übung. Und sie ist auch sehr schwierig zu erlernen.

W.W.: Man wird durch solche Übungen im Traum ein wenig wacher?

M. Schredl: Ja. Obwohl man physiologisch sagen muß, daß man sich immer noch im Traumschlaf befindet, obwohl während der luziden Träume auch Zeichen höherer Aktivität feststellbar sind, vor allem beim Übergang vom normalen in den luziden Traum. Es ist kein Zustand zwischen Wachen und Traum, sondern eine Art neuer Bewußtseinszustand: ein Traumzustand, in dem man reflexiv ist, also sich des Zustands bewußt ist, in dem man sich befindet.

W.W.: Dann könnte doch letztendlich jeder Traum zu einem luziden Traum werden, wenn man entsprechend geübt wäre.

M. Schredl: Das könnte so sein, obwohl die Zahlen dagegen sprechen. Bei erfahrenen Träumern ist es so, daß sie ein bis zwei luzide Träume pro Woche haben.

Wahrträume

W.W.: Was hat es mit Träumen von Verstorbenen auf sich?

M. Schredl: Sie meinen, daß eine lebende Person von einer Person träumt, die bereits verstorben ist?

W.W.: Genau.

M. Schredl: Hierzu gibt es unterschiedliche Auffassungen. Ich vertrete eine mehr psychologische Sichtweise, also daß die lebende Person Vorstellungsbilder der verstorbenen Person hat und diese dadurch im Traum auftritt. Meistens ist es auch so, daß man die verstorbene Person im Traum so sieht, wie sie während des Lebens ausgesehen hat, auch wenn der Tod schon länger zurückliegt. Der Traum kann auf alles zurückgreifen, was man während des Lebens erlebt hat, und so greift der Traum in diesem Fall auf die Vorstellungsbilder zurück, die man von der verstorbenen Person während ihrer Lebenszeit hatte.

W.W.: Sie gehen also nicht davon aus, daß es reale Verstorbene gibt, die dem Menschen im Traum erscheinen können?

M. Schredl: Ich neige nicht zu einer solchen eher okkulten Auffassung. Allerdings möchte ich mich davor nicht ganz verschließen. Ich tendiere aber mehr zu der psychologischen Auffassung. Daß eine Witwe, die sehr lange mit ihrem Ehegatten gemeinsam gelebt hat, viele Bilder von ihm in ihrem Innenleben hat, ist eigentlich klar. Und diese Bilder können dann zu einem Traum von ihrem verstorbenen Ehegatten führen.

W.W.: Wie erklären Sie sich prophetische Wahrträume, also daß man etwas träumt, von dem man nichts wissen kann, und das dann kurze Zeit später wirklich eintritt?

M. Schredl: Erklären kann ich das eigentlich nicht. Als Forscher ist man bei solchen Fällen zuerst einmal skeptisch. Oft ist es nämlich doch so, daß die Person eine Art Vorwissen hatte, z.B. wenn man vom Tod einer nahestehenden Person träumt, die krank ist. In so einem Fall bezieht sich der Traum auf eine Zukunft, vor der man Angst hat, daß sie eintritt. Das Freiburger Institut für Grenzfälle der Psychologie hat Fälle identifiziert, in denen die üblichen Fehlerquellen ausgeschaltet worden sind. Es gibt also Träume, die ein zukünftiges Ereignis widerspiegeln, von dem man nichts wissen kann. Aber wie man das erklären kann, ist eine offene Frage.

W.W.: Ich kenne jemanden, der mehrfach geträumt hat, mit welchem Ergebnis ein Fußballspiel ausgehen wird, auch wer die Torschützen waren. Haben Sie dafür eine Erklärung?

M. Schredl: Das ist nicht schlecht. Wie gesagt, richtig erklären kann ich es nicht, aber ich vermute, daß Ihr Bekannter im Fußball sehr gut Bescheid weiß, so daß eine gewisse Grundlage für den Traum vorhanden ist. Natürlich ist es verwunderlich, wenn der Traum exakt so eintritt.

Traumerinnerung

W.W.: Warum kann man sich beim Aufwachen an einen Traum erinnern, und warum glaubt man, daß man diesen Traum auch später noch erinnern wird, obwohl man ihn dann meist eine Stunde später völlig vergessen hat?

M. Schredl: Zunächst scheint es eine sinnvolle Einrichtung zu sein, daß Träume schnell vergessen werden. Wenn ich alle Träume genauso intensiv erinnern würde wie meine Wacherlebnisse, würde es in meinem Bewußtsein bzw. in meinem Gedächtnis ein gehöriges Durcheinander geben. Deswegen ist es sehr sinnvoll, daß das Gedächtnis für Wacherlebnisse sehr viel besser ist als für Träume. Wenn man mit Träumen arbeiten will, ist es sehr wichtig, daß man Träume möglichst schnell nach dem Erwachen aufschreibt. Wenn man einige Stichworte aufschreibt oder die Hauptinhalte des Traumes mehrfach bewußtseinsmäßig durchgeht, kann man den Traum besser erinnern.

W.W.: Wie prägt man den Traum ins Wachgedächtnis ein?

M. Schredl: Wenn man nach dem Erwachen nicht gleich aufspringt oder sich noch einmal zu einem erneuten Schlaf umdreht, kann man den Traum z.B. wie eine Art Gedicht rezitieren, also die wichtigsten Traumsequenzen in der Vorstellung noch einmal durchgehen. Dann wird nicht nur der Traum, sondern die Wiederholung während des Tagesbewußtseins in das Wachgedächtnis eingespeichert. Deshalb kann man ihn dann später besser erinnern. Wenn man das übt, kann man sich nach und nach besser an Träume erinnern.

W.W.: Ist es sinnvoll, ein Traumtagebuch zu führen?

M. Schredl: Ja. Wenn man es möchte, kann man sich ein Tagebuch ans Bett legen, in das man dann nach dem Aufwachen verschiedene Stichworte über den Traum hineinschreibt. Man kann sie dann später auch ausformulieren. Spannend ist es, sich nach einem längeren Zeitraum die Träume anzuschauen, die man früher hatte. Die meisten schreiben nur die Handlung auf, wenn man aber mehr mit Träumen arbeiten will, ist es wichtig, auch die Stimmungen während des Traumes aufzuschreiben.

Traumarbeit

W.W.: Sie haben eine sechsschrittige Traumarbeit entwickelt. Nehmen wir an, man hatte einen Traum. Wie sieht der erste Schritt aus? Was soll man tun?

M. Schredl: Bei der Grundidee meiner Traumarbeit geht es nicht darum, irgendwelche schlauen Ideen zum Traum vorzubringen oder Wissen von außen zu integrieren, sondern man sollte sich Zeit nehmen, sich wirklich ausführlich mit dem Traum selbst zu beschäftigen. Der erste Schritt geht dahin, sofern man mit anderen Personen arbeitet, den Traum ausführlich zu erzählen. Dabei sollte man sich von jeglicher Interpretation lösen. Ziel ist es, das Erleben des Traumes noch einmal ins Bewußtsein zu holen.

W.W.: Mit dem zweiten Schritt schlüsselt man einzelne Trauminhalte auf. Können Sie diesen Schritt kurz erklären?

M. Schredl: Dabei geht es darum, sich aufzuschlüsseln, was man im Traum erlebt hat. Auch hier geht es noch nicht um die Bedeutung. Nehmen wir an, man hat von einer Katze geträumt, dann sollte man darauf achten, ob es ein liebes Tier war, ob man sie gestreichelt hat oder ob die Katze einen bedroht hat. Es geht um dasjenige, was man mit diesem Traumelement erlebt hat. Zusätzlich kann man auch überlegen oder auch aufschreiben, was Katzen für einen im Wachleben bedeuten. Ob Katzen für einen angenehme oder bedrohliche Tiere sind, ob man gerne eine Katze hätte usw. Man überlegt also, ob das Traumerleben mit dem Zustand während des Wachbewußtseins übereinstimmt. Eine Bewertung sollte allerdings noch nicht erfolgen.

W.W.: Im dritten Schritt werden die Traumhandlungen näher untersucht. Wie geht man dabei vor?

M. Schredl: Man schaut, was man während des Traumes getan hat. Im Bereich der therapeutischen Behandlung geht es hierbei auch um mögliche Probleme, die im Traum auftreten, und wie man mit ihnen umgeht. Löst man sie konstruktiv, oder läuft man vor ihnen weg? Die Grundidee hierzu ist, daß es im Traum nicht um die einzelnen Bilder geht, sondern um die allgemeine Handlungsstrategie, also ob man z.B. beim Auftreten eines Problems vor ihm wegläuft oder ob man es angeht.

W.W.: Im vierten Schritt vergleichen Sie den Trauminhalt mit der Wirklichkeit.

M. Schredl: Ja, man schaut, wie die einzelnen Elemente, die man sich im zweiten Schritt angeschaut hat, mit dem Wachzustand zusammenhängen. Man schaut, wie das aktuelle Wachleben aussieht, und untersucht den Zusammenhang zum Grundthema bzw. zu einzelnen Elementen des Traumes. Manchen Menschen fällt es besonders leicht, hier einen Zusammenhang zu sehen. Wenn der Zusammenhang aber nicht offensichtlich ist, frage ich meine Patienten, was bei ihnen momentan im Wachleben wichtig ist. Häufig ist es dann so, daß sich relativ schnell ein Zusammenhang aufzeigen läßt.

W.W.: Bei den beiden letzten Schritten geht es um die Lösung. Wie kommt man dazu, die Probleme, die im Traum auftauchen, nach und nach einer Lösung zuzuführen?

M. Schredl: Wenn der Zusammenhang zwischen Traum- und Wachsituation offenkundig ist und eine aktuelle problematische Situation vorliegt, geht es natürlich im weiteren darum, wie man mit den Problemen in der Wachsituation besser umgehen kann. Oft gibt es schon im Traum Ansatzpunkte für eine neue Handlungsstrategie. Oder im Traum ist eine Art Lösung vorhanden, über die man im Wachbewußtsein noch nicht nachgedacht hat. Daher kann es sehr hilfreich sein, aufgrund der Traumbilder darüber nachzudenken, wie man mit der Situation des Alltagslebens besser umgehen lernt. Man nutzt dann also seine Phantasie und Vorstellungskraft dazu, Problemlösungen zu generieren. Der sechste Schritt beinhaltet dann, die überlegten Lösungen im Wachleben umzusetzen und zu schauen, ob diese Problemlösungen dazu führen, daß es einem besser geht. Dieser Fortschritt ist das wichtigste Kriterium der Traumarbeit.

W.W.: Kommen die Menschen zu Ihnen wegen anderweitiger psychischer Probleme oder direkt, um mit Ihnen Traumarbeit durchzuführen?

M. Schredl: Die meisten Menschen, die zu mir kommen, wollen an ihren Träumen arbeiten, oft weil sie belastende Träume haben. Darunter sind natürlich auch Personen, die anderweitige Störungen haben, bei denen dann die Träume diese Störungen auf sehr interessante Weise widerspiegeln.

Traumgruppen

W.W.: Wie gestalten Sie die Arbeit in einer Traumgruppe?

M. Schredl: Eine Traumgruppe hat den großen Vorteil, daß sich Gleichgesinnte treffen. Meine Erfahrung ist es, daß die meisten Menschen in ihrem eigenen Umfeld wenig Aussprachemöglichkeiten über ihre Träume haben. In einer Traumgruppe geht es zunächst einmal darum, sich gegenseitig die eigenen Träume zu erzählen, was sehr spannend ist, da natürlich das Traumleben jeder Person individuell verschieden ist. Anschließend wird an den Träumen dieser Personen entsprechend meinen sechs Schritten gearbeitet. Dabei gibt es ein weites Spektrum von Techniken, die man einsetzen kann, um in einer Gruppe mit Träumen zu arbeiten.

W.W.: Wird ein Traum dadurch besser entschlüsselt, daß mehrere Teilnehmern mitwirken?

M. Schredl: Nicht unbedingt. Je mehr Menschen bei der Interpretation mitmischen, desto mehr wird auch auf den Träumer projiziert. Man projiziert dann das eigene subjektive Empfinden auf den Träumer, ohne seine Situation wirklich ganz erfassen zu können. Nach meiner Erfahrung sollte der Träumer die Interpretation weitgehend selbst durchführen. Die betreffende Person sollte den Raum bekommen, möglichst frei über den eigenen Traum zu sprechen. Die Gruppenmitglieder sollten eher den Part übernehmen, zuzuhören und Fragen zu stellen. Durch diese Fragen wirken mehrere Personen anregender als lediglich ein Zuhörer.

Bilder aus dem Nachtarchiv der kranken Seele

Kommt die Traumdeutung Freuds für uns noch in Frage?

Hans-Joachim Plümer*

Kann die Traumdeutung Freuds uns heute noch etwas bedeuten? Als Sigmund Freud vor 100 Jahren mit der Erstveröffentlichung seiner „Traumdeutung" (1900) die Psychonanalyse theoretisch zu begründen begann, war sein Anspruch hoch: Er wollte seine eigene Wissenschaft von der Seele als Erkenntnismodell und medizinisch-klinischen Heilungsweg etablieren, und zwar als objektiv anerkannt. Dafür mußte er eine Terminologie der Seelenapparatur schaffen, deren Schlüssigkeit und Beweisbarkeit den materialistisch ausgerichteten Objektivitätsansprüchen der Wissenschaft des 19. Jahrhunderts genügen konnte. Dieser Mut, die Seele zum Forschungsgegenstand zu erheben, zeichnete Freud aus. Er mußte damit im damaligen Wissenschaftsbetrieb scheitern. Aber er triumphierte langfristig doch mit seinem Theorieansatz, die seelischen Instanzen und Energiebewegungen analytisch-therapeutisch sprachlich zu greifen. Auch wenn sein Traum von der objektiven Seelenlehre letztendlich Wunschtraum geblieben ist, gibt es auf der anderen Seite heute in den Humanwissenschaften kaum eine Disziplin, die nicht an zentraler Stelle Freudsche Grundbegriffe und Erkenntnisse aus der psychoanalytischen Basisforschung als Instrumentarium mit sich führt.

Deshalb will die vorliegende Betrachtung noch einmal schlaglichtartig zu der Traumdeutung als Urtext der Psychoanalyse zurückkehren: Paßt und faßt sie uns heute noch? Träumen wir denn noch wie vor 100 Jahren? Die sogenannte Fun-Generation leistet alles andere als Triebverzicht, der Arbeitsmarkt auf der anderen Seite grenzt immer stärker aus, fordert dem Individuum immer flexiblere Anpassungsleistungen ab. Freuds Konfliktmuster, individuelle lustbetonte Innenwelt – normierte verzichtfordernde Außenwelt, ist somit noch präsent.

---

* **Hans-Joachim Plümer,** geb. 1951, unterrichtet als Oberstufenlehrer an der Freien Waldorfschule Rendsburg (Deutsch, Geschichte).

Eine umfassende Darstellung der Freudschen Traumtheorie würde den Rahmen dieses Beitrags sprengen. Der Zugriff auf den Seelenapparat Freuds wird deshalb notwendigerweise sehr verkürzt wirken, in Andeutungen stekkenbleibend. Viele der Definitionen Freuds sind dafür inzwischen längst Elemente unbewußter Allgemeinbildung geworden – nehmen wir den Vorgang der *Verdrängung* oder den wörtlich zu nehmenden *Freudschen Versprecher.* Die täglichen Effekte unbewußter Störungen des Alltags – daß wir den Schlüssel verlegen, Namen uns momentan entfallen, die uns sonst geläufig sind –, wir kennen sie gut. Wenden wir uns statt dessen der dunklen Seite zu.

Traumarbeit: Nachtschicht des Unbewußten

Das *Ich,* als die Zentralinstanz der Seele, ist bewußt auf Lustgewinn aus und versucht, Kränkung, Unlust, wie sie durch Verzicht entsteht, zu vermeiden. Ist Vermeidung nicht möglich, so verdrängt das Ich Erfahrungen der Unlust aus dem Bewußtsein. Sie fallen der Zensur, und damit der *Verdrängung* anheim. Damit sind unerfüllte Wünsche, besonders wenn sie sexueller Natur sind, aber nicht aus der Welt. Unerfülltes belastet das *Unbewußte,* den Bereich der Seele, in den alles Verzichterleben abwandert, um dort, partisanenartig, ein untergründiges Eigenleben zu führen. Aus dem Unbewußten heraus drängen die unterdrückten Wünsche wieder nach oben. Wir begegnen ihnen, so Freud, unvermeidlich im Traum wieder. Wie sieht und behandelt Freud den Traum?

Generell sind für ihn alle Träume Wunschträume, die in der Bilderwelt des seelischen Nachtlebens ein Ersatzdasein fristen. Auch die Angstträume gehören dazu: Freud zeigt auf, daß hierbei die Zensur des Bewußtseins, die auch nachts nicht völlig schläft, bereits Abwehrreaktionen in den Traum einfügt. Beim Träumen haben wir es also mit einem wachsenden Reservoir der tagsüber uneingelösten Wünsche zu tun. *Traumarbeit* nennt Freud diese Versuche des Unbewußten, Verdrängtem im Schlaf ein zweites, irreales Gelingen zu ermöglichen.

Diese traumgebunden wieder aufbereiteten, einst real erlebten Verzichtsaugenblicke des Ich wiegen verschieden schwer. Je nach Intensität des erlebten Triebverzichts kann ein solches Erlebnis sowohl ein lediglich trauriger Moment als auch ein Trauma sein, wobei dann Wiederholungssituationen im Alltag, die an diese Urszene erinnern, jeweils einen seelischen Schub auslösen können. Zur Vermeidung solcher seelischen Nöte wird der

Verdrängungsmechanismus im Bewußtsein immer weiter verstärkt, der Traumaufwand des Unbewußten aber auch. Neurosen können sich bilden, fand Freud heraus, die therapeutisch-analytisch aufgelöst werden müssen, um eine Schwächung des Ich, die durch die untergründigen Energieabspaltungen des Unbewußten bewirkt wird, wieder rückgängig zu machen.

Das gelingt dem traumentschlüsselnden Therapeuten bei weitem nicht immer. Im schlimmsten Fall kommt es zur Bildung von Psychosen, wobei die Schwere der Verdrängung als seelische Deformation dem Therapeuten keinen deutenden Zugang mehr ermöglicht.

Die Entschlüsselung der Träume

Wie geht Freud mit dem Traummaterial um? Um den Traum in seiner pathologischen Bedingtheit verstehen und erklären zu können, braucht er vorrangig die freie Assoziation des Patienten. Es beginnt die *talking cure,* eine Art Katharsis, wobei der Therapeut konzentriert zuhört, um letztendlich seine Schlüsse zu ziehen. Der oder die Träumende assoziiert frei alles, einfach alles, was an spontanen Einfällen, Empfindungen und Erinnerungen zu dem Traum nachträglich in den Kopf kommt. Alles gedanklich Auftauchende muß berücksichtigt werden, denn alles kann wichtig sein, Licht in die Traumbotschaft des Unbewußten zu bringen. Urerlebnisse aus frühester Kindheit können zutage treten, reaktiviert durch analoge Tageserlebnisse unter unbewußtem Wiederholungszwang.

Die Deutungsarbeit des Therapeuten anhand der vorgebrachten Assoziationsketten soll den roten Faden in der Traumbotschaft finden, über Anlaß und Grund eines Traumes Klarheit gewinnen und somit durch Analyse, Diagnose und Aufklärung des Patienten die Traumentstehungsursache auflösen. Die Traumdeutung wird dadurch zur Entdeckungsarbeit von Patient und Therapeut gleichermaßen. Freud konnte mit zunehmender Erfahrung aufdecken, daß das Unbewußte die Träume systematisch verrätselt und verstellt. Einen gewichtigen Teil der Traumdeutung nehmen deshalb die Wahrnehmung und Registrierung der traumtypischen Merkmale und Strukturen ein.

Traumsyntax

Das Traumgeschehen, das wir morgens noch im Gedächtnis haften haben, ist lediglich der *manifeste* Trauminhalt. Der wird in vielen Traumbeispielen Freuds in wenigen Zeilen dargestellt. Dieser manifeste Trauminhalt überlagert jedoch, als Tarnung sozusagen, den *latenten* Traumgedanken, die tatsächliche, geheime Botschaft, die das Unbewußte im Traum transportiert. Dieser zugrunde liegende Trauminhalt ist ungleich länger und komplexer in seiner Substanz. Somit gilt es Freud, die Oberfläche des manifesten Trauminhaltes zu dechiffrieren, zu dekomprimieren, zu entpacken.

Bildsymbole müssen aufgedeckt, entschleiert werden, Bilderfolgen in ihrer *Verdichtung* erkannt und entzerrt werden. Auch Verschiebungen finden statt, indem etwa bedeutende Personen oder Ereignisse in Nebenrollen versteckt werden, um von ihrer wahren Bedeutung abzulenken. Gesichter überlagern sich, stellen gleichermaßen zwei Persönlichkeiten dar, die im Traum eine Verbindung haben. Es gelang Freud, Gesetzmäßigkeiten der Traumarbeit, wie er die Traumschaffung des Unbewußten nannte, herauszufinden. Er entdeckte typische Bildsequenzen und Symbole (sexuelle vor allem, die heute keines Wortes mehr bedürfen), die sich in ihren Grundbedeutungen übersetzen ließen. Nach und nach schuf sich Freud eine stringente Entschlüsselungssystematik, eine Grammatik der Träume.

Da die Tagarbeit der Traumdeutung – das freie Assoziieren der Träumenden und das analysierende Interpretieren – sehr ausführlich und weiträumig erfolgt, würde die exemplarische Darstellung eines gesamten Traumdeutungsfalles quantitativ den Rahmen dieser Arbeit schlichtweg sprengen. Es ist faszinierend und immer wieder spannend, in der Traumdeutung die Suche nach der richtigen Deutung mitzuverfolgen. Mit seiner unbestritten großen Begabung und Scharfsinnigkeit ist Freud zu vielen überzeugenden Deutungslösungen vorgedrungen. Er dekodierte somit eine Traumsprache, die in seinem Verständnis nichts anderes beinhaltete als codierte Angriffe des Unbewußten. Freud sah so etwas wie eine spezielle Art syntaktischen Versteckspiels, in Gestalt raffinierter Bilderarrangements, worin das Unbewußte bereits gescheiterte Ambitionen als schöne Erlebnismöglichkeiten für das Ich zu verschleiern und somit doch noch durchzubringen versucht.

Deutungsgrenzen interaktionsabhängig

Grenzen der Deutung liegen in der Interaktionsqualität zwischen Patient und Therapeut, vor allem aber auch in der subjektiven Instanz des Arztes, der seinen eigenen Bewußtseinsschranken unterworfen ist, der auf die Persönlichkeit des Patienten reagiert, der nie so etwas wie eine objektive Einsicht erreichen kann. Ein empfindliches Gleichgewicht, das hier an der Traumübersetzung schafft.

Traumdeutungsergebnisse Freuds wurden später oft kritisch bedacht, uminterpretiert oder in der Qualität der *self-fulfilling prophecy* enttarnt. Schließlich entwickelt der Therapeut seine Deutungen zu seinen eigenen Ideen hin, schließlich finden in dem Abhängigkeitsverhältnis Patient – Arzt Übertragungen statt, so daß der Patient dem Arzt auch mal die Folgschaft in Autoritätsprotest verweigert oder umgekehrt ihm allzu bereitwillig zuarbeitet. Das macht das Verfahren der Traumdeutung nicht gerade einfacher, verunmöglicht es aber auch nicht, weil diese interaktiven Komponenten eben mitbedacht werden müssen.

> *Traumbeispiel: Traum von der botanischen Monographie (Freud 1969, S.175–182)*
> „Ich habe eine Monographie über eine gewisse Pflanze geschrieben. Das Buch liegt vor mir, ich blättere eben eine eingeschlagene farbige Tafel um. Jedem Exemplar ist ein getrocknetes Spezimen der Pflanze beigebunden, ähnlich wie aus einem Herbarium."

Diesem erst einmal gänzlich unscheinbar daherkommenden *manifesten* Trauminhalt läßt Freud eine siebenseitige Assoziationssammlung und Analyse folgen, die hier nur sehr gerafft dargestellt werden kann. Die erste Assoziationskette beinhaltet ein Vortagserlebnis. Freud hatte tatsächlich im Schaufenster einer Buchhandlung eine Pflanzenmonographie liegen sehen, und zwar über die Gattung Zyklamen (Alpenveilchen), der Lieblingsblume seiner Frau. Selbstvorwürfe tauchen auf, daß er seiner Frau nicht oft genug Blumen mitbringt. Eng damit verknüpft ist die Erinnerung an die Geschichte einer jungen Frau, die vor kurzem seine Frau besucht und dabei erzählt hatte, daß ihr Mann vergessen habe, ihr zum Geburtstag Blumen mitzubringen, was sie als einen Beweis dafür sah, daß ihm die Beziehung nicht mehr soviel bedeutete wie früher.

Ein zweiter Assoziationsstrang befaßt sich damit, daß Freud tatsächlich einmal eine Monographie über die Kokapflanze verfaßt hat. Daran geknüpft sind nun Erinnerungen an Gespräche mit Kollegen über Erfahrungen mit Kokainanästhesie. Dabei trifft Freud eine junge Frau in ärztlicher Begleitung, die er zu ihrem blühenden Aussehen beglückwünscht. Der Mann, der das Gespräch der beiden unterdrückt, heißt Gärtner. Sie sprechen u.a. über ein Mädchen namens Flora ...

So folgen seitenlang weitere assoziative Erinnerungen, die Freud zu verschiedenen Tageszeiten einfallen und die er indizienhaft auflistet. In der Analyse führt Freud dann die verschiedenen Gedankenkreise zusammen und zeigt auf, wie der nun freigelegte *latente* Traumgedanke in der Bedeutung der pflanzlichen Monographie fokusartig komprimiert worden ist.

Der Traum als abgeschlossener Raum

> „Und der Wert des Traums für die Kenntnis der Zukunft? Daran ist natürlich nicht zu denken. Man möchte dafür einsetzen: für die Kenntnis der Vergangenheit. Denn aus der Vergangenheit stammt der Traum in jedem Sinne. Zwar entbehrt auch der alte Glaube, daß der Traum uns die Zukunft zeigt, nicht völlig des Gehalts an Wahrheit. Indem uns der Traum einen Wunsch als erfüllt vorstellt, führt er uns allerdings in die Zukunft; aber diese vom Träumer für gegenwärtig genommene Zukunft ist durch den unzerstörbaren Wunsch zum Ebenbild jener Vergangenheit gestaltet.“ (Freud 1969, S.624)

Mit diesen Schlußworten zur Traumdeutung verzichtet Freud radikal auf die visionäre Dimension der Träume und gestaltet statt dessen den modernen Traumraum um zum pathogenen Bereich, zum Operationssaal für die Seele. In den Traumdeutungstraditionen aller alten Kulturen waren es immer höhere Sphären gewesen, aus denen die Träume als Botschaften den Menschen erreichten und beschäftigten, in ernsthafter Ausdeutung der Zukunft, Schicksalsschläge und Krankheiten ankündigend.

Der Traum Freuds ist also fensterlos, ohne Zukunft, und bildet lediglich noch den nächtlichen Anteil des Irrationalen im Seelenapparat des Individuums. Ausschließlich das Unbewußte nutzt den Traum als Energieort aller verbotenen Triebwünsche von frühester Kindheit an (man beachte dabei Freuds drastischen Kindbegriff der Sexualität mit frühestem Verzicht auf die Besetzung des andersgeschlechtlichen Elternteils). Eine Bilderwelt der Schadensmeldungen der Seele entsteht, als Erinnerungsersatz zum Versagen des Bewußtseins, das diese biographischen Niederlagen nicht zu tragen bereit ist.

Damit legte Freud die Traumrichtung fest: rückgewandt, die seelischen Wunden, Beschädigungen des einzelnen bebildernd. Die Traumdimension Freuds ist die einer Bilderwelt der Pathologie mißglückter Triebbefriedigungen.

Freuds Ich: zwischen Skylla und Charybdis

Der drohende Abgrund des Unbewußten ist nicht die einzige Gefährdung, der das Ich in seiner Identität tagtäglich ausgesetzt ist. Von oben droht das *Über-Ich:* gesellschaftliche Autoritäten, Gesetze, soziale Normen, alles, was dem Individuum Konformität und damit auch wieder Triebverzicht abfordert. Trotz seiner therapeutischen Intentionen sah Freud die Kulturarbeit des Menschen eher düster und die Gesundheit des Ich zunehmend bedroht. Die Anpassungszwänge des Über-Ich sah er kulturgeschichtlich wachsen und damit den inneren Bewegungsspielraum des triebgebundenen Ich immer enger werden. Als Therapeut suchte er, beides zu entschärfen: die Übergriffe des *Es* und die Kontrollanmaßungen des *Über-Ich.*

Ungeachtet seines hohen ethisch-therapeutischen Ideals unter dem Postulat, *„Wo Es war, soll Ich werden"*, war Freuds Lebensgefühl zutiefst pessimistisch, soweit es die kulturell-philosophischen Möglichkeiten des Ich betrifft. Seine Traumgrenzen machen es deutlich. Die Neurosen sah er zunehmen und damit die seelischen Schäden des Individuums bei der Wandlung seiner Triebenergien in höherwertiges Kulturschaffen. *Sublimation* als der Zentralbegriff Freudscher Seelenbewegung wird zur einzig möglichen Zukunftsperspektive: Verzicht auf unmittelbare Erfüllung triebgesteuerten Begehrens zugunsten geistig orientierter Investition – als Preis für menschlichen Fortschritt.

Es fällt dem Freudschen Individuum jedoch immer schwerer, im Laufe der Entwicklung die geforderten Anpassungsmechanismen und Prozesse ohne innere Unterdrückungen und seelische Schäden zu leisten. Die Kultur fordert für Freud ihren Tribut in den seelischen Deformationen, die als mißlungene Anpassungsprozesse und Unterdrückungskomplexe die Träume füllen. Das Ich steht auf dem dünnen Eis seines Bewußtseins über dem brodelnden Sumpf des Unbewußten, das ständig die Verzichtserfahrungen rückgängig machen, das Ich zurückstufen will – *Regression* droht allenthalben, die Versuchung, in ein kindhaftes Stadium des Lebens zurückzuwollen, in dem die Wünsche noch leichter zu erfüllen waren.

An dem entscheidenden, neuralgischen Punkt des Triebverzichtes – statt Lustgewinn Triebwandel und -verfeinerung, also Sublimation fordernd – haben sich so gut wie alle neuzeitlichen Psychologen, Soziologen, Philosophen und Pädagogen nach Freud abgearbeitet. Moderne Freudianer wie Paul Roazen bewerten unerfüllte Phantasien und Wünsche als regelrecht notwendig für das Wachstum des Ich.

Widerstand der Abweichler

Zu ersten heftigen Gegenreaktionen gegen Freuds Seelenbegrifflichkeit kam es bereits bei Erscheinen der „Traumdeutung", in seinem unmittelbaren Umfeld, unter seinen wichtigsten Schülern. C.G. Jung verweigerte der ausschließlich das Individuum retrospektiv betreffenden Traumsicht die Anerkennung. Er wollte die Traumdeutungsweise der alten Kulturen bewahrt und modernisiert wissen, worin der Traum den Menschen als Botschaft aus höheren Welten einen Blick in die Zukunft gewährt, Krankheiten, Schicksalsschläge und Glücksaussichten offenbarend. Der Bildvorrat des Traumes war ihm nicht individueller seelischer Bestand an verschlüsselten Schadensmeldungen, sondern gehörte in den ethnischen Gemeinbesitz des kollektiven Unbewußten. Die energisch betriebene gegenseitige Abgrenzung der Begrifflichkeiten trug beiden Kontrahenten von Psychoanalytikern der nächsten Generation, wie Erich Fromm, einen Dogmatismusvorwurf ein, der Meister wie Schüler gleichermaßen traf.

Wilhelm Reich etwa suchte die sexuelle Befreiung des Individuums vor der Sublimationsschwelle. Er betonte als Ideal den genitalen Charakter, der seine Triebwünsche unverbogen auslebt und so zu einer gesunden Ich-Stärke findet. In seinem radikalen Bemühen, Marxismus und Psychoanalyse als Befreiungstheorien der Menschheit zu symbiotisieren, scheiterte Reich letztendlich, nicht anerkannt von beiden gesellschaftlichen Fraktionen, mit Biologismusvorwürfen überhäuft und schließlich in Aberkennung seiner psychischen Gesundheit endend.

Alfred Adler sei hier noch genannt, der die Ganzheitlichkeit des Individuums betonte, seine Unantastbarkeit und Einmaligkeit. Er verweigerte der Reparaturmentalität der Freudschen Traumentschlüsselung die Folgschaft. Das Bemühen Adlers ging dahin, eine Individualpsychologie zu etablieren, die das Individuum ganzheitlich betrachtete. Diese Seelensicht ließ ihn mehr in pädagogischer Richtung arbeiten und einen eigenen Schulversuch als Praxis seines Ansatzes starten. Die sehr hart ausgefochtenen Zerwürfnisse zwischen Freud, Reich und Adler deutet man heute als eine Art Abspaltung des Freudschen Ich von den Forschungslinien, die er in seiner Theorie nicht haben wollte und somit bei seinen Schülern auch nicht zulassen, geschweige denn ertragen konnte.

Innerhalb der Studentenbewegung der 60er Jahre kam es sowohl zu einer Reich-Renaissance als auch zu interessanten Ansätzen von Freudomarxisten, die die politische Emanzipation des Individuums auf Basis der

Freudschen Seelenhierarchie in enger Kopplung mit Befreiungspostulaten von Marx in Übereinkunft bringen wollten. Es endete in anspruchsvollen, aber letztendlich fruchtlos gebliebenen Diskussionen: Man tat Freud wohl doch zuviel Zwang an, mit der Konstruktionsveränderung die Durchlässigkeit zwischen der Instanz des *Es* und dem *Ich* auch zwischen *Ich* und *Über-Ich* ermöglichen zu wollen.

Freud selbst, in seiner düsteren Kultursicht, mußte sich Biologismus und Verrat an seiner eigenen Theorie vorwerfen lassen, als er in späteren Veröffentlichungen zu dem Eros, dem Urtrieb der libidinösen Bedürfnisse, als Antipoden den Tanatos, den Todestrieb, als dem Menschen veranlagt postulierte. Damit zielte er in religiöse, kulturphilosophische und soziologische Instanzen hinein, die entsprechend zurückweisend bis moralisch empört, immer aber negativ reagierten. So sah sich Freud, im Politikklima der untergehenden Donaumonarchie, immer mehr als Rufer in der Wüste, vergeblich bemüht, Forschungsfreiheit zu postulieren. Insofern hat die Dunkelfärbung des Über-Ich in seiner ich-feindlichen Kontrollstrenge durchaus ihre substantielle Berechtigung gehabt. Heute sagt es sich leicht, daß es die Abgrenzungshärte des patriarchalischen Herrschaftsapparates war, die in Freuds Über-Ich ihren Niederschlag fand.

Auf der anderen Seite haben auch Horkheimer und Adorno die repressive Tendenz der Unterdrückung des Individuums durch sozial vermittelte Herrschaftsmechanismen zum zentralen Aspekt in der Theorie der Frankfurter Schule erhoben. Andere Sozialforscher, wie etwa Norbert Elias in seinem Werk „Über den Prozeß der Zivilisation“ (Frankfurt a.M. 1997, zuerst erschienen 1939), bestätigten den Mechanismus der wachsenden Sozialkontrolle auf Kosten der Bewegungsfreiheit des Individuums. Das Über-Ich findet seine unterschiedlichsten begrifflichen Bestätigungen in den Humanwissenschaften bis heute.

Geisteswissenschaftlicher Zugriff auf Freuds Seelenmodell?

Was aus anthroposophischer Sicht der Traumdeutung Freuds sicher fehlt, ist, jenseits des Über-Ich, eine spirituelle Instanz, eine höhere Autorität, die die geistige Dimension des Träumens wiedereröffnet. Hier mag man die Traumtheorie etwa um die abgespaltene, esoterische Traumbewertung C.G. Jungs ergänzen. Was dagegen in einer gewissen begrifflichen Korrespondenz mit anthroposophisch verstandenem Ich und Astralleib bewertet werden kann, ist Freuds seelischer Instanzengang der Kulturarbeit, wobei die Ich-Entwicklung durchaus als Opfergang der Kultivierung – etwa in der Notwendigkeit von seelischer Disziplin, Sublimation, bei der Bewältigung eines Schulungsganges – beschrieben werden kann.

Was bleibt? Freud gehört das Verdienst des interpretationsbegabten, systematischen und unbeirrbaren Traumdolmetschers, der die Baugesetze der Träume konsequent freigelegt hat. Was die inhaltliche, uns heute verkürzt anmutende Seite dieser Grammatik angeht, so haben sich die gesellschaftlichen Verhältnisse in den letzten 100 Jahren in vielerlei Hinsicht sicherlich weiterentwickelt. Gesellschaftliche Bewertungen, etwa gegenüber der Sexualität, haben sich entsprechend verschoben. Normen und Tabus liegen heute an anderer Stelle, aber sie existieren noch.

Freuds Intention, das Bewußtsein in Traumrichtung auszudehnen, bleibt modern: So beschreibt der Ethnologe Carlos Castaneda in einem seiner Kultbücher über den indianischen Zauberer Don Juan die seelische Übung, bewußt zu träumen, indem man systematisch selbstgesteuerte Handbewegungen in den Traum unterzubringen versucht.

Ausgerechnet in den USA, dem Land der effektiven, kapitalintensiven und liberalsten Wissenschaft, führt die klassische Freudsche Psychoanalyse heute ein üppiges Mittelstandsdasein.

Die modernsten und gleichwohl interessantesten weiterführenden Umsetzungen der Traumtheorie Freuds finden heute im Bereich der Sprachtherapie statt. Der Sprachwissenschaftler Alfred Lorenzer hat in seinem Werk „Sprachzerstörung und Rekonstruktion" (Stuttgart 1980) ein Konzept der interaktiven Hermeneutik entwickelt. Damit werden die Traumdeutungserkenntnisse Freuds konsequent auf die Sprachebene begrenzt. Die Technik der frei fließenden Assoziation und der Analyse in einem Prozeß zielt auf eine Gesundung neurotisierten Sprachgebrauchs hin. Traumdeutung wird hier zur Sprachdeutung. Pathologisch in private Bedeutungshintergründe abgesunkene Sprachklischees, die dem Benutzer dieser Privatsprache selbst nicht mehr übersetzbar sind, werden vom Therapeuten in der Gesprächssituation rekonstruiert. Die Worte des Patienten gewinnen ihre allgemeinverständlichen Symbolbedeutungen zurück.

Freuds Traumkonzept wandelt sich also und lebt dabei in seinen ursprünglichen Erkenntniswerten fort. – Wir sind noch immer auf unser Ich als Bewußtseinsinstanz begrenzt, auf der Suche nach dem richtigen Lebens- und Erkenntnisweg, traumgeleitet, daß es einen Weg gäbe.

Literatur Seite 116.

Literatur:

Elias, Norbert: Über den Prozeß der Zivilisation. Soziogenetische und psychogenetische Untersuchungen. Bd. 1 u. 2. Frankfurt a.M. 1997.

Freud, Sigmund: Studienausgabe in zehn Bänden. Bd. 2, Die Traumdeutung. Frankfurt a.M. 1969.

Freud, Sigmund: Darstellungen der Psychoanalyse. Frankfurt a.M. 1971.

Fromm, Erich: Märchen, Mythen, Träume. Stuttgart 1980.

Jung, C.G.: Bewußtes und Unbewußtes. Frankfurt a.M. 1970.

Lorenzer, Alfred: Sprachzerstörung und Rekonstruktion. Stuttgart 1980.

Roazen, Paul: Politik und Gesellschaft bei Sigmund Freud. Frankfurt a.M. 1971.

Rycroft, Charles: Wilhelm Reich. München 1972.

Sperber, Manes: Alfred Adler oder Das Elend der Psychologie. Frankfurt a.M. 1970.

Lesen im persönlichen Lebensbuch

Peter Schraud*

Wie nehmen wir Träume wahr?

Wie nehmen wir eigentlich Träume wahr? Sind Träume Wahrnehmungsgegenstand für unsere *Sinne?* Wäre das nicht paradox? Da liegt man im Bett mit geschlossenen Augen und träumt, das meiste davon versinkt ohnehin im Unterbewußtsein. Wer Glück hat, weiß nach dem Aufwachen noch etwas von dem, was er geträumt hat, erzählt es vielleicht oder schreibt es auf. Da ist es aber schon vergangen, nur von der frischen Erinnerung gespeist. Und dann soll das Träumen ein Thema für die Sinne sein? Haben wir etwa die Sinne nicht nur für die Außenwelt, sofern sie gegenwärtig ist?

Wie kann man von Sinneswahrnehmung sprechen bei etwas, bei dem man geschlafen hat? Und doch ist der Vorgang ähnlich, wie wenn man ein Gedicht erlernt hat und sich nun – bei offenen oder geschlossenen Augen – *aktiv wahrnehmend* damit beschäftigt. Welche Sinne können das sein? Nach Rudolf Steiners Lehre von den zwölf Sinnen sind es der *Sprach-* und der *Gedankensinn.*

Also Sinne für Geistiges? Steiner zählt sie zu den höheren „vorstellungsverwandten" Sinnen. Dieser Ausdruck verträgt sich insofern mit dem Traumgeschehen, als es sich aus Bildern speist, die in aller Regel Wahrnehmungsreste spiegeln oder umwandeln, d.h. trotz aller Traumphantasie handelt es sich meist um Bekanntes, Vertrautes. Es wird recht schwierig sein, einen Traum zu finden, der dem Träumer etwas völlig Fremdes, Neues, Unvertrautes zumutet. Die auftauchenden Traumbilder können in diesem Sinne ebenfalls „vorstellungsverwandt" genannt werden. „Vorstellen" ist, wenn wir uns etwas abgelöst von der aktuellen Wahrnehmung ins Bewußtsein rufen.

---

* **Dr. Peter Schraud,** geb. 1943 in München, studierte Theaterwissenschaften, war Wissenschaftsredakteur, Seminarleiter, Sozialtherapeut; baute im Ruhestand die 12-Sinnes-Werkstatt Louisenlund (Schleswig-Holstein) auf, einen Ort, der in der Verbindung von Sinnesgarten und Seminarsaal die Sinnespflege und -schulung fördern soll.

Sinnvolle Botschaften in eigenwilliger Bildsprache

Rudolf Steiner nennt den Sprachsinn auch Laut- oder Wortsinn; er erfaßt die Lautgebärde, ihre Bewegung. Davon unterscheidet er den Gedanken- oder Begriffssinn, der das Inhaltliche erfaßt.

Der *Sprachsinn* nimmt das dargebotene Ausdrucksmaterial wahr, sei es im Tönenden, in der Bewegungsgestalt der Laute (Vokale und Konsonanten), aber auch in den Ausdrucksgebärden der Bewegungssprache Eurythmie.

Seit es Film und Fernsehen gibt, haben sich die Zeitgenossen an die *Sprache* filmischer Mittel, des Kameraschwenks, des Schnitts, der Lichtgebung usw., gewöhnt. Dies alles gehört schon immer zur „filmischen" Dramaturgie des Traumes, und nicht von ungefähr kann die Kamera Filmsequenzen von Träumen effektsicher realisieren. So, wie man den Sprachsinn üben kann für die bewegte Bildsprache des Films, so auch für den sprechenden Verlauf von Traumbildern und – ein verwandtes Thema – auch von Märchen. Diese Übung rätselt nicht am Inhalt herum, sie läßt vielmehr den Traum für sich „sprechen".

Der Traum *spielt* offenbar häufig mit dem Bildmaterial der Seele, er sortiert, ordnet neu, versinkt wieder im Unterbewußtsein. Er hat in erster Linie eine seelenstabilisierende, hygienische Funktion wie das Spiel des Kindes. Der Traum ist vor allem lebendig und *muß* nicht in erster Linie gedanklich etwas „bedeuten".

Der *Gedankensinn* ist nach Steiner ein höherer Sinn als der Sprachsinn. Er selbst erläuterte an den Worten „Liebe" und „Amor", daß das Lautmaterial für dieselbe Bedeutung völlig verschieden sein kann. Diese steht allerdings „dahinter" bzw. „darüber".

Wer die Aussage, die Botschaft, den Inhalt eines Traumes erfassen möchte, nimmt den Gedankensinn zu Hilfe. Man muß sich aber im klaren sein, ob man bereit ist, dem Phänomen Traum die Ebene der Gedanken – verständlicher, nicht wirrer Gedanken – zuzugestehen, denn das hat erhebliche Implikationen. Die einfachste wäre die Annahme eines gedankenklaren, höheren Ich des Träumers, das sich mit Hilfe der Träume mit dem Alltags-Ich verständigt.

Wirre Bilderfolgen können z.B. auf das Konto des komplizierten Aufwachphänomens gehen – eine Angelegenheit, bei der sich Ich, Astralleib, Ätherleib und physischer Leib neu arrangieren bzw. „ineinanderschieben". Lückenhafte Erinnerungen können durch die mangelnde Präsenz des Tagwachbewußtseins, das im Aufwachvorgang in der Regel noch nicht seine Tagesbestform erreicht, bedingt sein. Der einzelne Träumer allerdings, der mit sich selbst „in gutem Kontakt ist" und die Zusammenhänge mit seiner Alltagswelt in der Traumsprache hilfreich gespiegelt findet, kann als Gewährsmann gelten, daß das eigenwillige Ich des Träumers *sinnvolle Botschaften in eigenwilliger Bildsprache ausdrückt.*

Die Bildsprache lesen üben

Ich werde in diesem Aufsatz eine Reihe von Beispielen von Träumen oder einzelnen Traumbildern anführen, um an ihnen zu verdeutlichen, wie man üben kann, die Bildsprache der Träume zu lesen. Es handelt sich dabei um eigene Träume bzw. Traumbilder oder um Träume, die ich in der Familie und im Bekanntenkreis gesammelt habe. Die jeweiligen Personen haben mir ihre Träume erzählt, über die wir dann gesprochen haben. Es ist jeweils das Geburtsjahr der entsprechenden Person angegeben und meist auch das Traumdatum.

Träumerin M. (*1975):
„Ich träume von einem ehemaligen Lehrer. In einem Gespräch unterweist er mich und einige andere Personen in Blumen- und Pflanzenkunde von Mondgewächsen. Wir werden durch einen Kloster- oder Schloßgarten geführt. Ich schaue von einem Gang aus über eine Mauer zu den Pflanzen herunter und frage nach einer bestimmten Mondblume. Er ist sehr erfreut über das Interesse an dieser Blume, deutet aber an, daß sie wohl äußerst schwierig zu finden sei."

Wenn wir die Abfolge dieses Traumes auf uns wirken lassen, werden wir mit dem Verstand nicht viel ausrichten. Die Bilder haben allerdings eine eigene poetische Wirkung, etwa wie bei Eichendorff. Die Bilder sprechen sich aus, und wir können den Sprachsinn, den wir für die Lautsprache haben, auch für die Bildsprache aktivieren. Der Sprachsinn ist das erste Organ, mit dem wir den Traum erfassen. Wir suchen dabei nicht nach einer Deutung oder Bedeutung. In diesem Fall ist eine Deutung auch nur entfernt von Interesse. Die Träumerin meinte, sie „komme schon klar" mit ihrem Traum.

Träumer A. (*1943), **28.06.2000:**
„Über eine Brücke ziehen weißgekleidete Kinder, jedes in der Hand einen Brückenpfennig."

Der Träumer hat tags zuvor eine Brücke in seinem Gelände montieren lassen, tags darauf sollte die Einweihung sein. Wenige Wochen vorher – als die Brücke noch nicht vorhanden war – war eine Kindergartengruppe auf dem Gelände. Die Brücke ist noch nicht bezahlt, denn erst nach der Montage wird ja die Endabrechnung ausgestellt.

Diese Elemente aus seinem Alltag erkennt der Träumer augenblicklich. Versteht er deshalb den Traum? Kann er ihn lesen? Sind überhaupt die Brücke aus der Außenwelt, die realen Kinder und das Geld gemeint? Der Träumer lauscht auf seinen Traum und weiß: Das sind nur die Versatzstükke. Der Traum wählt Tagesreste, Elemente der Alltagsumgebung, um sich in Bildern für die *Innenwelt* auszusprechen.

In dem überraschend beseligenden Gefühl, mit dem der Träumer erwacht, spricht sich aus, daß es um eine andere Brücke geht als um die aus der Außenwelt. Das Bild der Traumbrücke „liest" sich etwa so: Verbindung zweier Ufer, Überwindung eines Abgrunds, neue Zusammengehörigkeit. Die festlichen Kinder bedeuten Freude und Bewegung, der Brückenpfennig in ihrer Hand steht für Energiezufuhr. In der Traumszene ist das Ende eines stockungsreichen Frust-Abschnitts in der Biographie des Träumers ins Bild gebracht.

Oft werden in Träumen die Zusammenhänge aus dem Alltag geradezu auf den Kopf gestellt. Was im Alltag geschehen ist, weiß der Träumer am Tag doch schon. Er würde bei einer Wiederholung nachts im Traum nichts Neues erfahren. Wenn es allerdings um Innenerlebnisse geht, gewinnen die Traumbilder selbst und ihre möglichen Inhalte neue, veränderte Dimensionen.

Träumer B. (*1932), 27.07.2000:
„Ich will mit meinem Freund eine Zugreise unternehmen. Wir kommen an dem kleinen Bahnhof an. Dort befindet sich ein Stand mit Leuten, an dem allerlei verkauft wird. Mein Freund geht dorthin und hält sich auf, während ich etwas verärgert denke: In fünf Minuten geht der Zug! Soll ich schon einsteigen oder nicht? Ich gehe schließlich in den ersten Wagen, und der Schaffner ruft schon zur Abfahrt. In letzter Sekunde steigt mein Freund ein. Es ist ihm anzumerken, daß er lieber bei den Leuten am Stand geblieben wäre."

Der Träumer erzählt mir, daß sein Freund seit einiger Zeit jeden Kontakt abgeschnitten habe, nicht zurückrufe usw. Er hat das Gefühl, daß die Verbindung zu ihm abgerissen sei. Die Bildersprache des Traumes gibt eine

Abfolge aus seiner Innenwelt. Der Freund wird dabei zu einer Gestalt, die *den seelischen Anteil des Träumers* an dieser Beziehung – samt Sympathien, Projektionen, Erfahrungen – personifiziert. Der Traum bildet den *Wunsch* des Träumers ab, der Freund möge es sich im wirklichen Leben noch einmal überlegen und „die gemeinsame Reise fortsetzen".

Träumer A. (*1943), 26.09.1992:
„Ich sehe im Traum sitzende ‚Marmorgreise', die sich erheben."

Dieses Traumbild ist ein Übungsbeispiel, um Sprach- und Gedankensinn zu unterscheiden. Der Träumer erlebt ein Bildgeschehen. Will der erwachte Träumer es mitteilen, kleidet er dies in die Wortsprache. Um den einfachen Ablauf des Bildgeschehens zu übermitteln, bedient er sich vieler charakterisierender Worte: „Da wird Schwere überwunden, Lastendes aufgehoben. Es setzt sich etwas in Bewegung – langsam, kontinuierlich, in sich harmonisch. Das geht nicht ohne Aufbrechen von Verkrustungen. Gelenke und Adern knirschen, jedes Atom wird in neue Schwingung versetzt."

Und wie sehen die „Marmorgreise" aus? „Würdig, bedächtig, in lange schlichte Kutten oder Mäntel gekleidet. Es sind vier oder fünf, die sitzen und sich dann in der beschriebenen Weise erheben." Auch, was nicht vorkommt, will beachtet sein: „Nichts Schnelles, Ruckartiges, kein Zögern. Es sind keine hinfälligen abgerissenen Jammergestalten."

Nach dem Erwachen führt sich der Träumer so das Bild nachschaffend vor das innere Auge. Er lauscht dabei mit seinem Sprachsinn auf das, was sich in dieser *Bildsprache*, in diesem Ablauf, in dieser Darbietung und auch in dem, was nicht geboten wird, ausspricht. Dann schließt sich das Traumgeschehen „Marmorgreise, die sich erheben" zu einem einprägsamen Bild zusammen, dessen Ausdrucksgeste sich verständlich ausspricht. Die Elemente des Schweren, Lastenden, Würdigen, das zeitlupenartige Sich-Erheben – das sind Gebärden der Bildsprache, die nicht noch einmal hinterfragt werden müssen. Sie sprechen für sich, und der Sprachsinn kann sie belauschen und erfassen.

Getrennt davon nimmt der Gedankensinn auf. Dem Träumer wird ein Gedanke faßbar – während des Traumes oder erst nach dem Erwachen –, *ein bestimmter Gedanke.* Um ihn verständlich zu machen, greifen wir notgedrungen wieder zur Wortsprache. Der Gedanke läßt sich etwa so formulieren: „Es ist an der Zeit!" oder auch: „Es tut sich was!" Und wenn der Träumer diesen Gedankensinn weiter übend betätigt, präzisiert sich der

Gedanke und womöglich auch das Vermögen, ihn in Worte zu fassen. Diese Worte lauten dann: „Mache dich auf eine Veränderung gefaßt!" Dies ist die *Botschaft* des *Bildgeschehens.* Und um sie zu erfassen, benötigen wir eben zwei verschiedene Sinnesfähigkeiten.

Ein solcher Traum kann einen knappen, überaus hilfreichen Akzent in der Biographie des Träumers setzen. In diesem geschilderten Fall steht der Träumer in seinem Leben zwischen der Beendigung eines anstrengenden Fortbildungsjahres und dem Antritt einer neuen Stelle in einem 1.000 km entfernten Ort. Von ihr erfährt er am 27.09.1992, also am Tag nach dem Traum, und bewirbt sich.

Die Sprache der Formen und gedankliche Inhalte

Eine Verständnisschwierigkeit kann auftauchen, wenn man den *Sprachsinn* auf Lautliches beschränkt. Die Laute selbst sind aber Bewegungen, Gebärden, die Geistiges zum Erleben bringen (Vokale: Ausdruck für Gefühle, Konsonanten: Formen, also Darstellung). Wie Rudolf Steiner am Beispiel der Eurythmie erläutert, ist es möglich, diese Gebärden nicht nur ins Lautliche, sondern auch ins Sichtbare zu leiten. Und so ist es möglich, die geformte Bewegung in anderen Bereichen auch als Sprache zu verstehen: Man kann von der Formensprache der romanischen Kathedralen sprechen wie von der Tonsprache ungarischer Volksmusik und auch vom Lesen im Buch der Natur, wie es Goethe an der Metamorphose der Pflanzen geübt hat und wie er auch in seinem eindrucksvollen Gedicht „Im ernsten Beinhaus" für die Knochenlehre formuliert:

> „Doch mir Adepten war die Schrift geschrieben,
> Die heilgen Sinn nicht jedem offenbarte –
> Wie mich geheimnisvoll die Form entzückte!
> Die gottgedachte Spur, die sich erhalten!"

So drückt sich jemand aus, der die *Sprache der Formen* studiert hat – weil er weiß, sie sind geisterzeugt – und dem es als Fortgeschrittenem (Adepten) möglich ist, „die Schrift zu lesen".

Im Fall des Traumgeschehens würde man nicht von sichtbarer Sprache, sondern von der Sprache innerer Bilder oder, besser, des *Bildgeschehens* sprechen.

Den *Gedankensinn* betätigen wir in der Weise, daß wir *Gedachtes wahrnehmen:* sei es in philosophischen Werken, im Dialog mit Menschen oder

Computern, in der Beschäftigung mit Kunstwerken, mit Mathematik, mit der Natur, in der so viele biotechnische Geheimnisse verborgen sind. Wahrnehmen heißt immer so viel wie Zutreffendes, Vorhandenes erfassen. Für das Thema des Traumes wäre jeweils zu prüfen, ob der Traumschaffende gedankliche Inhalte in die abwechslungsreiche Bildsprache der Träume eingekleidet hat – vielleicht einmal ja, ein andermal nein. Das vermag am besten der Träumer selbst zu entscheiden, wenn er in geduldiger und lohnender Übung sich mit der Instanz vertraut macht, die ihm die Träume schickt.

Der Gedanke selbst sollte erst einmal nicht zu kompliziert erwartet werden. „Da ist in mir ein lebendiges Neugeborenes", oder: „Da ist in mir eine Brücke" – das sind z.B. bereits Botschaften. So kommt sich der Träumer auf die Spur, den Signalen seiner unterbewußten spielerischen oder auch höheren Weisheit. Und wer in den Träumen sinnstiftende Zeichen für seinen Alltag und jeweiligen Lebensweg erhält, hat eine Lebenshilfe gewonnen, die mächtig belebend sein kann und schon einmal alles Konventionelle wegfegt.

Exkurs in die Zeichenlehre (Semiotik)

Wenn landläufig davon gesprochen wird, daß der Traum *symbolisiert,* dann muß der übliche Sprachgebrauch von dem der Semiotik unterschieden werden, damit es hier zu keinen Mißverständnissen kommt. Ich gehe nicht davon aus, daß der Traum die Botschaften bis zur Unkenntlichkeit *verschlüsselt.* Semiotisch ausgedrückt: Der Traum begnügt sich mit hinweisenden (Index-)Zeichen und Bildzeichen (Ikon). Der, den es angeht – der Träumer selbst –, müßte ihn so, wie er ist, „lesen" können. Auch epochale Träume haben immer noch Bildcharakter.

Das Merkmal des Verstehens von Bildzeichen ist die Ähnlichkeit. Bildzeichen sind ihrer Bedeutung ähnlich und gerade deshalb zu verstehen. Das, was die heutige Semiotik Symbol nennt, ist unähnlich, d.h. die Bedeutung muß erst vereinbart und gelernt werden. Alles Sich-Verständigen durch Symbole, wie Zahlen, Buchstaben und Morsezeichen, benötigt den wachen Verstand, der sich die jeweilige Bedeutung eingeprägt hat. Dieser ist aber im Traum nicht tätig. Ein Neuauftreten von Symbolen im Traum würde dem Träumer daher nur Rätsel aufgeben.

Denken wir uns einen Regisseur. Dem ersten Schauspieler sagt er: „Mehr Ausdruck!" (Hinweiszeichen), dem zweiten, wie er an der Darstellung feilen soll (Bildzeichen), dem dritten, wie er die Darstellung des Ausdrucks verdeutlichen soll. Er wird aber nicht einem vierten sagen: „Spiel etwas, was keiner im Publikum versteht", anders ausgedrückt: was eine *neue*, willkürliche Codierung bedeutet. So auch der Traumschaffende: Er verwendet Hinweis- und Bildzeichen innerhalb des dem Träumer vertrauten Repertoires: Alltagsreste, vertraute Personen, Phantasien, Verwirrendes, Angsteinflößendes, Beglückendes etc.

Ähnlich oder unähnlich?

> „[...] Der Mensch träumt, er ginge durch eine Allee von weißen Steinen, die eine Straße begrenzen, hindurch. Er kommt an einen der Steine; er findet ihn durch irgendeine Naturerscheinung oder durch Menschen oben zerstört. Der Mensch wacht auf: An dem Zahnschmerz, den er hat, nimmt er die Schadhaftigkeit eines Zahnes wahr. Die zwei ganzen Zahnreihen haben sich symbolisiert in dem, was der Mensch im Traume gesehen hat; der schadhafte Zahn an dem schadhaften Pflock.
>
> Wir nehmen wahr, wir seien in einem überheizten Zimmer, in dem wir uns unbehaglich fühlen. Wir wachen auf: Das Herz pocht kräftig, der Puls schlägt schnell. Die Feurigkeit der Herzbewegung und des Pulses symbolisieren sich in dem überhitzten Zimmer. Innere und äußere Zustände symbolisieren sich uns im Traume; Reminiszenzen des Tageslebens, in mannigfaltigster Weise umgestaltet, zu ganzen Traumdramen ausgebildet, erfüllen den Menschen. Er weiß nicht immer, wie die Dinge sich in dem wunderbaren Umfange seines Seelenlebens ausgestalten." (GA 238/1974/05.09. 1924/S.19 f.)

Es ist offenkundig, daß Rudolf Steiner mit der Ausdrucksweise „symbolisieren", die wörtlich nur „verdichten" bedeutet, in seinen Beispielen „zu *ähnlichen* Bildvorstellungen verdichten" meint. Im Gefolge der aus dem Angelsächsischen seitdem gebräuchlichen Begriffe der Semiotik wird „Symbol" derzeit mehrheitlich für ein *unähnliches* Zeichen gebraucht. In diesem Sinn ist das Verkehrsschild „Weißer Kreis mit rotem Rand" ein Symbol, denn es ist der Bedeutung „Halt! Durchfahrt verboten!" *ganz unähnlich*. Ein Dreieck mit stilisierter Lokomotive ist dagegen ein Bildzeichen, und ein Pfeil ist ein Hinweiszeichen.

Mir ist es ein Anliegen zu betonen, daß Traumsequenzen als Kombination von Hinweis- und Bildzeichen gelesen werden können, mit anderen Worten: daß der Traum nichts verunähnlicht, verrätselt oder verschlüsselt.

Steiners Beispiele gehen von der Sache her in die gleiche Richtung. – An anderer Stelle geht er auf die „vor dem Ich liegende Tätigkeit unseres Ätherleibes“ ein, der „mehr symbolisch, mehr bildhaft, wie etwa der Traum arbeitet“. Dort beschreibt er das Bilderweben so:

> „Der Traum arbeitet zum Beispiel so, daß jemand träumt, es werde ein Schuß abgefeuert, und wenn er aufwacht, sieht er, daß der Stuhl neben seinem Bett umgefallen ist. Was äußerliches Geschehnis und äußerer Eindruck ist – der umgefallene Stuhl –, wird im Traum in ein Sinnbild umgewandelt, in den abgefeuerten Schuß.“ (GA 59/1984/ 20.01.1910/S.26)

Auch diese Stelle bestätigt die Auffassung, daß der Traum nach den Prinzipien der Ähnlichkeit und nicht der Unähnlichkeit arbeitet, auch bei akustischen Auslösern: Der Traumeindruck „Schuß“ wäre, so gesprochen, ein Ikon (ein Bildzeichen) des Geräusches des umgefallenen Stuhls.

Die Bandbreite der Ähnlichkeit

Träumerin I. (*1949), 05.08.2000:
„Ich sehe einen Bach, einen Fluß, in den etwas hineingeworfen wird. Plötzlich zieht jemand ein kleines Baby aus dem Wasser. Es ist sehr schön, ganz besonders schön. Rein und klar sieht es aus, mit ganz heller Haut und klaren blauen Augen. ‚Die Mutter ist noch im Wasser‘, sagt jemand, ‚wir konnten sie nicht retten.‘“

Die Träumerin hat die Nacht nach einer sechsstündigen Reise wie gerädert in einem fremden Gästebett verbracht. Und in der Beziehung zu ihrem Partner waren unangenehme Seiten herausgekommen. Doch am Tag nach diesem Traum fand sie alles verändert. Alles war neu, und auch die Beziehung erschien energiegeladen, voller Hoffnung und Aufgaben.

Im Gespräch über den Traum erzählte die Träumerin: „Ich mußte einiges Alte abstreifen. Es gab noch Verletzungen von früher, die mir zu schaffen machten.“ Sie bejahte die Frage, ob sie die Empfindung habe, daß sie Altes wie eine Häutung abgestreift habe.

Träumer A. (*1943), 12.02.1989:
„Ich träume von einer Begegnung mit Rudolf Steiner. Während ich auf ihn warte, sitze ich in seinem Zimmer, lese und betrachte ehrfürchtig die Unterlagen, Schriften usw. Er kommt mit einem unsichtbaren Be-

gleiter, den ich nur spüre, hängt seinen Mantel in den Schrank, tritt auf mich zu und reicht mir feierlich die Hand: ‚Ich habe Sie erwartet.'"

Noch im Traum wird klar: Es war nur ein Rudolf Steiner-Darsteller, ein sehr würdiger, überzeugender, aber nicht er selbst. Es ist ein Traum von beglückender starker Emotion, wie eine bestandene Audienz.

Tags zuvor hatte der Träumer eine gefährliche Situation auf abschüssiger nasser Autobahn zu bestehen. Beeindruckt von der Gefahr hatte er sich schon tagsüber gefragt: Wie würde er dastehen, wenn er so plötzlich in dieser Lebenssituation „abberufen" worden wäre und sich in der geistigen Welt verantworten müßte? Vor wem? Und dabei hatte er auch an Rudolf Steiner gedacht. In der Nacht schlief der Träumer im Bett des verstorbenen R., der eine große äußere Ähnlichkeit mit Rudolf Steiner aufwies. Der Ablauf im Traum verschiebt sich: Es war nur ein Steiner-Darsteller. Es war noch keine nachtodliche Rechtfertigung, aber die Mahnung zur Verantwortlichkeit blieb.

Träumerin R. (*1950), wiederholter Traum der Jahre 1992/93:
„Ich befand mich zwischen einem aufragenden Felsenkliff auf der einen Seite und dem wildbewegten Meer auf der anderen. Aber es gab keinen Weg, den ich hätte fortsetzen können."

Die Träumerin sagt, in diesem quälenden Traum hätten sich die ungelösten seelischen Knoten widergespiegelt, die aus den beruflichen und menschlichen Problemen jener Jahre stammen. Felsklippe und Meer sind keine vereinzelten Begriffe, die irgend etwas verschlüsseln. Vielmehr ist die *ganze* Szenerie ein Bildzeichen für die angstvolle, ausweglose Seelenlage der Träumerin.

Träumerin H. (*1947), 07.08.2000:
„Ich war mit irgend jemandem im Auto unterwegs. Ich weiß aber nicht, wer es war. Ich war Beifahrer. Wir hielten an einer Wiese, auf der ein Kaninchen lag – so ein richtig gut gefüttertes Stallkaninchen. Das saß da und guckte nur, und mein Fahrer sagte: ‚Das kommt bestimmt aus einem Stall.' Dann fuhren wir weiter zu irgendwelchen Leuten. Auch sie kannte ich nicht. Sie luden uns zum Essen ein. Da standen lauter widerliche, eklige Sachen auf dem Tisch, schreckliches Zeugs. Es schüttelte mich, und ich konnte nicht einen Bissen essen."

Die Träumerin wurde tags zuvor von ihrem getrenntlebenden Mann wegen der unmittelbar anstehenden Scheidung eine Stunde mit Psychoterror am Telefon überzogen. Sie sagt, ihr sei hinterher ganz schlecht gewesen.

Worin liegen die Ähnlichkeiten in diesem Traum? Die erste liegt darin, daß die Träumerin nicht gern selbst Auto fährt, sondern sich in der Regel von ihren erwachsenen Kindern chauffieren läßt. Es trifft auf sie zu, daß sie „nicht selbst das Steuer in der Hand hat".

Die zweite bezieht sich auf den Stall: Das Tier ist kein Feldhase, sondern ein Kaninchen, das eingesperrt im Stall zu einem gewissen Wohlverhalten gepäppelt wurde. Selbst auf die Wiese entlassen, kann dieses angepaßte Wesen nichts anderes, als sich ducken und abwarten. Das Gemeinsame liegt in der Unfreiheit eines Wohlstandsgefängnisses.

Die dritte Ähnlichkeit finden wir in den widerlichen, ekligen Dingen, die ihr von irgendwelchen Leuten zugemutet werden, nämlich von Anwälten, Finanzberatern, Maklern, Nachbarn u.ä., die sie häufig mit Forderungen konfrontieren, die sie „schlucken soll", die aber unannehmbar sind.

Die Träumerin selbst und auch der mitfühlende Zuhörer sind betroffen von der treffsicheren Botschaft, die so in Worte gefaßt wird: „Nimm deine Angelegenheiten wieder selbst in die Hand. Spiel nicht die passiv Abwartende. Laß dir keine Zumutungen mehr gefallen!"

Hinweisträume

Der Traum zeigt auch Symbole (im Sinne der Semiotik), man kann z.B. auch von einem Kreuz oder einer Eins träumen. Das sind Hinweiszeichen auf etwas dem Träumer Bekanntes. Der Mensch als im Wachbewußtsein Symbolschaffender hat im Traum keine Schwierigkeit, das wiederzuerkennen. Doch Symbole, deren Verständnis sich erst einem aufwendigen Lernvorgang erschließt, wie man ihn z.B. zur Aneignung einer Programmiersprache aufwenden muß – eine willkürliche Vereinbarung beliebiger, unähnlicher Zeichen – sind im Traum die Ausnahme, und sie werden auch nicht verstanden.

Träumer F. (*1960):

„Ich finde auf einer Baustelle ein Hinweisschild *Arieux Brix* mit einem Pfeil. Ich folge dem Wegweiser, komme wieder auf die Hauptstraße und kann meinen Weg fortsetzen."

Die geschriebenen Worte auf dem Wegweiser sagen dem Träumer nichts. Es ist ihm klar, daß sie auf etwas hinweisen, aber worauf, bleibt ungeklärt.

Zur Zeit des Traumes ist er auf Wohnungssuche. Und ein halbes Jahr nach dem Traum vom Wegweiser setzt der Träumer seinen Namen unter den Mietvertrag für die neugefundene Wohnung, neben den des Vermieters „Brix". Mit dieser Wendung gibt er sich zufrieden. Es ist keine Codierung mehr für etwas, das unbekannt bleibt.

> **Träumer F. (*1960), 14.07.2000:**
> „Drei graue Herren stehen vor mir, und mir bleiben nur noch wenige Sekunden, meiner neben mir liegenden Frau zu sagen, daß ich sie liebe und daß sie meditieren lernen möge, weil ich immer mit ihr in Verbindung bleiben möchte. Dann löse ich mich auf. Beängstigend."

Kein Widerspruch ist, wenn der Traum Zeichen verwendet, deren spezifische Bedeutung manchmal nur dem Träumer klar ist. Denn diese individuellen, aber schon vertrauten Signale sind ja gerade hilfreich für das Verständnis. Niemals würde der Träumer zweifeln, wer die „drei grauen Herren" sind. Dieses Bild ist ihm längst vertraut und aus dem Buch „Momo" in seinen Familiensprachgebrauch übergegangen.

> **Träumer F. (*1960):**
> „Aus silbrig glänzenden Wellen formt sich eine liegende Acht, und darüber schwebt eine stilisierte Möwe. Innerlich ist der Satz in mir: Heilen muß einzig die Illusion, wir seien voneinander getrennte Wesen."

Auch die liegende Acht, die Lemniskate, ist dem Träumer als Bild für die Unendlichkeit und für die Verwobenheit von irdischer und geistiger Welt vertraut. Dieser Traum ist eine wunderbare Antwort auf die vorangegangene Sorge, das die Verbindung zu seiner Frau abbrechen könnte, wenn seine Zeit abgelaufen ist.

> **Träumerin H. (*1947), Winter 1999/2000:**
> „In der Schneedecke ist ein Loch, in das ich hineinfalle. Ich sehe von unten herauf und komme nicht wieder heraus. Nach langer Zeit blickt endlich jemand über die Kante und hilft mir heraus."

Wir haben das Bild eines seelischen Engpasses ohne eigenen Handlungsspielraum. Das muß nicht weiter hinterfragt werden. Wie es weitergeht, entzieht sich der Aufmerksamkeit. Die Träumerin weiß nicht, wer ihr herausgeholfen hat. „Jemand" hilft „endlich" (irgendwie). Die Träumerin ist im Alltag nervlich stark belastet. Der Traum bringt keine Botschaft, *wer* ihr helfen würde. Aber es gibt eine Botschaft, und die lautet: „Es geht auf jeden Fall weiter, in mir ist etwas, das nicht aufgibt." Ganz klar, daß das ein wichtiger, hilfreicher Traum war! Er ist gewissermaßen schlicht, nicht mit Bedeutung überfrachtet.

Der Traum vom Fliegen

In dem geläufigen Traum vom Fliegen wird die beim Einschlafen stattfindende Lösung von Ich und Astralleib von den „im Bett verbleibenden" Wesensgliedern Ätherleib und physischer Leib in ein ähnliches Bildgeschehen gebracht. Ebenso kann auch die vor dem Aufwachen stattfindende Annäherung in einer Art Flugtraum ins Bild gebracht werden. Während das übersinnliche Geschehen jeweils weitgehend gleich bleibt, kombiniert der Traum vom Fliegen die Alltagsreste und die Lebenssituation phantasievoll mit. Zuweilen entstehen faszinierende Wahrbilder, wie das vom Flug-Schiff oder von der Wohnung, die in der Luft hängt. Dazu einige Beispiele:

Träumerin D. (*1972):
„Die schönsten Träume handeln vom Fliegen. Ich kann fliegen, und zwar gewissermaßen selbstgesteuert. Ich kann nachts auf Hausdächer klettern, abheben und die weitesten Flugreisen antreten. Ich habe die vollste Kontrolle über meinen Körper, wobei es sich sehr wohl um meinen sichtbaren Körper handelt. Aber ich spüre nicht wie tagsüber Knochen, Muskeln, Schwerkraft, Erschöpfung usw. Ich fliege in einem Tempo, für das es gar keine ‚realistischen' Angaben geben kann. Ich kann schweben, mich drehen und dabei dieses unvergleichliche Glücksgefühl empfinden. Es ist Freude und Freiheit pur.

Ein Traum, den ich als Kind anscheinend öfter hatte, war der mit dem Sprungturm. Er ist ca. 20 Meter hoch, unter mir sehe ich in einem großen Swimmingpool das blaueste Wasser der Welt, Sonne und Wärme umgeben mich. Ich springe und stürze nicht ins Wasser, sondern ich kann ‚ewig' in der Luft bleiben und die tollsten Kunststücke machen. Dagegen ist ein doppelter Salto gar nichts. Ich komme immer wieder hoch und noch höher und fühle mich frei wie ein Vogel und sehr, sehr lebendig. Zum Schluß lande ich doch im Pool, und es geht mit Unterwasserflugkunststücken weiter. Nach so einem Traum wacht man mit einem Omnipotenzgefühl ohnegleichen auf. Es ist die reinste Zufriedenheit."

Träumer A. (*1943), 24.06.1959:

„Ich bin ‚Garth', der fliegende Mensch. Ich schwebe über einem endlosen bleifarbenen Meer vor einem rötlichen Himmel. Ich vollführe tolle Schwünge und waghalsige Rückenkurven. Im Meer tauchen Meermenschen mit roten Körpern und kleinen Flügeln auf und fordern mich zum Zweikampf. Ich stelle mich zum Revolverduell. Es geht darum, wer von uns beiden schneller zieht. Ich ziehe schneller. Dunkle Silhouetten der Kämpfenden. Wir lassen die Waffen sinken, und ich fliege wieder davon. Meerdrachen und Seehunde verfolgen mich. Ich werde zu einem Messerkampf aufgefordert. Ich kämpfe eine Zeitlang mit einem blauschwarzen Kerl, aber es kommt zu keiner Entscheidung. Ich sehe in der Ferne eine Sandinsel. Ich fliege auf sie zu und steige dort aus einem Flugzeug aus. Ich lasse es im Meer versinken.

‚Odysseus' kommt nach 20 Jahren Irrfahrt auf seine Sandinsel zurück. Er schleppt sich durch die Dünen, bis er zu der Erdhöhle kommt, in der seine Frau wohnt. Bei ihr ist seine 16jährige Tochter. Er ist todmüde und fällt sofort in den Schlaf. Die Tochter ist enttäuscht, weil er sie nicht beachtet und sie nicht zum Weibe begehrt hat. Sie liegt in spärlichen Lumpen in der Höhle und blickt böse auf ihren Vater."

Das individuelle Bewußtsein des Träumers gibt die Zutaten. Nicht jeder Träumer würde diesen Mann, der in eine Höhle kriecht, Odysseus nennen – dieser 16jährige schon, denn das ist *sein* Held. Und daher findet er in der Szene, die den Flugtraum mit der Landung auf der Sandinsel beendet, wo er schließlich in seine (Leibes-)Höhle kriecht, das Etikett „Odysseus". Hier ist zu vermuten: Das bedeutet den wohlbekannten Wachen, Listenreichen, der zum festen Bestand im Bewußtsein des Träumers gehört. Und es ist ein sprechendes Bild für das heimkehrende Ich.

Träumer F. (*1960):

„Ich fliege mit meiner Gitarre in der Hand. Unter mir ist ein Baum. Ich lasse die Gitarre los und mache einen Kopfsprung in die Baumkrone hinein, die mir viele Knospen entgegenstreckt. Sie ist weich wie Gras. Ich weiß im Traum, daß dieser Traum irgend etwas mit John Lennon zu tun hat, und singe sein Lied ‚Free as a Bird'."

Träumerin I. (*1949), 13.08.2000:

„Wir fliegen nach New York. Das Flugzeug ist aber auch ein ziemlich schwankendes Schiff. Es ist auch unheimlich lang. Alle Passagiere strömen an Deck, um die Einfahrt in den New Yorker Hafen mitzuerleben. Alle drängen nach vorne, nur ich gehe in die andere Richtung. Mein Partner will mich aufhalten bzw. weist nach vorne.

Dann bin ich allein in riesig langen Gängen. Ich will aber nach draußen und auch die Lichter im Hafen mit der Freiheitsstatue sehen. Ich frage eine Stewardeß. Sie zeigt den Gang entlang und sagt: ‚Hier weiter, da durch den Gang, dann noch durch eine Kapelle, und dann geht's raus.' Ich folge dem Weg, und endlich bin ich draußen: nur ein schmaler Platz, und das Meer schäumt wild. Ich muß mich sehr festhalten, um nicht über Bord gespült zu werden. Das Flugzeug-Schiff legt sich schräg in die Kurve, und ich hänge halb in der Luft, mühsam einen Pfosten umklammernd.

Schließlich kann ich mich zurückkämpfen und sehe im leeren Gang eine Stewardeß. Ich frage sie, wo der Ausgang ist. Sie führt mich durch mehrere Gänge und fragt dann, ob ich Kinder habe. ‚Nein.' – ‚Hier steigen nur Frauen und Kinder aus.' Wir müssen noch weiter, und sie bringt mich schließlich zu einem Ausgang und umarmt mich. Ich habe Sorge, meinen Partner und meinen Sohn zwischen all den Passagieren zu finden. Doch gleich, als ich aussteige, sehe ich sie unten stehen und warten."

Zu diesem Traum muß man zunächst wissen, daß der Sohn gern nach New York reisen möchte, die Träumerin aber nicht. – In derselben Nacht hat sie noch folgenden anschließenden Traum:

„Irgendwo war eine Wohnung, in der ich war und wohnte. Doch sie hing in der Luft und war durchsichtig. Der Fußboden und die Decke waren durchsichtig, und ihnen waren Löcher."

Die Träumerin befindet sich gerade in der Umzugszeit zwischen der alten und neuen Wohnung, „sie hängt in der Luft". Auf die Frage, wie sie selbst die beiden Träume versteht, antwortet sie: „Mit 18 Jahren bin ich nach New York geflogen. Es war ein Schritt in die Freiheit, weg aus dem Elternhaus. Über ein Jahr lebte ich dort, und die Freiheitsstatue im Hafen war mir ein vertrauter Anblick. Jetzt, zwischen zwei Wohnungen, erhoffe ich mir mit dem Abschied von der alten die Befreiung von alten Zwängen und Bindungen, wünsche aber auch, daß in der neuen Wohnung (‚*New York*') samt der neugewonnenen Freiheit auch die Beziehungen zu Partner und Sohn heil und intakt bleiben."

Von Verstorbenen träumen

Unabhängig von der persönlichen Überzeugung des jeweiligen Träumers bleibt es Forschungsaufgabe, im Einzelfall geistig zu prüfen, ob der Traum von einem bestimmten Verstorbenen das Echo einer echten Begegnung nachts in der geistigen Welt ist oder den Grad der Verbundenheit, der seelischen Anteilnahme, die der Träumer mit dem Verstorbenen teilt, in einer Gestalt zusammenfaßt, also personifiziert.

Träumer A. (*1943), 14.01.1959:
„Daheim. Mein geliebter Bruder ist zum Abendessen gekommen. Er hatte keinen Hunger und wollte ein bißchen spazierengehen. Er hatte nur ein wenig lang geschlafen. Er sah nicht verändert aus, bloß männlicher."

Der Bruder ist, erst 22 Jahre alt, anderthalb Jahre vor diesem Traum durch einen Unfall gestorben.

Träumer A. (*1943), 09.01.1960:
„Ich gehe daheim ins Herrenzimmer. Es ist verdunkelt. Vor dem Terrassenfenster sitzt mein großer Bruder am Zeichentisch und lacht. Ich bin sprachlos vor Freude und sinke vor ihm nieder. Er streichelt mich freundlich, dann verwandelt er sich in einen Mitschüler."

Am Vorabend hat der 16jährige Träumer „Giganten" gelesen und sich bei der Figur des Jett Rink den Bildeindruck des Filmschauspielers James Dean vor Augen gerufen. Der verstorbene Bruder war James Dean ähnlich. Während im zeitlich ersten Traum erlebt wird, daß der verstorbene Bruder *da* ist und dies die eigentliche Botschaft bleibt, ist es im zweiten Traum eine leicht durchschaubare Reminiszenz. Der Bruder im Traum verwandelt sich in einen – ebenfalls im Aussehen ähnlichen – Mitschüler.

Träumerin M. (*1975), 05.04.1994:
„Mein Freund und ich gingen nebeneinander durch einen uns sehr vertrauten Wald. Ich sah in der Dunkelheit den Weg nicht; er kannte ihn und führte mich. Ich ließ mich mit geschlossenen Augen führen. Er sagte: ‚Berichte, was du siehst!' Ich sah dieses Bild und sagte: ‚Es kommen weiße Tauben, sie betten uns auf ihren Flügeln und tragen uns fort.'"

Die Träumerin hatte diesen Traum kurz nach dem Freitod eines sehr nahen Freundes. Mit dieser Traumbotschaft, die die junge, vom Freitod des Freundes geschockte Träumerin so nicht erwartet hat, kann sie getröstet weiterleben.

Bildmaterial und Bedeutungstiefe

Fassen wir noch einmal zusammen: Wir können zwischen dem Bildmaterial und den Bedeutungsschichten des Traumes unterscheiden, die beide unserer Wahrnehmung zugänglich sind. Zum einen haben wir das reiche Bildmaterial des Traumes als spielerischen Requisitenvorrat – dem entspricht etwa Morgensterns Lautmalerei-Gedicht „Das große Lalula". Es *muß* nichts bedeuten, es darf auch freudig gespielt werden. *Dafür* haben wir den Sprachsinn – in diesem Zusammenhang über das Lautliche hinausgehend ins Bildhafte. Zum anderen haben wir die Bedeutungsschichten, sofern sie dem Gedankensinn zugänglich sind, der die Botschaft „wie im Flug" erfaßt oder erkennt.

Eine Interpretation, die überwiegend aus Urteilen, Abwägen, Kombinieren, Analogien-Suchen besteht, verläßt bereits das Feld des Gedankensinns, denn dies ist eine Tätigkeit des zergliedernden, ordnenden Verstandes, des Denkens. Der Gedankensinn ist zwar „vorstellungsverwandt", aber er übernimmt nicht die Aufgaben des Denkens.

> **Träumerin Z. (*1905), 07.07.2000:**
> „Ich bin allein auf weiter Flur und unterwegs mit einem Sack Erde auf dem Rücken. Er ist ganz leicht zu tragen. Ich höre eine Stimme, die im Wechsel ‚Geh' und ‚Komm' sagt. Ich sehe niemanden. Dann endet der Weg vor einem Tisch, der unter freiem Himmel steht. Nun fordert die Stimme mich auf, den Sack mit Erde abzulegen. Ich zögere einen Augenblick, dann lege ich den Sack auf den Tisch. Mir scheint, er soll gewogen werden. Und dann tönt die Stimme – ‚es tönt' –, ringsum sich ausbreitend: ‚Es ist *alles* gut!' Mich durchfließt ein Gefühl unendlicher Dankbarkeit, durchströmt mein ganzes Sein. Ich knie nieder und sage: ‚Danke, Herr, daß ich ihn tragen durfte.'"

So wie Jesu Gleichnisse allesamt *Bildworte* sind, damit sich die Seele in ihnen einrichten und danach leben kann, so entfaltet sich der Traum in der Welt der Bildzeichen. Das kann kein Widerspruch sein zu der möglichen Bedeutungs*tiefe* sowohl von Jesu Gleichnissen als auch von Traumbildern. Würde die voller Dankbarkeit erwachte 95jährige anfangen zu grübeln, was der Tisch bedeutet, was der Sack Erde, was die Stimme? In Wahrheit weiß sie, daß ihre ganze Lebenssituation, der Zielpunkt des Erdenweges, in ein verständliches Bild gekleidet wurde, das allerdings tief bedeutungsvoll ist. Wichtiger erscheint vielleicht noch, daß es unüberbietbar ähnlich ist und durch das Wiedererkennen auch die dankbaren Gefühle der Träumerin ermöglicht.

Literarische Träumereien

Der Traum als Gegenstand der Literatur des 19. Jahrhunderts

Rolf Lutzebäck*

Eckermann begegnet in Träumen dem verstorbenen Goethe

In den Jahren nach Goethes Tod hat der Bibliothekar Johann Peter Eckermann (1792–1854) – seit 1823 Goethe bei der „Ausgabe letzter Hand" der Werke als Gesprächspartner und Helfer zur Seite – mehrere Träume, in denen er dem Verstorbenen frohgemut begegnet. Eckermann am 14. November 1836:

> „Es ist eine alte Wahrheit, daß dasjenige, womit wir uns den Tag über lebhaft beschäftigen, uns auch nachts im Traume häufig zu schaffen macht, und so war es denn nicht zu verwundern, daß in den ersten Jahren nach Goethes Tode, wo jeder Tag sein Andenken lebhaft in mir zurückrief, ich auch nachts in meinen Träumen häufig mit ihm zu tun hatte. Und zwar sah ich ihn gewöhnlich als einen Lebenden; ich hielt mit ihm allerlei Gespräche und verließ ihn stets mit der frohen Überzeugung, daß er nicht tot sei." (Eckermann, S.101)

Eckermann schildert dann die unterschiedlichsten Begegnungen mit dem Geistesfürsten und weist auf die vielfältigen räumlichen und zeitlichen Erstreckungen während der Traumphase hin. Einmal trafen sie sich an einem Strom, die Morgenröte fing bereits an, der Helle zu weichen, die dem baldigen Erscheinen der Sonne vorangeht. Ein schöner Storch flog nahe an den Plauschenden vorbei, hin zu den feuchten Niederungen des jenseitigen Ufers. Goethe und sein Sohn, der auch anwesend war, bemerkten den Storch:

> „‚Der Storch fliegt schon nach Fröschen für seine Jungen', sagte der junge Goethe. ‚Es ist an der Zeit, lieber Vater. Der Vogel fliegt rechts, es ist ein gutes Zeichen. Nun Doctor, gehabt Euch wohl! Es scheint, Ihr wollt nicht mit? gelt! Ihr habt noch Geschäfte.' ‚Ja', sagte ich, sein

---

* **Dr. Rolf Lutzebäck,** geb. 1958, unterrichtet seit 1996 als Oberstufenlehrer an der Freien Waldorfschule Rendsburg (Deutsch, Geschichte, Kunstgeschichte).

geheimnisvolles Lächeln erwidernd, ‚ich habe diesseits noch einiges zu tun.' Und somit gab ich ihm die Hand und wünschte beiden, wohl zu reisen. Goethe schritt nach der Fähre zu voran; er öffnete keine Lippe, es schien, als sei ihm das Reden verboten. Auch reichte er mir keine Hand. Ein sehr flüchtiger freundlicher Blick und ein geringes Zunicken während dem Einsteigen, war das einzige Zeichen des Abschiedes [...]. Ich ging den sanft abschüssigen Strand wieder hinauf in die Höhe, ihrer Fahrt über den Strom weiter nachzusehen. Hierbei bemerkte ich in meinen Gedanken als etwas Auffallendes, daß die übrigen Passagiere allerlei Bündel und Reisegepäck mit sich führten, während meine genannten edlen Freunde ohne alles Gepäck waren und überhaupt den Eindruck machten, als hätten sie keine leiblichen Bedürfnisse. Ich blickte ihnen nach, so lange ich konnte. [...]

Von Gebäuden in der Nähe und Turmspitzen in der Ferne war jedoch keine Spur, und ich machte daraus den Schluß, daß dies ein Land sei, das nicht von Menschen bewohnt werde. [...]" (Eckermann, S.101 f.)

Der brave, biedere Eckermann ein Phantast? Wohl nicht, denn allen mühevollen Versuchen rationalisierender Aufklärer zum Trotz scheint gerade das 19. Jahrhundert für das Traumgeschehen sehr offen gewesen zu sein.

Es ist uns altvertrautes Bildungsgut: Schillers und Goethes intensive Beschäftigungen mit dem Geist der griechisch-römischen Antike, die wesentlich durch Johann Heinrich Winckelmanns Schrift „Gedanken über die Nachahmung der griechischen Werke in der Malerei und Bildhauerkunst" (1755) angeregt worden war und für Goethe ihren Höhepunkt in einem bewußtseinserhellenden Italien-Aufenthalt fand, veränderte nachhaltig das Kunstverständnis der beiden ehemaligen „Sturm-und-Drang"-Dichter im Sinne einer Annäherung an das antike Humanitätsideal. Wir Deutsche erinnern uns an die nicht zu leichte Suche nach einer Traditionslinie des Guten und Edlen im deutschen Wesen in Anbetracht des Desasters der Jahre 1933–1945. Die Weimarer Klassik mit ihrem Anspruch, den Menschen in seiner ganzheitlichen Befindlichkeit zu erfassen, wie genau berücksichtigte sie in der geisteswissenschaftlichen, der literarischen Betrachtung neben dem geläutert bewußten Menschen eigentlich den Menschen als Träumenden bzw. den träumenden Menschen?

Nun, daß in der Dichtung Träume und Träumende seit jeher ein beliebtes Motiv darstellten, ist hinreichend bekannt. Auch wissen wir ja, daß die Interpretation von Träumen schon in der römischen Antike ein wichtiges

Mittel zur Voraussage der Zukunft darstellte. Zahlreiche literarische Zeugnisse deuten auf den hohen Stellenwert hin, den Traumgesichte überhaupt in der alten Welt genossen haben. Nicht nur in der hohen Politik haben sie zuweilen eine entscheidende Rolle gespielt, sondern auch im Volk war der morgendliche Gang zum Traumdeuter offenbar stark verbreitet. Und in Askleipios-Heiligtümern, vorab in jenem von Epidauros, hat man auf die heilende Wirkung von Träumen vertraut. (Vgl. Hermes, S.5 ff.)

Dabei lag nach antiker Auffassung der Ursprung der Träume im Äußeren: Es waren die Götter, die die Träume sandten; oder sie stammten – wie Aristoteles lehrte – aus Sinneseindrücken, die von außen auf den Träumer einstürmten. Noch unvertraut scheint das Innere als Traumquelle und der Traum als „Sprache unserer Seele", was erst bei den christlichen Mystikern und den Sufis eine wesentlichere Rolle spielen sollte, ausgedrückt im Gedanken, daß sich das Unbewußte in einer Art archaischer Bildersprache ausdrücke, die sich in unseren Traumbildern manifestiere. (Vgl. Vollmar, S.34 f.)

Der Traum als Gegenwelt der alltäglichen Wirklichkeit

Wie nun steht es mit der Darstellung des Traumes in der Literatur? Das literarische Motiv des Traumes als Gegenwelt der alltäglichen Wirklichkeit reicht als Traumallegorie genau in diese Zeit zurück, man denke an Scipios Traum in Ciceros „De republica". Im 2. Jahrhundert n.Chr. machte das populäre Traumbuch des Artemidor von sich reden, das noch Sigmund Freud intensiv beschäftigen sollte und manchem noch heute unterhaltsame Traumdeutungen „à la romaine" ermöglicht. Der Traum als Traumallegorie wird auch im Mittelalter, das dem freien poetischen und auch esoterischen Geist nicht immer aufgeschlossenen war, bereitwillig aufgegriffen. Besonders als Visionsliteratur stellt die Traumallegorie eine beliebte poetische Einkleidung für Utopien und Idealschilderungen dar, etwa als Traumvisionen des über der Lektüre eingeschlafenen Dichters in einer phantastisch-allegorischen Gartenlandschaft, so z.B. auch im sogenannten „Rosenroman"[1]. Noch Shakespeare verwendet die Möglichkeit der Traumalle-

1. Rosenroman: Roman de la Rose, Frankreichs Beitrag zur Minne-Erotik, eine im 13. Jahrhundert beliebte Traumallegorie von der Suche nach einer Rose als Symbol der Liebe. Das seit Catull beliebte und oft wiederholte Gleichnis, Mädchen und Blume, wird hier zum Sinnbild der hinter Dornenhecken geschützten Rosenknospe erweitert. Der erstrebte Griff nach der Knospe wird durch unzählige Allegorien (z.B. Haß, Neid, Eifersucht, Scham, die

gorie als Stoff von träumenden Bauern in „Der Widerspenstigen Zähmung“ – eine Traditionslinie, die sich bis zu Gerhart Hauptmann, „Schluck und Jau“, fortführen läßt. (Vgl. Wilpert, S.855 f.)

Doch sind es keineswegs nur die vorausweisenden, prophetischen Träume – man denke an die Träume Kriemhilds und der Nixe im Nibelungenlied –, die dem mittelalterlichen Denken allzu vertraut waren. Daß die Zeit auch rückwärts – von der Zukunft in die Vergangenheit – verlaufen kann, was sehr an moderne Theorien über Paralleluniversen und den Hilbert-Raum erinnert, wußte offenbar auch die keltische Mythologie. In der Figur des Zauberers Merlin hat sie einen Charakter gestaltet, der von der Zukunft in die Vergangenheit, also rückwärts in der Zeit lebte. Merlin wußte alles, was in der Zukunft geschehen würde, doch war ihm die Vergangenheit unbekannt.

Der ahnende bzw. spielerisch wissende Umgang mit dem Traum sah sich im Zeitalter des Rationalismus und der Aufklärung schweren Anfechtungen ausgesetzt. Das Träumerische wird als fast pathologische Erscheinungsform des Bewußtseins abgewertet oder gilt – wie bei Kant – als ein in seiner Sinnhaftigkeit reduziertes Phantasieren und als „Erregung der Lebenskraft durch Affekte, die sich auf unwillkürlich gedichtete Begebenheiten beziehen, indessen daß die auf der Willkür beruhenden Bewegungen des Körpers, nämlich die der Muskeln, suspendiert sind“. (Kant, S.541)

Wen wundert es da, daß die junge Generation, die Poeten des „Sturm und Drangs“, angeregt durch Hamann und Herder, nun vehement die allseitige Natürlichkeit und Urwüchsigkeit des schöpferischen Genies propagieren und den Gedanken vom Traum als Ausdruck einer surrealistischen Überwelt des Unbewußten und fruchtbarer freischaltender Phantasie lebhaft gegen aufklärerisches Intellektualisieren ins Feld führen? Bemerkenswerterweise unterlassen es dann aber die Weimarer Klassiker, das von rationalistischer Seite belächelte Traumgeschehen in ihrem geläuterten, humanistischen Kunstkonzept als Schwerpunkt zu berücksichtigen. Goethe bietet für diesen Verzicht jedoch reichlich Entschädigung! Wie könnte es auch anders sein: Im „Faust“ beweist Goethe lebhafte imaginative Freude am spielerischen Umgang mit der Welt des Traumes – so z.B. im „Walpurgisnacht-Traum“ – und Interesse an der Frage der Bewußtseinsqualität im Traum.

Dame Raison) behindert, durch Amors Pfeile und Liebeslehren, durch Venus und Frau Mitleid jedoch gefördert und unterstützt.

Die Traumebene der klassischen Walpurgisnacht

Die Traumebene der klassischen Walpurgisnacht führt uns zu Beginn des 2. Aktes folgendes vor: Faust schläft, vom Helena-Bild paralysiert – „Faust hingestreckt auf einem altväterischen Bette". (6565 f.)[2] Auch die Homunculusentstehung erlebt er im Schlaf: „Die Seitentür öffnet sich, man sieht Faust auf dem Lager hingestreckt" (6902 f.); und schließlich wird Faust schlafend von Homunculus zur klassischen Walpurgisnacht gebracht: „... Setz ihn nieder,/ Deinen Ritter, und sogleich/ Kehret ihm das Leben wieder". (7052–54) Trotzdem bleibt diese überreale Handlungsebene offensichtlich erhalten. So sagt Homunculus über Faust, daß er das Leben „im Fabelreich" (7055) suche; und Faust selbst sagt nach seiner Ankunft auf den pharsalischen Feldern: „Wie mich, den Schläfer, frisch ein Geist durchglühte,/ So steh' ich, ein Antäus an Gemüte." (7076 f.) Auch das „Labyrinth der Flammen" (7079), das Faust durchforsten will, erinnert an diesen träumerischen Gang. Spätere Anspielungen halten die Traumebene bei den Leserinnen und Lesern in Erinnerung: So spricht Peneios: „Lispelt, Pappelzitterzweige,/ Unterbrochnen Träumen zu!" (7252 f.); und Faust fragt den Fluß: „Sind's Träume? Sind's Erinnerungen?" (7275) Schon in der Laboratoriumszene hatte Homunculus als Traumdeuter offengelegt, daß sich das Streben nach Helena in Fausts Seele abzeichnet. Faust sieht im Traum die klassische Umgebung der Helena und sich selbst als Leda mit dem Schwan; diese klassische Szenerie wird thematisch in der Walpurgisnachtszene fortgeführt, wo die Seelenhandlung ihre Fortsetzung findet.

Es mag reizvoll sein, sich diese Traumebene einmal im klassischen Sinne des apollinischen Ideals vorzustellen, wie es Nietzsche als Kunstprinzip deutet:

> „Im Traume traten zuerst [...] die herrlichen Göttergestalten vor die Seele des Menschen. [...] Apollo, als der Gott aller bildnerischen Kräfte, ist zugleich der wahrsagende Gott. Er, der seiner Wurzel nach der ‚Scheinende', die Lichtgottheit ist, beherrscht auch den schönen Schein der inneren Phantasiewelt. Die höhere Wahrheit, die Vollkommenheit dieser Zustände im Gegensatz zu der lückenhaft verständlichen Tageswirklichkeit, sodann das tiefe Bewußtsein von der im Schlaf und Traum heilenden und helfenden Natur, ist zugleich das symbolische Analogon der wahrsagenden Fähigkeiten und überhaupt der Künste, durch die

2. Alle Faustzitate aus: Goethes Werke, Bd. 3. Hamburger Ausgabe, [15]1993.

das Leben möglich und lebenswert gemacht wird. [...] Das Traumbild hat [...] seine maßvolle Begrenzung, seine Freiheit von den wilderen Regungen, jene weisheitsvolle Ruhe des Bildnergottes." (Zit. nach: Nawrath, S.121)

Die Nachtseite der Naturwissenschaft

Eine oft unterschätzte Rolle bei der Rehabilitierung des Traumes für die menschliche Erkenntnis und mittelbar auch als Sujet der Literatur spielte der Arzt und spätere Professor für Naturgeschichte in Erlangen Gotthilf Heinrich Schubert. (Vgl. Schmitt, S.273)

Bereits in seinen „Ansichten von der Nachtseite der Naturwissenschaft" (1808), ein Werk, das nicht ohne Einfluß auf die Denk- und Erzählweise der Romantik blieb (Arnim, Eichendorff, Kleist, E.T.A. Hoffmann u.a.), versucht Schubert, den aufklärerischen Bestrebungen der Naturwissenschaft ein ergänzendes Bild entgegenzustellen. Im Rückgriff auf frühen Naturkult, Mythos und Sage der Vergangenheit soll das ursprüngliche Verhältnis der Menschen zur Natur beleuchtet werden; dies drückte sich für ihn in der Einheit von Mensch und Natur aus. Der Aspekt des Wunderbaren im Magnetismus und die innere Stimme der Seele werden als entscheidende Vorgänge (wieder-)entdeckt. Schubert ist dann auch der erste, der 1814 in seinem Werk „Die Symbolik des Traumes", inspiriert von Schelling, auf den Unterschied von angelernter Wortsprache und unbewußter Seelensprache, die sich im Traum offenbart, hinweist. Der Traum wird zum Bestandteil des Lebens, das sich sehr multipel, z.B. in überraschenden Assoziationen, Poesie, Offenbarung, Natur, Gewissen und – natürlich auch – im Physiologischen, aussprechen kann. Doch lesen wir weiter:

> „Im Traume, und schon in jenem Zustande des Deliriums, der meist vor dem Einschlafen vorhergeht, scheint die Seele eine ganz andre Sprache zu sprechen als gewöhnlich. Gewisse Naturgegenstände oder Eigenschaften der Dinge bedeuten jetzt auf einmal Personen, und umgekehrt stellen sich uns gewisse Eigenschaften oder Handlungen unter dem Bilde von Personen dar. Solange die Seele diese Sprache redet, folgen ihre Ideen einem andern Gesetz der Assoziation als gewöhnlich, und es ist nicht zu leugnen, daß jene neue Ideenverbindung einen viel rapideren, geisterhafteren und kürzeren Gang oder Flug nimmt als die des wachen Zustandes, wo wir mehr mit unsern Worten denken. Wir drük-

ken in jener Sprache durch wenige hieroglyphische, seltsam ineinandergefügte Bilder, die wir uns entweder schnell nacheinander oder auch nebeneinander und auf einmal vorstellen, in wenig Momenten mehr aus, als wir mit Worten in ganzen Stunden auseinanderzusetzen vermöchten; erfahren in dem Traume eines kurzen Schlummers öfters mehr, als im Gange der gewöhnlichen Sprache in ganzen Tagen geschehen könnte, und das ohne eigentliche Lücken, in einem in sich selber regelmäßigen Zusammenhange, der nur freilich ein ganz eigentümlicher, ungewöhnlicher ist." (Zit. nach: Schmitt, S.273 f.)

Die Idee einer Universalpoesie

Vor allem die romantischen Poeten jener Zeit fanden in diesen Forschungsergebnissen ihren Anspruch an einen „wahren Realismus" als „Universalpoesie" – vgl. Friedrich Schlegel in der Zeitschrift *Athenäum* – bestätigt. Die Poesie im Sinne einer Universalpoesie, die alle Gattungen reflektiert, hatte die frühromantischen Überlegungen der Brüder Schlegel und Novalis' zur Idee des Gesamtkunstwerkes, im Sinne eines inneren Zusammenhanges aller Künste, auch der Philosophie und der Naturwissenschaft, geführt. Diese Idee einer Universalpoesie sollte angesichts der Verfallserscheinungen der Zeit (einseitiger Rationalismus, „Irreligiosität", „sittliche Schlaffheit", „prosaische Erstorbenheit", „Empirismus") die zukunftsweisende, enthusiastische Regeneration des gesamten Daseins einleiten. So gestaltet Friedrich Schleiermacher seine romantische Theologie als „unendliche", so propagieren Novalis und Brentano die „Romantisierung der Welt" als Möglichkeit, deren „ursprünglichen Sinn" zu erkennen.

Zur Sprache des Traumes führt Schubert weiter aus:

„Ohne daß wir deshalb gerade dem Traume vor dem Wachen, dem Närrischsein vor der Besonnenheit einen Vorzug geben wollen, dürfen wir uns doch nicht leugnen: daß jene Abbreviaturen- und Hieroglyphensprache der Natur des Geistes in vieler Hinsicht angemessener erscheine als unsre gewöhnliche Wortsprache. Jene ist unendlich viel ausdrucksvoller, umfassender, der Ausgedehntheit in die Zeit viel minder unterworfen als diese. Die letztere müssen wir erst erlernen, dagegen ist uns jene angeboren, und die Seele versucht, diese ihr eigentümliche Sprache zu reden, sobald sie im Schlafe oder Delirio aus der gewöhnlichen Verkettung etwas los und frei geworden, obgleich es ihr damit ohngefähr nur eben so gelingt, als einem guten Fußgänger gelungen, wenn er als Fötus im Mutterleibe die zukünftigen Bewegungen versuchte. [...] Jene Sprache hat übrigens, außerdem daß sie über die Kräfte unserer inneren Natur ebensoviel vermag als die orpheische Liedersprache über die der äußeren, noch eine andre, sehr bedeutende Eigenschaft vor der gewöhnlichen Sprache voraus. Die Reihe unsrer Lebensbegegnisse scheint sich nämlich ohngefähr nach einer ähnlichen Ideenassoziation des Schicksals zusammenzufügen als die Bilder im Traume; mit anderen Worten: das Schicksal in und außer uns, oder wie wir das bedeutende Ding sonst nennen wollen, redet dieselbe Sprache wie unsre Seele im Traume. Dieser gelingt es deshalb, sobald sie ihre Traumbildersprache redet, Kombinationen in derselben zu machen, auf die wir im Wachen freilich nicht kämen; sie knüpft das Morgen geschickt ans Gestern, das Schicksal ganzer zukünftiger Jahre an die Vergangenheit an, und die Rechnung trifft ein; der Erfolg zeigt, daß sie uns das, was künftig, oft ganz richtig vorhersagt. Eine Art zu rechnen und zu kombinieren, die ich und du nicht verstehen; eine höhere Art von Algebra, noch kürzer und bequemer als die unsrige, die aber nur der versteckte Poet in unserm Inneren zu handhaben weiß." (Zit. nach: ebd., S.274 f.)

Abgründe und Bergeshöhen des Seelischen

Das Zwielicht, der Abend, die Nacht sind die „Tageszeiten" der Romantiker. Neben dem Alltagsbewußtsein und der Reflexion können nun die Abgründe und Bergeshöhen des Seelischen, Träume und Dämonisches als literarische Motive nicht nur bestehen, sondern jene zeitweilig sogar in den Hintergrund drängen. Das Bild von der Natur als Spiegelung des Unbewußten, und auch die Motive des Unterwegsseins und der Sehnsucht avancieren zu beliebten Spielvarianten der romantischen Dichtung. Die wichtigste Form romantischer Dichtung bleibt der Roman, zu dessen Bestandteilen auch Gedichte und Märchen gehören. Dabei bleibt der Roman – vor allem in der Frühromantik – häufig Fragment.

In seinem Roman „Heinrich von Ofterdingen" wollte Novalis ein Gegenbild zu Goethes „Wilhelm Meister" bieten. Sein Held ist der junge Ofterdingen, der nach mittelalterlicher Sage als Dichter am Sängerstreit auf der Wartburg beteiligt war. Zu den Ebenen, die dem äußeren Geschehen entzogen und dennoch im Roman entscheidend sind, gehört diejenige des Traumes. Dabei handelt es sich bei den Träumen, die Heinrich zuteil werden, keineswegs um gewöhnliches Traumerleben, das vergangene Ereignisse, aus dem Körper aufsteigende Zustände oder Vorgänge, die sich gleichzeitig im Raum abspielen, in symbolische Bilder und Abläufe umsetzt, sondern Heinrichs Träume weisen einen ausgeprägten prophetischen Gehalt auf und zeigen sich durchlässig für einen geistigen Eindruck, der sich in Bildern ausdrückt. Er erfährt Bilder, die als Wahr- oder Wirkträume auf geistig-objektive Wirklichkeiten hindeuten. So initiiert der Traum, den der Jüngling gleich zu Beginn hat, das gesamte weitere Geschehen, indem er im Bild in die Zukunft weist. Auf dem Höhepunkt des Traumes erscheint die blaue Blume, von der ihm der alte Mann erzählt hat und die ihm, als er am Abend zu Bette liegt, nicht mehr aus dem Sinn geht:

> „Was ihn aber mit voller Macht anzog, war eine hohe lichtblaue Blume, die zunächst an der Quelle stand und ihn mit ihren breiten, glänzenden Blättern berührte. Rund um sie her standen unzählige Blumen von allen Farben, und der köstlichste Geruch erfüllte die Luft. Er sah nichts als die blaue Blume, und betrachtete sie lange mit unnennbarer Zärtlichkeit. Endlich wollte er sich ihr nähern, als sie auf einmal sich zu bewegen und zu verändern anfing; die Blätter wurden glänzender und schmiegten sich an den wachsenden Stengel, die Blume neigte sich nach ihm zu, und die Blüthenblätter zeigten einen blauen ausgebreiteten Kragen, in welchem ein zartes Gesicht schwebte." (Zit. nach: Roder, S.654)

Genau in diesem Augenblick weckt die Stimme der Mutter den Träumenden. Im folgenden Gespräch über die Bedeutung von Träumen leugnet der Vater, ein fleißiger und biederer Handwerker, den höheren Sinn von Träumen, obwohl er – die Gattin erinnert ihn – in seiner Jugend selbst einen Traum von großer Eindringlichkeit gehabt hat. Als er ihn erzählt, erkennt Heinrich die Ähnlichkeit mit dem eigenen Traum, denn auch der Vater durfte die blaue Blume schauen. Aber er vergaß den Auftrag, den er am Ende erhielt: Ihm werde, wenn er am Johannistag wieder an dieselbe Stelle des Kyffhäuser-Berges komme und Gott um Verständnis des Traumes bitte, das „höchste irdische Loos zu Theil werden".

Durch die weitere Handlung zieht sich das Motiv der Blume als bewegendes Leitmotiv, Ziel seines Lebens, dabei aufs engste verknüpft mit der Person der Geliebten Heinrichs, Mathilde. Das Mädchen verkörpert die geistigen Gesetze in reiner Form und gebiert mit dem gemeinsamen Geistkind Astralis die Welt als Traum: „Die Welt wird Traum, der Traum wird

Welt." Das wache Gegenstandsbewußtsein verschwindet, da es sich aus höherem Blickwinkel betrachtet als illusionär erweist, wobei es in sich das auflöst, was es selbst für die größte Täuschung hält – den Traum.

Der Traum im Sinne einer höheren Bewußtseinsstufe wird Welt, nämlich geistiges Universum, inneres Lichtreich der Geisterwelt, das, wenn es in Heinrich kraftvoll zu leben beginnt, sich zum Menschheitsbewußtsein potenziert. Novalis weist damit den Weg zu der von Rudolf Steiner angesprochenen Läuterung des Traumbewußtseins des Menschen in der geistigen Welt, die ihn erst zu seiner wahren inneren Wesenheit erheben kann und ihn mit dem im Ätherischen wiederkommenden Christus zur Beförderung der glücklichen Entwicklung des Menschheit vereinen wird. (Vgl. Senft, S.185 ff.)

Literatur:

Eckermann, Johann Peter: Ein Traum. Brief vom Montag, den 14.11.1836. In: Tewes, Friedrich (Hg.): J.P. Eckermanns Nachlaß. Berlin 1905. Zit. nach: Killy, Walther (Hg.): Deutsches Lesebuch. Das 19. Jahrhundert. Frankfurt a.M./Hamburg 1970.

Goethe, Johann Wolfgang: Faust. In: Goethes Werke, Bd. 3. Hamburger Ausgabe, [15]1993.

Hermes, Laura: Traum und Traumdeutung in der Antike. O.O. 1996.

Kant, Immanuel: Anthropologie, 1. Teil. Hg. von Starke, Friedrich Christian, 1831. Zit. nach: Eisler, Rudolf: Kant Lexikon. Nachschlagewerk zu Kants sämtlichen Schriften, Briefen und handschriftlichem Nachlaß. Berlin 1930.

Nawrath, Willi-Klaus: Stundenblätter Faust. Stuttgart 1995.

Roder, Florian: Novalis – Die Verwandlung des Menschen. Leben und Werk Friedrich von Hardenbergs. Stuttgart 1992.

Schmitt, Hans-Jürgen (Hg.): Die deutsche Literatur. Bd. 8. Stuttgart 1974.

Senft, Herbert (Hg.): Über den Traum und seine Entwicklung zum bewußten höheren Wahrnehmen. Rudolf Steiner, Studienmaterial aus dem Gesamtwerk. Dornach 1997.

Vollmar, Klausbernd: Im Universum der Möglichkeiten. In: Esotera, 11/1995.

Wilpert, Gero von: Sachwörterbuch der Literatur. Stuttgart 1979.

Quellen der Inspiration

Interview mit Kurt Meyer

von Wolfgang Weirauch

Kurt Meyer, *geb. 1956 in Gottlieben, Schweiz. Studium der Wirtschaftswissenschaften an der HWV St. Gallen. Lehranalyse nach C.G. Jung. Weiterbildung und Vertiefung in Traumdeutung; Verfasser von Fernlehrgängen über Träume, Traumarbeit, Traumdeutung. Seit 1996 Gründer und Leiter des Instituts für Traumanalysen, Kreuzlingen (www.traumfernschule.ch). Neben der Deutung von Träumen zur Zeit mit dem Auf- und Ausbau eines esoterisch-spirituellen Webkatalogs im Internet unter www.sphinx-suche.de beschäftigt.*

Kontaktadresse: Kurt Meyer, Bächlistr. 20, CH-8280 Kreuzlingen, Tel./Fax: 0041/ 71/ 670 03 20/21, e-Mail: info@trauminstitut.com

Kennen Sie das Gefühl, im Traum zu schweben, durch ein Lichtmeer zu gleiten und ins Innere des Kosmos einzutauchen? Sicherlich haben Sie aber schon einmal geträumt, wie Sie plötzlich abstürzten und kurz vor dem Aufprall erwachten. Vielleicht hatten Sie auch während einer Lebensphase immer wieder denselben Traum, weil Sie mit einer Lebenssituation nicht zurechtkamen, oder Sie hatten einen der seltenen Träume, in dem Sie tatsächlich die Zukunft vorausschauten.

Letztlich ist jeder Traum individuell und hängt entweder von den Erlebnissen, Wahrnehmungen und Vorstellungen ab, die ein Mensch in den Tagen vor dem Traum hatte, oder es sind Träume, die seinen inneren seelischen oder körperlichen Zustand spiegeln, bzw. Träume, die auf einer echten geistigen Wahrnehmung oder Begegnung beruhen. Aber so unterschiedlich die einzelnen Träume auch sind, es gibt verschiedene Typen. Aus der Vielfalt der Traumtypen haben wir einige ausgewählt und mit Kurt Meyer vom Institut für Traumanalysen, Kreuzlingen, Schweiz, besprochen.

Darüber hinaus gibt Kurt Meyer einen umfassenden Überblick über das Phänomen Traum, die Bewußtseinszustände des Menschen, die Träume in alten Kulturen, über Traumsymbole, Archetypen und wie man üben kann, Träume exakter zu erinnern.

Das Institut für Traumanalysen wurde 1996 gegründet. Es kommt einem wachsenden Interesse nach Träumen, Traumarbeit und Traumdeutung entgegen und hat sich zum Ziel gesetzt, esoterisch Interessierten Unterstützung und Rat in ihren Träumen zu geben. Das bis heute erarbeitete Angebot umfaßt verschiedene Lehrgänge über Träume, Traumarbeit und Traumdeutung.

Wolfgang Weirauch: Welche Bedeutung haben Träume für unser Seelenleben?

Kurt Meyer: Träume sind für unser Seelenleben von entscheidender Bedeutung. Seit Jahrtausenden ziehen Menschen daraus Nutzen, um sich selbst besser zu verstehen und ein erfüllteres, glücklicheres Leben im Einklang mit sich selbst zu führen. Sie lernten, die Träume zur Freisetzung ihrer tiefsten und unerkannten Gefühle zu nutzen und dazu, ihre täglichen Probleme vorauszuahnen und eine Lösung für sie zu suchen.

Auch heute findet der Traum wieder mehr und mehr Aufmerksamkeit. Aber trotz aufwendiger Forschungen und verschiedener komplizierter Theorien über Entstehung, Funktion und Bedeutung des Traumes, ist ein gesichertes Wissen darüber noch immer recht lückenhaft. Offensichtlich ist der Traum zur Erhaltung des seelischen Gleichgewichts und der körperlichen Gesundheit erforderlich. Und keine Entdeckung der letzten Jahre widerlegt die Tatsache, daß alle Träume bedeutungsvoll und symbolisch deutbar sind.

Der Traum als dritte Bewußtseinsform

W.W.: Kann man das Träumen als eigene Bewußtseinsform betrachten?

K. Meyer: Ja. Wir sind gewohnt, zwischen zwei Formen von Bewußtsein zu unterscheiden: Wachsein als bewußtes Sein bzw. Bewußtsein und Schlaf als unbewußtes Sein bzw. Unbewußtes. Sigmund Freud hat von neuem entdeckt, daß auch der Traum eine eigene, dritte Bewußtseinsform ist. Wo er jedoch hauptsächlich persönliche Erlebnisse verarbeitet sah, tat sich für C.G. Jung zusätzlich noch eine erweiterte Traumwelt auf: nämlich die Bewußtseinsform des kollektiven Unbewußten mit seinen Archetypen. Wach- und Traumbewußtsein sind also zwei durchaus verschiedene Bewußtseinsstrukturen.

W.W.: Kann man von verschiedenen Bewußtseinsstufen innerhalb der Traumwelt sprechen?

K. Meyer: Dazu gilt es, daß wir erst einmal die Stadien des Schlafes etwas näher untersuchen: Nach einem Übergangsstadium zwischen Wachen und Schlafen versinken wir in Tiefschlaf. Etwa eine Stunde später folgt ein Auftauchstadium, in dem wir träumen. Nach zehn Minuten versinken wir erneut in Tiefschlaf. Diese Wellenbewegung folgt noch etwa fünf- bis siebenmal, wobei die Schlaftiefe immer geringer wird, die Traumdauer dagegen immer länger. Zwischen der siebten und achten Stunde steigt man dann wieder in die Welt des Tagesbewußtseins auf. In den acht Stunden eines typischen Schlafes träumen wir rund 120 Minuten, also 25 %, ob wir uns nun daran erinnern oder nicht. Dieses nächtliche Schema ist ebenso universal wie der Schlaf selbst, und es ist ebenso regelmäßig wie die Bewegungen der Planetenkörper.

Wichtig zu wissen ist, daß innerhalb dieser Wellenbewegungen pro Nacht etwa fünf bis sieben sogenannte REM-Phasen (Rapid Eye Movements-Phasen = Phasen von schnellen Augenbewegungen) auftreten, in denen wir träumen. Unser Traumbewußtsein weist dabei auf Zusammenhänge hin, die über die Wachbewußtseinsfunktionen und unsere persönliche Existenz hinausweisen. Alles Gewesene ist in den Träumen noch in uns, und es erschließen sich neue Bewußtseinsebenen. Begegnen wir in den Träumen z.B. Schlangen, Ungeheuern, Sintfluten, Eiszeiten, dann befinden wir uns in der *archaischen* Bewußtseinsstufe. Die *magische* Bewußtseinsstufe tritt z.B. in Zauber-, Hexen- und Schamanenträumen auf. Und auf der *mythischen* Bewußtseinsstufe in unseren Träumen begegnen wir Göttern und Sagengestalten. In mythischen Träumen werden wir der Sonne ansichtig, aber auch der Unterwelt, des Hades, der Hölle. Die mythische Bewußtseinsstufe nimmt in der modernen Traumforschung mit der Archetypenlehre C.G. Jungs einen wichtigen Platz ein.

Die archaischen, magischen und mythischen Bewußtseinsstufen führen uns in einen inneren Traumkosmos, während aus geisteswissenschaftlicher Sicht noch das *planetarische* Traumerleben hinzutritt. Auf der planetarischen Bewußtseinsstufe begegnen uns Planetenintelligenzen, die unsere Weisheits- und Klugheitskräfte stärken. Und selbst aus der Fixsternsphäre finden Initiativkräfte Eingang in unsere Träume.

Inzwischen ist auch bekannt, daß wir in allen Bewußtseinsformen und -stufen träumen. Deshalb stellt sich die berechtigte Frage, ob wir denn nicht immer träumen, uns aber nur an bestimmte Träume erinnern können. Denn wenn auch der Tiefschlaf und die Non-REM-Phasen – Phasen, in denen keine schnellen Augenbewegungen stattfinden – Träume bringen, dann liegt die Vermutung nahe, daß wir ständig träumen. Das Träumen würde sich dann auch im Wachleben fortsetzen, wäre hier aber gänzlich unbemerkbar wegen der Helligkeit des Bewußtseins. Der Psychiater Bjerre hält das Träumen für einen ständigen Lebensvorgang. Der Traumforscher Stekel läßt uns vom ersten bis zum letzten Tag unseres Lebens ununterbrochen träumen. Auch nach Freud beginnt die Traumarbeit bereits vor dem Einschlafen. Angyal hält einen traumlosen Schlaf für ausgeschlossen. Auch Jung glaubt, daß wir immer träumen.

Träume eröffnen uns einen vollwertigen Kosmos

W.W.: Aus welcher Welt stammen die Träume, und in welche Welt ist der Träumende während des Traumes eingetaucht?

K. Meyer: Zunächst ist für uns Träumende das Geträumte volle Wirklichkeit. Solange der Traum geträumt wird, ist er nicht Traum, sondern Wirklichkeit, die wirkliche Welt, und kann uns neue Welterkenntnis und -orientierung verschaffen. Buddha erklärte seinem Jünger Sariputta, daß – wenn die Aufmerksamkeit sich am dritten Auge sammelt – Träume genauso wirklich werden können, wie die Wirklichkeit ein Traum ist. Auf den australischen Südseeinseln sind noch heute bestimmte Stämme der Auffassung, daß jene Welt, in der sie nächtlich in ihren Träumen weilen, die eigentliche, die wirkliche Welt sei, aus der sie nur zur Tageszeit in das diesseitige Dasein zu gehen haben, um erst nach dem Tod endgültig in ihrer wirklichen Heimat verbleiben zu können.

Träume eröffnen uns ein zweites Leben, eine Innenwelt als vollwertigen Kosmos eigener Art. Beim Eindringen unter die Oberfläche des Traumes in seine Tiefen müssen wir ihm dabei Intelligenz und Leistungsfähigkeit zugestehen. Er bringt uns Botschaften aus der geistigen Welt, die neue Reichtümer erschließen können.

Der Wiener Philosoph Karl Popper und der britische Gehirnforscher John C. Eccles sprechen von einer „Welt 3", welche die „Welt 1" (die physische Wirklichkeit) und die „Welt 2" (die seelische Wirklichkeit) nicht nur verbindet, sondern den beiden übergeordnet ist. „Welt 3" ist die ganz andere Wirklichkeit menschlichen Bewußtseins und besteht gewissermaßen aus den Produkten unserer Bewußtseinsprozesse, vor allem aus Symbolen. Und Symbole finden wir vor allem in unseren Träumen vor.

Rudolf Steiner bemerkte schon, daß, wenn durch die innere Entwicklung der Mensch beginnt, die höheren Welten wahrzunehmen, sich das zuerst in seinem Traumzustand ankündigt. Ebenso kann der Mensch beobachten, daß die Träume sich mit Dingen verbinden, die es in der Außenwelt gar nicht gibt, und er merkt dann, daß ihm die Träume etwas Bedeutungsvolles sagen.

Schopenhauer hat die Träume als Zugang zur wahren Natur des Weltengrundes angesehen. Die Träume sind „metaphysisch durchsichtig", darin ist eine mythische Weltordnung enthalten. Das „Dahinterliegende" des Traumes ist eine mystisch-mythische Weltordnung, „eine Welt, in der gewissermaßen der metaphysische Zusammenhang des menschlichen Lebens zutage tritt". (Zit. nach: Siebenthal, S.136)

W.W.: Welches Reservoir von Erinnerungen zapfen wir an, wenn wir träumen?

K. Meyer: Man versuchte, den Traum aus physiologischen, innerkörperlichen Reizen, aus Vorstellungs- und Erinnerungsresten des seelischen Tageslebens zu erklären. Dabei wurde festgestellt, daß sich im allgemeinen der normale Traum nur mit den Eindrücken der letztvergangenen Tage beschäftigt. Viele Traumeindrücke werden über Gedanken, Wissen und Erinnerungen vermittelt.

Darüber hinaus gibt es aber archetypische, magische, mythische Träume, die aus einem weit größeren Reservoir von Erinnerungen schöpfen. Sogar Sigmund Freud führte aus, daß der Traum auch „Inhalte zum Vorschein bringt, die weder aus dem reifen Leben noch aus der vergessenen Kindheit des Träumers stammen können". Es sei „phylogenetisches Material", das das Kind als „archaische Erbschaft [...] vor jeder eigenen Erfahrung mit sich auf die Welt bringt". (Zit. nach: Kemper) Und noch viel früher glaubte schon Plato (427–347 v.Chr.), daß der Traum den Menschen befähigt, durch intuitive Erinnerung den Ursprung der göttlichen Ideen und seinen eigenen Ursprung zu schauen.

Nach C.G. Jung ist dabei das größte Reservoir von Erinnerungen unser kollektives, allen Menschen gemeinsames Unbewußtes. Es ist ein natürlicher Teil unseres Seins, ein riesiges Reservoir des Unbekannten. Ein Teil davon sucht nun im Traum Beachtung und Akzeptanz. Die von uns geschaffenen Traumbilder sind Botschaften, die wir aufnehmen sollten. Der innere Wert des Traumes liegt gerade in der Ehrlichkeit und Genauigkeit seiner Darstellung unseres inneren Zustandes zu einer bestimmten Zeit.

Ein weiteres Reservoir gründet sich auf das „holographische" Modell, wie Karl Pribram es nennt, nach dem alle Gedanken, Handlungen und Vorstellungen der Welt sozusagen als Gesamtbild irgendwo vorliegen wie das komplexe Muster von einander überlagernden Wellenkreisen, die von ins Wasser geworfenen Steinen und springenden Fischen herrühren. Jeder von uns hat ein kleines Stück dieses Musters im Kopf. Ebenso wie ein Computer aus einem Bruchstück das Wellenmuster des Ganzen rekonstruieren und daraus errechnen kann, wie groß die Steine waren, die in den Teich gefallen, und wo sie hineingefallen sind, kann unser geistiges Traum-Ich aufgrund der Teilinformation, in deren Besitz es ist, herausfinden, was im übrigen Teil der Gesamtstruktur vorgeht. Dieses holographische Modell ist indes nur eine High-Tech-Version dessen, was C.G. Jung als kollektives Unbewußtes bezeichnete, durch das wir alle mit dem Reservoir der gesamten menschlichen Erfahrung, nah und fern, in der Vergangenheit und Zukunft, in Verbindung stehen. Während es bei Jungs kollektivem Unbewußten um ein angeborenes innerpsychisches Merkmal geht, ist Pribrams Modell auf die Außenwelt anzuwenden.

Zudem schöpft der Traum nicht nur aus unserem persönlichen und kollektiven Unbewußten, sondern es sind auch neue Entdeckungen und geistige Leistungen möglich, und es bestehen parapsychische und spirituelle Verbindungen.

Im Traum meldet sich unser Selbst

W.W.: Was ist das höhere Selbst, und inwieweit kommunizieren wir während des Traumes mit ihm?

K. Meyer: Aus esoterischer Sicht wird der Traum wie in der Bibel als die Sprache Gottes angesehen. Im Traum meldet sich unsere innere Stimme, die weitaus weiser ist als unser Tagesbewußtsein. In der Tradition der analytischen Psychologie C.G. Jungs spricht man davon, daß sich im Traum das höhere Selbst zu Wort meldet. Der Traum stellt also eine der natürlichsten Möglichkeiten dar, mit unserem höheren Selbst oder mit Gott in Kontakt zu treten. Unser Selbst, unser innerer Führer, offenbart sich im Traum und macht uns darauf aufmerksam, daß bestimmte seelische Inhalte Lebensraum bekommen. Darin zeigt sich das höhere Wissen unseres unbewußten Selbst gegenüber dem bewußten Ich.

Die Vorstellung vom Selbst wurde teils den hinduistisch-vedantischen Schriften entnommen. Nach dieser Quelle ist die grundlegende Natur des menschlichen Wesens die letztliche Ganzheit oder Atman. Sie wird auch buddhistische Natur, Tao oder christliche Natur genannt. Dies ist ein konfliktfreies Bewußtsein, glückselig und frei. Es schließt die ichbezogene Individualität ein und ist auch Basis aller Wesen, nämlich raumlos, zeitlos und allgegenwärtig. Das Selbst ist eine umfassende Ganzheit, die Totalität des Psychischen, zu der wir ein Leben lang unterwegs sind. Diese Ganzheit besteht einesteils aus dem bewußten, andernteils aus dem unbewußten Menschen in uns.

C.G. Jung sagt vom Selbst – und das ist für ihn der zentrale Archetypus (Urbild) –, daß es ein wegweisendes Prinzip sei, der geheime Spiritus rector unseres Lebens, was bewirkt, daß wir sind und uns entwickeln. Jung spricht von einem Trieb zur Selbstwerdung. Symbolisch erscheint das Selbst sehr oft im Symbol der Vereinigung der Gegensätze, häufig im Symbol eines Liebespaares. Das Selbst kann aber auch in abstrakten Symbolen dargestellt werden, wie Kreis, Kugel, Dreieck, Kreuz, in Figuren also, die eine Ganzheit symbolisieren und deren Wesen es ist, daß viele mögliche Gegensätze in ihnen enthalten sein können, aber nicht aufgehoben sein müssen.

Im Verlaufe eines Individuationsprozesses treten solche Selbstsymbole in Träumen immer häufiger auf und übernehmen so eine Art von Führung. Sie treten immer dann in unseren Träumen auf, wenn ein Wandlungsprozeß anhebt, in Gang ist oder sich der Vollendung nähert. Die im Traum auftauchenden Motive und Bilder der Selbstwerdung sind beispielsweise das göttliche Kind, der sterbende und auferstehende Gottmensch, die Trinität usw.

Träumen wir beispielsweise von Gott oder gottähnlichen Figuren, von Sternen, der Sonne oder anderen mandalaähnlichen Symbolen, so ist dies das höhere Selbst, das allumfassende Symbol unseres Bewußten, Unbewußten und unserer geistigen Seite. Alle im Traum auftretenden Gestalten können auch als Teile des eigenen Selbst gesehen werden. Anonyme Kinder in Träumen stellen dann Aspekte unserer gesamten Lebenssituation dar, in der irgendein neues Lebensstadium als etwas Heranwachsendes auftritt. Ein Fisch im Traum kann als ein Sinnbild des Selbst stehen. Eine Traumstadt steht etwa als Symbol für die Ganzheit einer Persönlichkeit. Eine Traumspinne dagegen – also schwarze achtbeinige Kreaturen in Mandalaform – wird manchmal als das negative Selbst gesehen. In der mittelalterlichen Alchemie, in der biblischen Überlieferung sowie in der östlichen Religion und Philosophie und vor allem auch im Traum ist der Schädel ein Symbol des Selbst und der mystischen Weisheit.

Das Unbewußte kann helfend einen Sinn hinter aller angeblichen Sinnlosigkeit der Lebensbeziehungen auffinden lassen. Aus Träumen kann dem Menschen der Weg zum Selbst gewiesen werden, jener ruhenden Übereinstimmung von Bewußtem und Unbewußtem. Auch Fritz Perls kommt zu folgender Einsicht über das Selbst:

„Das Selbst verkörpert den Traum. Das Selbst will die Dynamik integrieren und transformieren, die daraus entsteht, wie wir unser Leben leben oder nicht leben. Es ist das Selbst, das unsere Wachsamkeit, unser Verhalten und unsere Wahl in Frage stellt und angreift, indem es dem Bewußtsein heilvollere Möglichkeiten anbietet. Dies tut es durch den Traum, den Traum, der uns mit Möglichkeiten schockiert, erstaunt und erfreut." (Zit. nach: Godwin)

Träume vom Persönlichkeitswandel

W.W.: Um es noch einmal auf den Punkt zu bringen: Vermittelt der Traum auch Dinge aus der geistigen Welt, oder verarbeitet der Mensch während des Traumes hauptsächlich Probleme des Alltags, Wünsche, unterdrückte Begierden oder unerfüllte Lebenssituationen, die sich im Traum widerspiegeln?

K. Meyer: Der Traum enthält Bilder, denen eine geheime symbolische Kraft innewohnt, die innere geistige Energien spiegeln und geistige Klärungsprozesse enthalten. Es gibt geistige Träume, die aus archaischen Tiefenschichten hochsteigen oder als Lichtenergie des höheren Selbst von oben her durch das Scheitelchakra einfallen, und es gibt kosmische Träume, die vor dem inneren Auge zu Visionen werden. Die ersteren Träume nannte C.G. Jung archetypische Träume aus dem kollektiven Unbewußten. Die anderen sind bereits eine höhere Form der Begnadung, die auch kosmische Hinweise und mediale Durchsagen geben.

Die heutige Traumesoterik versucht wieder, die wesenhafte, d.h. geistige Seite der Welt und des Menschen erfahrbar und verstehbar zu machen. Zu den Erfahrungen, die dabei in Betracht gezogen werden, gehören Intuition und Phantasie sowie Verfeinerungen dieser Vermögen, die zu sogenannten mystischen, visionären oder okkulten Erfahrungen führen. Vor allem Traumarbeit und bewußter Umgang mit dem eigenen Traumgeschehen ist ein möglicher Beginn geistiger Rücksicht und Einkehr in sich selbst. Durch aufmerksame Beachtung der Träume gewinnen wir tiefere Einsicht in unser eigenes Wesen und Verhalten, besseres intuitives Erfassen, erhöhte Beachtung aller Erfahrungen des Lebens, ein tieferes und reicheres geistiges Leben, größere Weisheit und Zugang zu den universalen Wahrheiten.

Das Unbewußte wirkt als Schöpfermacht, wenn in Träumen beispielsweise ein Zentaur oder geflügelte Stiere auftreten, Traumgesichte von Mythen und Märchen erscheinen und sich darin Lösungen von Problemen finden, die das Wachbewußtsein nicht gefunden hat.

Beim Träumen von Bäumen sind diese in der Bildersprache der Seele zumeist positive Symbole für die Entwicklung und das Wachstum der Persönlichkeit. Bäume sind Boten unserer natürlichen Lebenskraft. Mit dem Baumsymbol wird dieser verborgenen Lebenskraft eine Aufstiegschance geboten. Durch Beachtung der Bäume in unseren Träumen wächst auch unsere geistig-seelische Persönlichkeit wie ein Baum.

Häuser im Traum, die umgebaut oder vergrößert werden, zeigen gewöhnlich einen Persönlichkeitswandel im Sinne einer Bewußtseinserweiterung an. Auch das Wasser kennzeichnet eine Haltung, die über die jetzige Situation hinaus zu „neuen Gestaden“ möchte, um selbst neu geboren, neu befruchtet zu werden. Wir können im Traum geistig aus dem Wasser wiedergeboren werden. Dieser Wiedergeburt geht der seelische Tod notwendig voraus. So ist auch das Wasser ein Symbol der inneren Wandlung.

Das Traumselbst ist eine durchaus schöpferische Macht und verhilft uns zu unserem geistigen Wachstum. Träume vermitteln also sehr wohl Botschaften aus der geistigen Welt.

Das Bewußtsein der alten Inder

W.W.: Welche Wirklichkeit hatte der Traum für die alten Inder?

K. Meyer: In der Brihadarmyaka-Upanischad (um 1000 v.Chr.) lesen wir: „Es gibt für den Menschen zwei Zustände, den einen hier in dieser Welt, den anderen in der anderen Welt und, als einen dritten, mittleren, den Zustand des Schlafes. Im mittleren Zustand sieht der Mensch beide Zustände zugleich, den einen in dieser Welt hier und den anderen in der anderen Welt." (Zit. nach: MacKenzie)

Alte yogische und tantrische Texte aus Indien unterscheiden nicht zwischen Bewußtsein und Wirklichkeit. Statt dessen definieren sie drei Zustände oder Bewußtseinsebenen. Die erste ist dualistisch, mit Betonung auf „Dies", wobei die Wirklichkeit des Objekts als vom Selbst getrennt angesehen wird. Die zweite beschreibt die totale Subjektivität des „Ich", und die dritte Ebene ist eine, in der weder das Objekt noch der Beobachter, weder das „Dies" noch das „Ich" existieren.

Nach Zeugnis der alten Inder wird im Schlaf nur der Sukshuma-Aspekt der Erscheinungen, ihre feinstofflichen Formen, wahrgenommen.

Indischer Mystizismus und moderne Wissenschaft stimmen darin überein, daß wir in einem Kosmos leben, der sich selbst träumt. Die gewohnte Natur unserer wachen Welt ist daher nicht mehr als eine kollektive und soziale Gewohnheit. Doch ist es trotzdem ein Traum. Daß wir Dinge innerhalb des äußeren Raums in Farbe oder in Schwarzweiß unterscheiden und trennen, wird immer mehr als Ergebnis eines kollektiven und angewöhnten Programms statt als Wirklichkeit angesehen. Und Buddha fügte später hinzu: „Wir sind, was wir denken. Alles, was wir sind, entsteht durch unsere Gedanken. Mit unseren Gedanken erschaffen wir die Welt."

In der indischen Kultur wurde und wird auch heute noch die Trauminterpretation zur Diagnose von Krankheiten benutzt. Die alten indischen Denker waren nämlich der Ansicht, daß gewisse somatische Prozesse durch die Traumsymbole angezeigt werden und daß innere körperliche Dispositionen durch die Deutung von Träumen zu erkennen sind.

Die Seele des Träumenden wandert zu den Toten

W.W.: Wie sahen die alten Ägypter den Traum an?

K. Meyer: Für die Frage, wie die alten Ägypter den Traum ansahen, sind die demotischen Papyri – also Traumbuchtexte, eine Art Omentexte – von entscheidender Bedeutung. Aksel Volten und Einar Munksgaard haben sie in ihrem Buch „Die demotische Traumdeutung“ (Kopenhagen 1942) ausführlich behandelt. Die Träumenden waren demnach in Horusbegleiter und Sethbegleiter eingeteilt. Die Ägypter glaubten, daß die zuverlässigen Träume vom Gott der Wahrheit, Horus, geschickt wurden. Die Träume, die vom Teufel Seth gesandt wurden, haben sie als unzuverlässig betrachtet. Im hieratischen Traumbuch gibt es neben der Einteilung in Horusbegleiter-Träume und Sethbegleiter-Träume zudem eine Sonderung guter und schlechter Träume.

Die Traumdeutung hatte für die Ägypter den Charakter einer Wissenschaft, und diese muß eine große Rolle gespielt haben, denn in der koptischen Sprache hat das Wort „Schreiber des Lebenshauses“ die Bedeutung „Traumdeuter“ erhalten. Für die alten Ägypter zu Beginn unserer Kultur basierte das Traumverständnis auf einer eindeutigen, geradezu mathematischen Verknüpfung zwischen dem Traumsymbol und seiner Bedeutung. Dies wird heute als simple Traumdeutung bezeichnet.

W.W.: Wo lokalisierten die alten Ägypter den Traum?

K. Meyer: Die Ägypter haben die Träume im Totenreich, dem Jenseits der Götter, lokalisiert. Während des Schlafes geht die menschliche Seele, ebenso wie die Sonne, in den *himmlischen Urozean,* in das *Nun,* hinein und wird wie die Sonne erfrischt und verjüngt, damit sie einen neuen Tag beginnen kann. *Nun* ist in der ägyptischen Religion das Jenseits, wo die Toten wohnen. Auch diese werden wieder erwachen, denn Schlaf und Tod sind nahe verwandt, weil sie beide die zeitweilige Abwesenheit der Seele bedeuten, während sie sich im erfrischenden Urozean befindet. Die Seele des Träumenden hält sich somit im himmlischen Totenreich auf und verkehrt dort mit den Toten und den Göttern. Die ägyptische Kosmographie lokalisierte also die Träume im Nun-Ozean bei den „Toren der Sonne“.

W.W.: Welche Bedeutung hatte der Traum für die Juden?

K. Meyer: Die Tatsache, daß es nach dem Talmud zur Zeit Jesu in Jerusalem 24 Traumdeuter gab, weist darauf hin, welche wichtige Rolle die Träume und vor allem die Traumdeutung spielten. Rabbi Chisda sagte, daß jeder Traum etwas bedeute, ausgenommen ein solcher, der durch das Fasten entstehe. Ferner war er der Meinung, daß ein ungedeuteter Traum einem ungelesenen Brief gleiche.

Nach Auffassung des Talmuds spiegelt der Traum das wider, was der Mensch an geheimen Gedanken unterdrückt hat. Die Träume im alten Israel dienten zur prophetischen Vorhersage von Ereignissen und als Mittel, um Normen zu vermitteln. Indem Träume prinzipiell zeigen sollten, woran das „Herz" denke, waren sie grundsätzlich Wahrträume, die eine Botschaft von dem „lebendigen Gott" enthielten. Im Talmud, Berachot 55 b, steht z.B., daß ein Traum, der sich wiederholt, sich bewahrheiten werde.

Auch die Bibel zeigt, daß die Menschen der Frühzeit den Traum sehr ernst nahmen. Zur Zeitenwende kündigt ein wichtiger Traum dem Josef die Geburt seines Sohnes Jesus. Vor allem aber das Alte Testament ist reich an prophetischen Träumen und Visionen. Wir finden dort sogar die vielleicht treffendste Definition des Traumes: „Auf daß Du Deines Herzens [heimliche] Gedanken erführest."

Kinder der Nacht

W.W.: Welche Einstellung hatten die Griechen zum Traum?

K. Meyer: Die altgriechische Religion zeigt eine mit der ägyptischen identische Jenseitsgeographie. Die ägyptische Kosmographie, die die Träume im Nun-Ozean bei den „Toren der Sonne" lokalisiert hat, ist in alter Zeit von den Griechen übernommen worden. Auch die griechische Idee vom Brüderpaar Hypnos und Thanatos hat ihre altägyptische Parellele in der Verwandtschaft von Schlaf und Tod.

Hypnos (= Schlaf) und Oneiros (= Traum), aber auch Morpheus (der Gott des Traumes), sind in der griechischen Mythologie unzertrennliche Brüder, Kinder der Nacht (= Nyx). Sie sind auch sehr mächtige Herrscher aller Menschen, und selbst die Götter unterliegen ihnen, denn bei den Griechen schlafen und träumen auch die Götter.

Der griechische Tempelschlaf

Die Griechen kannten auch Totenorakel und Zukunftsweissagungen Toter im Traum: Die Ratsuchenden mußten sich in einem bestimmten Tempel oder über einem Felsspalt, z.B. zu Pytho, aus dem ein erregender Erddunst aufstieg, zum Schlaf niederlegen, während dessen sie durch bestimmte Traumgesichte belehrt wurden.

Der Traum galt bei den alten Griechen als eine von den Göttern gesandte Botschaft und diente vorwiegend als ein Orakel, d.h. er hatte mantische, hellseherische Aspekte. Die Griechen benutzten den Traum aber nicht nur als ein Orakel, sondern, wie andere alte Völker es auch schon taten, als eine Heilmethode. So findet sich in der griechischen Antike die Überzeugung, daß auch Heilung von Krankheiten durch die Eingebung von Träumen möglich sei. Die Anhänger des größten Heilkultes des antiken Griechenland, die Jünger des Asklepios (Äskulap) und des Apollo, bedienten sich hauptsächlich der Traumdeutung, um Krankheiten zu diagnostizieren und zu therapieren, und das mit beachtlichen Erfolgen.

Der Genesung suchende Kranke ging dazu in den Tempel, dort wurde er verschiedenen Zeremonien unterworfen, gebadet, gerieben und beräuchert. Und so in Exaltation versetzt, legte man ihn im Tempel auf das Fell eines geopferten Widders. Er schlief ein und träumte von Heilmitteln, die ihm in natürlicher Gestalt oder in Symbolen und Bildern gezeigt wurden, welche dann die Priester deuteten. Durch den Tempelschlaf, den man z.B. in Epidauros und Kos nach einer Vorbereitungszeit des Fastens und der Reinigung auf einem besonderen Bett, der „Kline", vollzog, kam es zur Heilung von allen möglichen Leiden. Daß diese Maßnahmen häufig erfolgreich waren, wird durch schriftliche Dokumente zweifelsfrei bestätigt. Unser Wort Klinik leitet sich von jener alten Kline ab. Im antiken Griechenland dürfte es über 600 solcher Tempel gegeben haben.

Die alte Oneiromantie ist von den Griechen als eine *mantike atechnos,* eine Praxis, die allein auf dem göttlichen Offenbarungscharakter der Seele selbst beruht, im Gegensatz zu einer *mantike entechnos,* die auf langer Beobachtung der Naturvorgänge beruht, bezeichnet worden und nur besonders begabten Menschen gelungen. Bereits im klassischen Griechenland begann man daher zwischen der Oneiromantie als einem mystischen oder magischen System und der ernstzunehmenden Behandlung von Träumen zu unterscheiden, und unsere heutige Trennung der Traumauffassung in eine populäre und eine wissenschaftliche Betrachtungsweise geht auf diese Periode zurück.

W.W.: Welche Auffassung hatten die Griechen von den Menschen, die im Traum erschienen?

K. Meyer: Die alten Griechen glaubten, die in den Träumen erscheinenden Gestalten seien Menschen, welche in der Nähe der Unterwelt lebten. Homer sagte, sie beträten die Welt durch zwei Tore. Wahre Träume kamen demnach durch das Tor aus Horn, falsche durch das Tor aus Elfenbein.

Aber schon in der hippokratischen Traumdeutung war die Bezogenheit des Traumgehalts auf das eigene Subjekt eine Selbstverständlichkeit. Auch wenn die Bilder des Traumes von anderen und anderem handeln, schrieb Hippokrates, meinen sie doch das eigene Selbst des Träumers. Dabei handelt es sich bei den meisten Traumgestalten um Personifizierungen von

Teilen der eigenen Persönlichkeit, z.B. von Bedürfnissen, Zielen, Gewissensforderungen.

W.W.: Welche Stellung hatten die Indianer zum Traum?

K. Meyer: Alle amerikanischen Ureinwohner hielten den Traum für das Zentrum des Lebens und für die Quelle und den Grund aller Angelegenheiten des Geistes. Sie sahen den Traum als die Reise des inneren Wesens in eine andere Welt an, die so wirklich und greifbar war, daß jedes Ereignis dort ein ähnliches im Wachzustand zur Folge haben würde. Die Indianer räumten dem Traum eine ungeheure Macht ein, denn für sie war er Orakel und Schicksalsmacht, Arzt und absoluter Befehlshaber. Von den Irokesen wird berichtet, daß ihre eigentliche Gottheit der Traum gewesen sei.

Auch die Techniken der Trauminkubation wurden von Indianern benutzt, um große Träume zu empfangen. Diese alte Kunst beinhaltete, daß man sich auf den Schlaf vorbereitete, um einen Traum ganz bestimmter Art zu haben.

Traumsymbole in ihrem Gesamtzusammenhang betrachten

W.W.: Wie kann man die Bilderwelt und die Symbole des Traumes entschlüsseln bzw. gruppieren?

K. Meyer: Die Seele spricht zum Bewußtsein durch die Träume. Die dabei benutzte Sprache ist die der Symbole. Die Traumdeutungen der Naturvölker – ebenso wie jene der Antike – gründeten auf dem wiederholten Auftreten gleicher Symbole. Für den Traum hat sich so eine allgemein gültige Traumsymbolik herausgebildet, aufgrund allgemein bekannter Anspielungen und Wortersetzungen, Anreicherungen aus Mythen, Sagen und Volksgebräuchen. Manche Symbole bedeuten, wie die Erfahrung gezeigt hat, für eine große Anzahl Träumer Gleiches oder Ähnliches. Das rührt daher, daß vielen Dingen eine geradezu universale Symbolik anhaftet, die natürlicherweise in den Träumen übernommen wird.

Es ist leicht zu begreifen, daß z.B. ein Buch im Traum irgend etwas mit Wissen oder Studium zu tun hat – vielleicht drückt es ein Bedürfnis oder einen Wunsch danach aus – oder daß ein Wagen bzw. ein anderes Fahrzeug Übergang bzw. Bewegung von einem Ort zu einem anderen bedeutet oder daß das Wasser etwas versinnbildlicht, das tief und dunkel ist, bald glatt und bewegt an der Oberfläche oder in der Tiefe – ganz wie die menschliche Psyche oder einzelne ihrer Bereiche. Eine gewisse Universalität der Symbolik wird daher angenommen. Und wenn der Traum also bestimmten festliegenden Mustern folgt und eine verhältnismäßig begrenzte Zahl von Symbolen benutzt, dann ist auch eine allgemeine Interpretation der symbolischen Traumsprache denkbar. Aber schon Sigmund Freud wies auch auf die Vieldeutigkeit der Symbole hin:

„Dieselben [die Traumsymbole] sind oft viel- und mehrdeutig, so daß, wie in der chinesischen Schrift, erst der Zusammenhang die jedesmal richtige Auffassung ermöglicht. Mit dieser Vieldeutigkeit der Symbole verbindet sich dann die Eignung des Traumes, Überdeutungen zuzulassen, in einem Inhalt verschiedene, oft ihrer Natur nach sehr abweichende Gedankenbildungen und Wunschregungen darzustellen." (Freud, S.358)

Die Symbolsprache der Träume kann uns in bemerkenswert verdichteter Ausdrucksform viele Aspekte unseres Denkens zeigen, die uns im Wachzustand nicht zum Bewußtsein kommen. Ist uns im Traum ein Symbol bedeutsam geworden, oder ist es uns gelungen, uns auf ein solches Symbol gefühlsmäßig einzulassen, so wird uns zunächst seine Vieldeutigkeit beschäftigen. Selten können wir also mit einer Eindeutigkeit rechnen. Entscheidend für seine Deutung ist immer der Gesamtzusammenhang der Traumhandlung. Wir sollten uns deshalb immer fragen, was jedes Symbol für uns selbst bedeutet, welches sein Sinn in bezug auf unsere persönliche Lebenssituation ist.

Die hinter den Symbolen wirkende Kraft

W.W.: Ist das Symbol an sich ausschlaggebend oder eine Art Dramatiker, der gewissermaßen hinter dem Symbol in der Traumhandlung wirkt?

K. Meyer: Wenn Symbole in den Träumen auftauchen, so sind nicht ihre Bilder und Formen an sich wichtig, sondern in erster Linie die hinter ihnen wirkende Kraft, die etwas bewegt, gestaltet und zum Guten oder Bösen verändert. Zu beachten ist immer der Doppelaspekt von aufbauender und zerstörender Energie, der in jedem Symbol gegenwärtig ist. Zu fragen ist, welche Kräfte in jedem Symbol liegen und was diese Kräfte bewirken. Wenn wir diese Fragen nach dem unmittelbaren Erleben der Symbole geklärt haben, verstehen wir auch, was uns das Unbewußte verdeutlichen möchte.

Man kann anschließend auch die Übung machen, die einzelnen Symbole des Traumes zueinander in Beziehung zu setzen, oder ähnliche Symbolabbildungen in der Traumsymbol-Literatur nachlesen, z.B. in Mythen oder Märchen, in denen gleiche Symbolgehalte vorkommen. Die Träume können unter Umständen eigentümliche Motive aus der mythologischen Schatzkammer der Menschheit darstellen und auch in ihrer Zusammensetzung dieser entstammen. Solche Symbole sind dann allesamt archetypisch, d.h. Ausdruck grundlegender Form- und Ordnungsmuster.

Auch mit Hilfe der Amplifikation, d.h. der Erweiterung durch eigenes Assoziieren, können wir ein bestimmtes Traumsymbol genauer charakterisieren. Von Vorteil ist es dabei, wenn das Symbol als solches immer im Mittelpunkt der eigenen Betrachtungen steht. Zu fragen ist nach den ihm innewohnenden Eigenschaften, um auf diese Weise eine möglichst große Objektivität anzustreben.

In einem weiteren Schritt können wir die wichtigsten Traumsymbole heraussuchen und beschreiben, und zwar im Hinblick auf das Traumgeschehen. Dabei unterziehen wir die Einzelheiten des Traumes, seine symbolischen Gestalten und die Abfolge der Handlung, einer aufmerksamen Betrachtung und versuchen, den Traum selbst zu erklären, indem wir den Bildumfang der einzelnen Traumelemente und Symbole erweitern und dabei unser ganzes Wissen benutzen.

Die sieben Grundarchetypen

W.W.: Welche Grundarchetypen gibt es?

K. Meyer: In unseren Träumen, vor allem den sogenannten Großträumen, finden sich Symbole, die nach der analytischen Psychologie C.G. Jungs als Archetypen bezeichnet werden. Dabei gibt es sieben Grundarchetypen, die wie folgt charakterisiert sind:

Das Selbst: Das Selbst zeigt sich traumsymbolisch als Conjunctio (göttliche Vereinigung), Stein der Weisen (in der Alchemie), symbolisches Kind, Ouroboros (Schlange, die sich in ihren eigenen Schwanz beißt), Schmetterling, Schmelzofen, Ring, Androgynie (Zweigeschlechtlichkeit) etc.

Das Weibliche: Das Traumsymbol des Weiblichen kommt als Gefäß, Höhle, Mutterleib, Königin, Prinzessin, Göttin der Liebe und Fruchtbarkeit, Brunnen, See, Nacht, Bett, Thron, Schönheit und Spinne vor.

Das Männliche: Zu den Symbolen des Männlichen in unseren Träumen gehören: Schwert, König, Einhorn, Phallus und Sonne. Seine Heiligkeit manifestiert sich als Zepter, Werkzeug und Turm.

Das Heroische: Im Traum stellen sich der Held oder die Heldin stets dem Schwierigen und sogar dem Unüberwindbaren, dem Widersacher selbst. In den großen Mythen gewinnt immer – zumindest für eine gewisse Zeit –

das Heroische. Es dient dazu, Sieg und Heilung zu erlangen. Das, was voller Konflikte oder gar chaotisch ist, soll einer Lösung zugeführt werden. Die Energie des Heroischen ist positiv und nach außen gerichtet. Edelmut, Wahrhaftigkeit und Güte sind tragende, mitreißende Faktoren, die für das Heroische kennzeichnend sind.

Der Widersacher: Der Widersacher im Traum macht alles rückgängig, ist unerwartet und setzt den Dingen ein Ende – er ist der Tod. Zum Widersacher gehören einige der faszinierendsten Symbole: Ungeheuer, Hexe, Tyrann, Zauberer, Dämon, Psychopath, Teufel, Narr, Verbrecher, Betrüger, Mörder und Sensenmann. Zu seinen Objekten zählen: Mauer, Abgrund, Hexenkessel und Henkersknoten. Die Erfahrung des Widersachers ist mit Leiden, Sterben und Tod verbunden, mit Krieg, Krisen, Ausrottungen und Niederlagen. Er verwirrt das menschliche Leben durch Zorn und vergrämt durch Mord und Totschlag.

Tod und Wiedergeburt: Tod und Wiedergeburt feiert der Mensch als Neujahr, Sonnenwende und Tagundnachtgleiche. Man feiert in Form von Initiationsriten, Übergängen und Graduierungen. Die geheiligten Symbole in solchen Zeiten sind: Altar, Uhr, Poesie, Tanz, Keimung und Gebet.

Die Reise: Die Objekte und Symbole der Traumreise zeigen sich als Lebensbaum, gewundener Pfad, Bergbesteigung, Stab, Fahrzeug, Führer, Fluß und Strom.

Weitere Archetypen als Traumsymbole sind etwa *die Gottheit, die Schlange, das Kind, der Schatten* und *der alte Weise.*

W.W.: Woher stammen diese Archetypen?

K. Meyer: Archetypen sind Selbstdarstellungen und Selbstoffenbarungen des Geistes. Sie sind „naturgewordene Runen antwortender Existenz auf die numinose Qualität des Seins". (Siebenthal, S.122) Da die Archetypen zum geistigen Erfahrungsgut der Menschheit gehören, zugleich sich in entscheidenden Situationen der Person, an ihren Scheidewegen, im Traum melden können, sind sie „Urentwürfe der Phantasie auf Grenzsituationen". (Ebd., S.123) Die urbildlichen Archetypen als schemenhafte Abbilder mit ihrer Numinosität, Fremdheit und doch Tragfähigkeit weisen selbst auf die objektive geistige Wirklichkeit und auf das Hingeworfensein des Menschen als Person auf die Transzendenz hin.

Die Grundlage jeglicher Existenz besteht aus Energiezentren von Archetypen mit eigenem Charakter sowie spezieller Energie und Funktion, deren ursprünglichste kristallartig um das Selbst als dem zentralen Archetyp angeordnet sind. Das Selbst wird von den Gegensatzpaaren der anderen

Grundarchetypen umgeben, die ich eben genannt habe: das Weibliche, das Männliche, das Heroische, das Feindliche, Tod und Wiedergeburt sowie die Reise. Archetypen sind angeborene Verhaltensmuster innerhalb der Psyche und des gesamten Lebens, die meist ganz automatisch zum Ausdruck kommen. In Kriegen und Konflikten gibt es Feinde und Sieger. Das Männliche und das Weibliche sind einander gegensätzlich. Der Mensch geht während seines Lebens seinen Entwicklungsweg, gerät in Krisen, erlebt Tod und Wiedergeburt und findet neue Richtlinien. Und in Zeiten echter Klarheit und inneren Wachstums entscheidet man sich für Integration und Transformation, wie es der Natur des Selbst entspricht.

Archetypen zeigen sich in folgender Reihenfolge, beginnend mit der ursprünglichen Ebene: Der Archetyp als Urmatrix, als Mutterboden, dessen Energie auf bestimmte, charakteristische Weise arbeitet. – Der Archetyp als Symbol, als numinoses Bild oder diffuse Energie. – Der Archetyp als Symbol bzw. Bild mit der Funktion von Gefühlen und Emotionen. Dies ist auch die Ebene der Komplexe, der teilweise autonomen Teile des persönlichen Unbewußten. Gefühle sind momentane Energiereaktionen, positive oder negative, die zu bestimmten Handlungen motivieren. Und Emotionen sind länger anhaltende Gefühlszustände, die nur schwer bewußt kontrolliert werden können. Dazu gehören Trauer, Verliebtsein, Begeisterung, Leidenschaft, Ekstase, Depression, Überheblichkeit und Zorn. – Die letzte Stufe der Manifestation der Archetypen ist die bewußte Ebene der Gefühle und Emotionen und die der Umsetzung ins Praktische.

Die fünf Schilde aus der Vedanta

W.W.: Was bedeuten die fünf Schilde aus der Vedanta?

K. Meyer: In den klassischen Texten der Vedanta wird gesagt, daß das Selbst von fünf Körpern umgeben wird, die als Nahrungs-, Lebens-, Geist-, Denk- und Freudenschild bezeichnet werden. Der Nahrungsschild ist der physische Körper, der Sitz des Wachzustandes. Der Lebensschild ist jener, der die inneren Kräfte der Lebenskraft und die äußeren Gefühle festlegt. Geist- und Denkschild sind Quellen des Trennens und Erkennens, die eine Person in „ich“ und „mein“ aufteilen. Der Lebensschild und die Schilde des Geistes und des Denkens fassen den feinen Körper zusammen, den Sitz des Traumzustandes. Der Freudenschild soll die anderen Schilde im Wach- und Traumzustand projizieren. Alle Schilde verschmelzen im tiefen Schlaf in diesem flüchtigen Schild.

Die sieben luziden Traumkörper

W.W.: Und was bedeuten die sieben luziden Traumkörper?

K. Meyer: Anstelle von fünf Schilden kennen tantrische Kulturen und die Sufis aus dem Nahen Osten sieben luzide Traumkörper. Diese Körper ähneln den fünf oben beschriebenen, sind jedoch in einer Hierarchie spirituellen Bewußtseins angeordnet, nämlich als der physische, ätherische, astrale, mentale, spirituelle, kosmische und der nirwanische Traumkörper. Jeder Traumkörper träumt offenbar nach seinen eigenen Regeln und innerhalb seiner spezifischen Reiche. Der Klarträumer erforscht langsam jede Ebene und nähert sich der nirwanischen, wobei die Traumwelten ein immer größeres Maß an Wirklichkeit bekommen.

Der zugrunde liegende Traumkörper ist der *physische.* Er besitzt seine eigenen schlichten projizierten Phantasien, seine eigenen körperbezogenen Träume der Wunscherfüllung. Im Klartraum findet man sie in sexuellen Phantasien oder anderen Wünschen, die der Träumer in der wachen Welt unterdrückt hat. Nach den Tagebüchern luzider Reisender wandelt sich die Befriedigung sexueller, materieller oder anderer körperlicher Wünsche schnell in Verwunderung, besonders über den Traumzustand selbst, und aktiviert auf diese Weise die anderen Traumkörper.

Der *ätherische* Körper wird am ehesten bei außerkörperlichen Erfahrungen eingesetzt. Wenn der Träumer in einem nichtluziden Zustand ist, wird das ätherische Reisen nur als ein Traum erinnert, doch wenn der Träumer bewußt wird, kann er im luziden Traum seinen Körper überallhin dirigieren.

Der *astrale* Körper kann in die Vergangenheit reisen, was auch mit dem Besuch von Jungs kollektivem Bewußtsein gleichgesetzt werden kann. Der astrale Körper wird sehr oft mit dem ätherischen verwechselt.

Der *mentale* Körper kann sowohl in die Vergangenheit als auch in die Zukunft des Träumers reisen, und im Falle eines Schamanen auch in die Vergangenheit oder Zukunft eines Volkes. Dies ist außerdem der Körper der Macht, der von Zauberern und Schamanen benutzt wird. Er ist ohne Zweifel der gefährlichste Traumkörper von allen, denn es heißt, er könne alles verwirklichen, was der Träumer wünscht. Das bedeutet, daß der Träumer ständig auf der Hut sein muß, um keine Traumexistenzen zu schaffen, die von Dämonen bis zu Buddhas reichen können.

Der *spirituelle* Körper soll fähig sein, die Ewigkeit zu betreten, wo, wie Christus einmal über das Königreich des Himmels sagte, „es keine Zeit mehr gibt". Dies ist wahrscheinlich das Reich der archetypischen Mythen, die Grundlage der kollektiven Träume sind. In dieser Region gibt es keinen Unterschied zwischen Traum und Wirklichkeit, zwischen dem Mond und seiner Spiegelung auf dem Wasser.

Der *kosmische* Körper träumt vom Unendlichen hinter Zeit und Raum. Dies ist das Reich des sogenannten „Großen Traumes", wo Ding und Geist eins werden. Es ist der Körper, den der sufische Mystiker Shamsoddin Lahiji wohl benutzt hat, als er das Reich des Lichts sah.

Der letzte, der *nirwanische* Traumkörper, ist derjenige, der nur von einem erleuchteten Wesen beschrieben werden kann, einem Buddha, einem Mevlana Jalaluddin Rumi oder einem Laotse. Sogar diese sagen alle etwas anderes darüber aus. Dieser Körper soll gleichzeitig von nichts und allem „träumen", von Geräusch und Stille. Es gibt keine Zweiheit, nur den Moment, der sich entfaltet und wieder verschwindet.

Der ätherische Traumkörper ist der erste und wahrscheinlich der einzige, den die meisten Menschen in einem außerkörperlichen Erlebnis oder in einem Flugtraum erfahren. Der Traumkörper, den die meisten Klarträumer zu bewohnen scheinen, sobald sie etwas erfahrener sind, ist der astrale Körper. Jene Träumer, die sich nicht so mit dem östlichen oder westlichen Jargon der Esoterik auskennen, nennen ihn oft nur den Traumkörper oder sogar den zweiten Körper. Der zweite Körper wird als ein spirituelles höheres Selbst oder als Seele verstanden. Astrale oder ätherische Projektionen des zweiten Körpers, die man normalerweise in einer außerkörperlichen oder todesnahen Erfahrung erlebt, ähneln dabei Träumen. Viele der exotischeren und visionären Zustände haben eine nahe Verwandtschaft mit luziden Träumen.

Flugträume als Vorstufen zu Jenseitserlebnissen

W.W.: Eine der schönsten Traumarten ist der Flugtraum. Welche Bedeutung hat er?

K. Meyer: Er ist sicher eine erhebende Traumerfahrung, die sehr unterschiedliche Ursachen haben kann. Der alte Ikarus-Traum des Menschen, sich in die Lüfte erheben zu können, um wie ein Adler zu fliegen, ist fraglos ein Symbol der Transzendenz. Der Flugtraum kann aber auch versinnbildlichen, daß sich der Träumer vom Boden der Wirklichkeit entfernt und einen Höhenrausch bekommt.

Der Traum vom Fliegen als körperlicher Reiztraum gesehen tritt vor allem auf, wenn Zirkulationsstörungen vorliegen, wenn die Herztätigkeit nicht so funktioniert, wie sie sein sollte, und durch das Traumerlebnis Herzbeschwerden gleichsam körperlich ausgeglichen werden. Flugträume können auch Störungen im Stoffwechselhaushalt oder im Blutkreislauf anzeigen und gehen dann meist mit einengenden Gefühlen einher. Mitunter wurde in der Traumanalyse das Fliegen im Traum auch als eine Symbolisierung des Auf- und Niedersteigens der Lungenflügel bei der Atmung erklärt.

Der Flugtraum kann die Traumverwirklichung einer lange gehegten Sehnsucht oder Vereinigung sein oder die Genugtuung darüber, sich über Tatsachen, also über das Leben auf dieser Erde, hinwegsetzen zu können oder hinweggesetzt zu haben. Viele Menschen erleben einen Flugtraum auch einfach als innere Entlastung, ja sogar als erotisches und sexuelles Ventil. Sie, die den Zwängen des Lebens unterworfen sind und sich niemals aus den Fesseln, die sie am Boden halten, freimachen können, machen sich in einem solchen Traum Luft.

Nach Freud ist es das „Hetzen" in der Kindheit, welches die Träume vom Fliegen wiederholen. Träume, in denen man mit Behagen fliegt, wiederholen Eindrücke der Kinderzeit, beziehen sich auf die Bewegungsspiele, die für das Kind eine so außerordentliche Anziehung haben.

Psychoanalytiker nach Freud neigen dazu, alle erfreulichen Flugträume auf sexuelles Begehren zurückzuführen. Ein Flugtraum entsteht durch die sexuelle Energie, die im Bereich des Lumbalplexus an der Wirbelsäulenbasis oder um die Geschlechtsorgane kreist. Wenn es der Energie gelingt, an der Wirbelsäule entlang bis zum Kopf hinaufzuströmen, dann macht sich der Träumer zu einem Flug auf, dessen Höhepunkt ein außerkörperliches Erlebnis ist. Wenn die Energie im unteren Rücken- oder Genitalbereich blockiert bleibt, wird sich der Träumer einem gewöhnlichen, selbstgebastelten sexuellen Traum hingeben.

Nach Alfred Adler ist der Flugtraum die Folge des Leichtigkeitsgefühls, das beim Einschlafen entsteht, und gehört zur Gruppe der Levitationsträume beim Einschlafen. Der sexuelle Hintergrund dürfte unverkennbar sein. Zweifellos sind die Flugträume aber über das Sexuelle hinaus ein Zeichen des Ehrgeizes, Ausdruck des Überflügeln-, Hochhinaus- und Herabsehenwollens. Er zeigt gut die „Tendenz" und das „Leitziel", unter denen der Mensch steht. Die Charakterisierung des Flugtraumes als Zeichen des gehemmten, verhinderten Emporkommens, des ständig Gescheiterten und mehr und mehr Kontaktarmen, Isolierten ist nach Adler die allgemein gültigste. Der Wunsch bzw. der ständig zum Versagen verurteilte Trieb nach Macht, Geltung („Ehrgeiz") und nach Können („Potenz") stellt sich im Flugtraum trefflich dar.

Im Flugtraum kann auch ehrgeiziges Vorwärtsstreben seinen Ausdruck finden, insbesondere ein Streben, das oft erst nach Jahren und manchmal nie seine Erfüllung findet. Dies trifft meist dann zu, wenn wir uns über die anderen Menschen hinwegheben, wenn wir über die Köpfe der Menschen hinwegfliegen, wenn wir vielleicht nur einen oder zwei Meter über dem Boden schweben können und auf die anderen hinabblicken, die bewundernd zu uns aufschauen und vergeblich versuchen, es uns gleichzutun. Wir möchten dann vielleicht über die Dinge hinausgelangen, über die Summe der Alltäglichkeiten und Widerwärtigkeiten hinaus, denen wir ausgesetzt sind, solange wir am Boden kleben.

Aus esoterischer Sicht sind im weiteren noch die spirituellen Deutungsversuche zu berücksichtigen: Flugträume können nämlich auch als Vorstufen zu Jenseitserlebnissen und Astralreisen angesehen werden und deuten irdische Entstofflichung im Übergang zu einem anderen Leben an. Sie fließen auch in den kosmischen Traum hinein und spiegeln gleichsam im Projektionsschirm der seelischen Ebene das Steigen des Daseins – bald in der Leere der Grundlosigkeit, bald aufgehoben in unsichtbar tragenden Händen. Es ist die mystische Erfahrung des Nichts und zugleich Gottes. Als Todessymbol ist der Flugtraum genauso glaubwürdig wie als Neugeburtsaspekt in anderer Atmosphäre.

Auch wenn der Flugtraum kein realer Erfolg ist, das Erlebnis des Erfolges ist mit ihm verknüpft – Flugträume sind fast immer lustbetont – und wird sicher von günstigem Einfluß sein, zumal Flugträume selten vergessen werden.

Die Synonyme der Traumsprache sind unendlich und unergründlich. Nach diesen vielfältigen Bedeutungsmöglichkeiten wird es nur mit großer Hinwendung gelingen, durch vorsichtiges Abtasten der gesamten Traumhandlung die dahinterliegende Botschaft ausfindig zu machen und zu erspüren, wie das Fliegen eigentlich zu verstehen ist.

Fallträume

W.W.: Was bedeutet es, wenn man träumt, daß man fällt und kurz vor dem Aufprall aufwacht?

K. Meyer: Das ist ein Typus des Alptraumes, bekannt als der Inkubus-Anfall, der gewöhnlich in den beiden ersten Non-REM-Phasen des Tiefschlafes erfolgt und von einer einzigen schrecklichen Szene des Fallens begleitet ist. Das Herz schlägt schneller, wir atmen rascher und ungleichmäßiger, die elektrische Leitfähigkeit der Haut verändert sich, und es kommt trotz Fallens eigenartigerweise zu einer hohen Muskelentspannung. Die Angst vor dem Aufprall jedoch führt zum Aufwachen. Zu diesem Inkubus-Anfall gehört das nächtliche Aufschrecken (Pavor nocturnus) der Kinder und mancher Erwachsener, das oft in einem grauenhaften Schrei, Herzklopfen, Erstickungsanfällen und einem Gefühl von Lähmung gipfelt.

Fallträume im allgemeinen weisen uns auf einen Stolperdraht hin, auf eine Barriere, auf einen Widerstand, auf den wir vielleicht aufmerksam werden. Ein beruflicher Rückschlag, eine Enttäuschung, eine persönliche Unsicherheit, alles das sind Anlässe für einen Falltraum. Nach Adler bedeutet er auch die Furcht vor Prestigeverlust.

Träume an Wendepunkten unseres Lebens

W.W.: Was ist ein Großtraum?

K. Meyer: C.G. Jung hat die großen Träume als archetypische Träume bezeichnet, da sie aus dem kollektiven Unbewußten stammen. Diese allgemeinmenschlichen Formen des Auffassens und Erlebens sind die Grundformen des psychischen Funktionierens überhaupt, und sie personifizieren sich in mythologischen Zusammenhängen, d.h. in Motiven und Bildern, die jederzeit und überall ohne historische Tradition oder Wanderung, auftreten können. Sie werden von der schöpferischen Phantasie in einer sehr großen, aber doch überschaubaren Fülle an Bildern und Gestalten jederzeit in bestimmten Situationen wie Träumen wiederhergestellt. Derartige Inhalte werden als kollektiv unbewußt aufgefaßt. So gut wie auch die anderen Inhalte des Bewußtseins und des persönlichen Unbewußten immer in einer bestimmten Bewegung und mit Dynamik aufgeladen sind, so sind es auch die Inhalte des kollektiven Unbewußten, und aus dieser Dynamik gehen eben die Träume hervor, die das sogenannte archetypische Material enthalten.

Aus dieser Schicht des kollektiven Unbewußten kommen also diese großen Träume oder Großträume, an dessen seelischer Grundstruktur wir alle in gleicher Weise teilhaben und die sich darum in Gedanken, Gefühlen, Emotionen und Phantasien äußert, die bei allen Völkern der Erde in ähnlicher Art vorkommen. Meist haben diese Träume einen ganz besonderen emotionalen Charakter, da sie sehr starke und uns tief bewegende

Gefühle enthalten, die noch lange nachwirken können. Wir behalten einen Großtraum als einen sonderbaren Besitz im Gedächtnis. Er erscheint als Einheit, als Gestalt, der wir gegenüberstehen. Er ist also eine Gestaltung dessen, was als bedeutend, ergreifend, reichhaltig, lebendig bezeichnet wird.

Ein Großtraum erscheint vor oder nach bedeutsamen Änderungen unserer Lebensführung, vor allem aber um die Lebensmitte und wieder an der Schwelle des Alters, dann nämlich, wenn eine große, allgemeinmenschliche Neueinstellung von der Seele gefordert wird. Ein solcher archetypischer Traum tritt also auf, wo sich Wandlungen und wichtige Entwicklungsschritte vollziehen. Als ein Kreuzweg- oder Marksteintraum kündigt er jenen neuen Frühling im Leben an, der auch Wendepunkt genannt wird. Wir stehen dann traumsymbolisch gesehen an einer Weggabelung unserer Lebensstraße und haben mehrere Möglichkeiten für den Fortschritt, für das Weitergehen.

Bahnhöfe, Eisenbahnen und Reisen sind das Symbolhandwerkszeug dieses Traumes für solche Richtungsweiser. Er kann uns ins verzehrende Licht einer gewaltigen Sonne, in herrliche Landschaften und Begegnungen mit noch nie gesehenen Menschen und menschenähnlichen Wesen führen. Er kann hinabgleiten in ein erschütterndes Urerschrecken. In einem solchen Traum erfahren wir die Mächte des Lebens.

Wenn man schweißgebadet aus dem Alptraum erwacht

W.W.: Wie charakterisieren Sie Alp- und Katastrophenträume?

K. Meyer: Kennzeichen des Alptraumes ist die Angst. Diese Traumart ist historisch bis zu den Chaldäern nachweisbar. Eine Befreiung von Alpträumen läßt sich nach Sigmund Freud durch Bewußtmachung der ihnen zugrunde liegenden sexuellen Verdrängung erreichen. C.G. Jung faßte sie als archetypische Gestalten des Unbewußten auf, als symbolische Sendboten der urtümlichen, dunklen Seite unserer seelischen Triebkräfte.

Die menschliche Situation, aus der heraus der Alptraum erwächst, ist sicher eine solche des Konflikts. Erst in einer persönlichen Krisensituation plagen quälende Alpträume. Sie sind intensive Angsterlebnisse, die mit einem jähen Aufwachen verbunden sind. Dieses plötzliche Aufwachen geht einher mit Schreien und Umsichschlagen, mit intensiver körperlicher Erregung und mit Schwierigkeiten, sich in der wachen Umwelt zurechtzufinden. Menschen, die solche Alpträume erleben, können sich meist nicht erinnern, was diese Ängste ausgelöst hat. Wenn sich Erinnerungen einstellen, dann beziehen sie sich überwiegend auf elementare Angstthemen, wie das Gefühl des Eingeengtseins, Fallens, Sterbens oder Bedrohtwerdens. Diese Erinnerungen sind szenisch meistens wenig ausgestaltet und beeindrucken durch ihren archaischen Charakter.

Alpträume sind ausschließlich an den Tiefschlaf gebunden. Und beim echten Alptraum sind Traum und Symptom ein und dasselbe – der Traum ist das Symptom. Alpträume sind Störungen mit Schutzfunktion – das Sicherheitsventil der Traumwelt. Sie sind Angstzustände in Traumform. Und sie sind Träger des Auslösers und Ansätze zur Problemlösung zugleich. Das Traumerlebnis zu entziffern und seine überlagerten Verästelungen über die Auslöser oder Ursachen zu entschlüsseln ist daher eine ausgezeichnete Methode, sich gegen weitere Alptraumerlebnisse zu schützen.

In einer Periode der Unbewußtheit zeigt uns der Alptraum, daß unser Gedächtnis eine Lücke hat, in der Ereignisse stattgefunden haben, die für unser Leben wichtig waren und die noch immer eine Unmenge psychischer Energie binden. Der Traum fordert uns auf, diese Energie freizulassen und die Erfahrung sinngerecht in unser Leben einzubauen. Tun wir das, dann zieht sich der Alptraum zurück.

Alpträume symbolisieren im weiteren die Schatten unserer Persönlichkeit, die unbekannten oder nicht verwirklichten, aber unbewußt drängenden Seiten unseres Ich, die bisher zu kurz kamen und nun aus dem Käfig ihrer bewußten Zügelung in die Freiheit ausbrechen wollen. Alpträume sind auch Hilfeschreie unseres Unterbewußtseins. Sie sind nicht zuletzt erste Anzeichen einer beginnenden Gesundung und Ganzwerdung. Tag und Nacht wollen wieder in Balance kommen. Gut und Böse wollen sich vermählen. Auch die Seelenwunden, die wir uns im Laufe des Lebens zugezogen haben, werden im Alptraum „behandelt".

Das Motiv, sich nicht wirksam genug bewegen zu können und trotz äußerster Anstrengung entweder jemanden nicht einholen oder nicht vor ihm fliehen zu können, tritt in Alpträumen häufig auf. Es steht für ein Gefühl furchterregender Erfolglosigkeit oder Hilflosigkeit. Da fliehen wir in Todesangst vor irgendwelchen Ungeheuern und ekelerregenden Monstern, verwandeln uns sogar selbst in diese abscheulichen Zwitter oder werden zu saugenden Vampiren. In ausweglosen Situationen tritt uns der Angstschweiß auf die Stirn. Wir bewegen uns ständig gefährlich nah am Abgrund unseres Seins, darauf gefaßt, in jedem Augenblick aus schwindelnden Höhen abzustürzen, um jählings im Höllenschlund zu versinken. Immer sind es Grenzsituationen, in denen wir umzukommen drohen, oder gewaltige Kraftproben, die wir nicht immer bestehen, um dann im Versagensmoment schweißgebadet aufzuwachen.

Es ist, als könnte unser Traum-Ich hier nicht mehr tun, als uns aufzustören und uns der Tatsache irgendeiner drohenden Gefahr gegenüberzustellen, in der Hoffnung, daß wir im Wachleben dadurch besser mit ihr umgehen können. Schließlich besteht der erste wichtige Schritt, etwas gegen eine Bedrohung zu unternehmen, darin, sich ihrer bewußt zu werden.

Und auch bei dieser Traumart gilt es, erst durch vorsichtiges Abtasten der gesamten Traumhandlung die dahinterliegenden Botschaften ausfindig zu machen und zu ergründen, was denn mit einem Alp- oder Katastrophentraum genau gemeint ist.

W.W.: Was bedeutet ein Lähmungstraum?

K. Meyer: Ein Lähmungstraum bedeutet z.B., daß es mit uns oder in der Abwicklung einer Angelegenheit nicht mehr so flüssig weitergeht wie bisher. Wir kommen nicht vom Fleck. Es ist notwendig, neue Wege zu erschließen oder neue Türen zu öffnen. Lähmungsträume zeigen, daß wir gegenwärtig in einer Sackgasse sind. Sie sind auch eine Warnung vor der Unlösbarkeit von Problemen.

W.W.: Was sind Durchbruchträume?

K. Meyer: Der Durchbruchtraum ist ein Traumtyp, den Richard Corriere und Joseph Hart in ihrem Traumbuch „Lebendiges Träumen. Die Entdeckung des Durchbruchtraums“ (Eschborn 1987) beschrieben haben. Nach den beiden Autoren zeigen Durchbruchträume den Menschen einen natürlichen Weg, wie sie die Hilfe bekommen können, die für ihr Leben notwendig ist.

Die Durchbruchträume bedürfen keiner Deutung. Der Traum berührt den Träumer und lehrt ihn direkt etwas über sein Leben. Durchbruchträume sind ein direkter Durchbruch zwischen dem Unbewußten und dem Bewußten. In einem Durchbruchtraum ist der Träumer bewußt und in der Lage, alle Gefühle klar auszudrücken. Der Durchbruchtraum unterscheidet sich deutlich von normalen Träumen: Der Träumer ist sich bewußt, daß er träumt. Der Traum ist voller Gefühle, und der Träumer drückt seine Gefühle voll aus. Der Traum bewegt sich von einer symbolischen zu einer realen Darstellung vom Leben des Träumers mit seinen Freunden. – Diese Merkmale sind deutliche Kennzeichen eines Durchbruchtraumes. Sie sind immer dann vorhanden, wenn der natürliche Prozeß des Fühlens im Traum bis zum Äußersten gebracht wird.

W.W.: Was sind Bereinigungsträume?

K. Meyer: Bereinigungsträume stellen wahrscheinlich einen großen Prozentsatz aller Träume dar. Ein Forscher hat beschrieben, wie ein Teil des nächtlichen Lebens von dem Versuch ausgefüllt wird, die Ereignisse des Tages auszulöschen, so wie ein Computer seine Programme löscht, um neu programmiert zu werden. Weil im schnellebigen Alltag sowenig Zeit zum Bereinigen bleibt und unsere Sinne so bombardiert werden, sagt er, muß die Bereinigung weitgehend nachts stattfinden, was zur Folge hat, daß andere, etwa große oder transformierende Träume sich nicht so leicht einstellen.

Erotische Träume

W.W.: Welche Ursachen haben erotische Träume?

K. Meyer: Nächtliche Pollutionen geben sicher einmal zu erotischen Bildern Anlaß. Die kompetenten Traumforscher neigen jedoch heute zu der Annahme, daß Erotik und Sexualität im Traum gar nicht Sexualität meinen, sondern nur eine verschlüsselte Verkleidung ganz anderer Triebregungen oder Emotionen sind, die sich lediglich in der symbolhaften Verpackung von Sexualität darstellen.

Erotische Begegnungen im Traum sind einerseits ein Ausdruck des Bedürfnisses nach Wiedervereinigung mit einem abgespaltenen Persönlichkeitsteil, andererseits zeigt sich in ihnen die Art der Beziehung oder aber Beziehungslosigkeit zu den Lebenskräften. Auf diese Weise werden wir uns dessen bewußt, wie offenherzig, lebensbejahend und lebendig das Ich tatsächlich ist. Oder wir erkennen, ob das Ich eher gehemmt und gefühlskalt ist und sich davor fürchtet, die ursprüngliche Natur mitzuleben.

In einem erotischen Traum wird aber auch etwa deutlich, welche sexuellen Verhaltensweisen zu ändern und welche unter Umständen zu verwirklichen sind, um eine größere Vollständigkeit zu erreichen. Auch Probleme des Kontrollierens oder des Verlustes von Kontrolle können in sexuellen Bildern ihren Ausdruck finden.

Unsere Sexualität entwickelt sich fort bis zum Tod. Es besteht daher auch die Möglichkeit, daß ein erotischer Traum eine Fortentwicklung unserer sexuellen Persönlichkeit andeutet.

In den erotischen Traumsymbolismen befindet sich oft auch noch eine geistige Botschaft, da ja die sexuelle und die geistige Seite unserer Natur nicht völlig getrennt sind. Der Phallus beispielsweise verkörpert in hohem Maße auch die Macht der Schöpfung und Fruchtbarkeit. Sexualität ist hier gemeint als schöpferische Triebkraft des Lebens, der Elan vital.

Wir dürfen uns also bei einem erotischen Traum nie mit der vordergründigen Bedeutung begnügen, sondern es gilt, sorgfältig nach den eigentlichen Botschaften zu forschen. Die Mehrzahl der Träume mit offensichtlich erotischen Inhalten bringt nämlich oft ganz andere Bedürfnisse, Probleme und Konflikte zum Ausdruck.

Bäume der Selbsterkenntnis

W.W.: Was sind Initiationsträume?

K. Meyer: Dieser Begriff stammt von James Hillman, Autor des Buches „Am Anfang war das Bild“ (München 1979). Nach ihm stellt der nächtliche Abstieg in den Traum eine Form von Initiation dar. Jeder Traum ist nach Hillman eine Initiation in die Mysterien der Seele.

In einem weiteren Sinn sind aber auch alle Geburts- und Todesträume Initiationsträume. Sie können als Ausdruck des Wunsches eines Menschen nach Wiedergeburt, nach einer neuen Orientierung im Leben angesehen werden. Die symbolische Darstellung von Leben und Tod ist in der Mythologie – z.B. in der Geschichte von Jonas und dem Wal – und den Riten der Naturvölker wiederholt zu finden. Maurice Nicoll, ein Jungianer, vertrat die Ansicht, daß der Mensch in kritischen Lebensstadien – wie Pubertät, kritisches Alter oder Klimakterium, Herannahen des Alters und dann des Todes – grundsätzliche psychische und physische Anpassungen vornimmt. In solchen Zeiten, so stellte Nicoll fest, sind Initiationssymbole regelmäßig in den Träumen zu finden. Alle diese Symbole beziehen sich in irgendeiner Weise auf den Eintritt in die Gebärmutter: Jonas gelangt in den Bauch des Wals; der Eingeführte (bei der Initiation) liegt in einer Höhle oder einer Kapelle; der Ritter liegt nackt vor dem Altar; der Held wird vorübergehend von der Erde verschlungen usw.

W.W.: Wie symbolisieren sich Erkenntnisträume?

K. Meyer: Nach der altägyptischen Traumsymbolik bedeuten z.B. die Hände das Streben nach Wahrheit und Erkenntnis. – Bäume in unseren Träumen verhelfen zur Selbsterkenntnis und zur Selbstverwirklichung, denn der Baum ist das wohl ursprünglichste Symbol unseres Selbst und wird von der Seele in den Träumen dazu verwendet, uns bewußt zu machen, wie es um uns steht. Häufig bilden die Bäume in unseren Träumen einen wichtigen Ort der Zuflucht ab oder vermitteln uns eine Erkenntnis, wie unser Lebensweg weitergehen kann. Auch in den Krisen der Lebensmitte und im Alter werden die Bäume zu einem wichtigen Symbol der Selbsterkenntnis und Selbsterfahrung. – Ebenso tragen Schlangenträume zur Selbstverwirklichung bei. In diesem Symbol wird nämlich die in uns schlummernde Schlangenkraft lebendig.

W.W.: Welche Ursachen haben Wiederholungsträume?

K. Meyer: Wiederholungsträume wollen uns vielleicht daran erinnern, daß etwas im Leben noch nicht bereinigt ist. Wenn ein Problem besonders schwierig ist, spiegeln viele Träume über einen gewissen Zeitraum immer das gleiche Thema wider. Immer wieder wird der Konflikt ins Bild gerückt, nur die Symbole wechseln.

Bisweilen kommen aber in wiederkehrenden Träumen jahrelang auch die gleichen Symbole mit ihren Variationen vor. Diese Träume drücken gewöhnlich das Hauptthema, das Leitmotiv im Leben dieser Menschen aus. Oft bieten sie den Schlüssel zum wichtigsten Aspekt ihrer Persönlichkeit. Manchmal bleibt der Traum unverändert, manchmal kommen mehr oder weniger subtile Veränderungen vor, die ein Hinweis darauf sind, daß der Träumer einen inneren Fortschritt oder – je nachdem – einen Rückschritt erlebt hat.

Ein Wiederholungstraum kann also dann auftreten, wenn uns ein schwebender Konflikt oder ein ungestilltes Bedürfnis bewegt. Darüber hinaus drücken Wiederholungsträume in einer urtümlichen Bildersprache die zentralen Themen aus, die mit dem menschlichen Leben seit jeher verknüpft sind. Dazu gehören Liebe, Eifersucht, Sexualität, Kampf, Geburt und Tod. Solche Träume befassen sich mit einem wiederkehrenden noch nicht gelösten Lebensproblem. Sobald das Problem jedoch gelöst ist, sei es in der Realität oder durch ein erfolgreiches Durcharbeiten des Traumes, verschwindet der Wiederholungstraum.

Die Zukunft im Traum?

W.W.: Wie erklären Sie prophetische Träume bzw. Wahrträume?

K. Meyer: Eine heikle Fragestellung. Am besten erkläre ich erst den *prognostischen* Traum. Diese Traumart kann auf eine künftige Entwicklung hinweisen und prognostischen Zwecken dienen. Denn mitunter hat sie einen Wahrheitsgehalt von erstaunlicher prophetischer Kraft. Indem dieser Traum uns die Situation zeigt, wie sie ist, einschließlich ihrer Entwicklungsmöglichkeiten, liefert er uns gleichzeitig unschätzbares Material für die Prognose. Aber ein prognostischer Traum ist kein Wunder, sondern ein erklärlicher Vorgang, wenn wir davon ausgehen, daß Traumbilder Signale des Unbewußten an das Bewußtsein sind. Unser Hirn besitzt erhebliche Fähigkeiten der Aufdeckung und Voraussage, die überhaupt nichts mit außersinnlicher Wahrnehmung zu tun haben. Wenn sich Träume oder Teile von Träumen bewahrheiten, dann beruht die Wahrheit, die sie enthalten, auf Erkenntnissen und Möglichkeiten, die im Wachleben vom Bewußtsein übergangen wurden. Auch drücken Träume ahnende Gefühle, die wir nur schwer ausdrücken können, in klarer Bildersprache aus. Verstehen wir diese Sprache richtig, dann mögen Träume prognostisch, prophetisch oder wahr in dem Sinne sein, als sie die möglichen Entwicklungen gewisser Lebenssituationen anzeigen.

Berücksichtigen sollten wir auch noch die Tatsache, daß das Unbewußte im Traum keine Zeit kennt. Denn daß die Traumzeit anders abläuft als die Wachzeit, zeigt sich in der gewöhnlichen Erfahrung eben darin, daß der Traum vorwegnehmend sich anbahnende Entwicklungen des wachen Lebens behandelt, die noch nicht deutlich ins Bewußtsein getreten sind.

Die prophetischen Träume werden in *real-prophetische* und *symbol-prophetische* unterteilt. Real-prophetische Träume sagen unmißverständlich und mit nahezu vollständiger Genauigkeit ein künftiges Ereignis vorher. Jedoch führt meist die „Prophezeiung" selbst die Erfüllung eben dieser „Prophetie" herbei, so daß auch von hier aus verständlich wird, wie z.B. die traumhaften Wandlungssymbole die tatsächliche Wandlung nach sich ziehen können. Solange der Traum aber selbst zur Erfüllung seiner Prophezeiung beiträgt, ist die echte prophetische Kraft der Träume noch nicht erwiesen.

Ein großer Teil der den Tod ankündigenden Träume gehört zu den symbol-prophetischen Träumen. Was eindeutig als gesichert gelten kann, ist die Tatsächlichkeit symbol-prophetischer Träume.

Auch gibt es ein unbewußtes Sehen. Überspitzt können wir sagen: Was wir nicht sehen wollen, das sehen wir auch nicht, obwohl wir es sehen. Das Gesehene wird nicht verwirklicht. Der Traum aber bringt, wie wir wissen, gerade das Nichtrealisierte. Grundsätzlich ist zu sagen, daß prophetische Träume wohl möglich sind, auch in der Form, daß sie die ohnehin in allem Lebendigen liegenden vorausschauenden Absichten benützen.

Maimonides, einer der größten unter den jüdischen Aristotelikern, stellte fest, daß die prophetischen Träume auf die Tätigkeit der imaginativen Fähigkeit während des Schlafes zurückzuführen sind. Und Aristoteles selbst gesteht den prophetischen Träumen in der Schrift „Von den weissagenden Träumen" eine geheimnisvolle Fernwirkung zu.

Mit Bestimmtheit gibt es prophetische Krankheitsträume. In zahlreichen Traumanalysen hat man immer wieder Warnträume gefunden, die das Ausbrechen einer Krankheit des Träumenden oft Monate vorher signalisierten. In Warnträumen, die Krankheiten im voraus ankündigen, registriert unser Traumbewußtsein auftretende Störungen im Körper sehr viel früher und empfindlicher als das Tagesbewußtsein.

W.W.: Gibt es denn keine Wahrträume, die Ereignisse der Zukunft, von denen der Träumende nichts weiß, vorwegnehmen?

K. Meyer: Doch, aber es gibt unterschiedliche Deutungsansätze. Die eine Auffassung besagt, daß dasjenige, was den Eindruck des Prophetischen bewirkt, sich in Wirklichkeit als eine erst im Traumbewußtsein vollzogene Feststellung von bisher unbemerkt Wahrgenommenem erweist oder daß es sich um eine als telepathisch zu deutende Angelegenheit handelt. Auch da, wo solche „vorahnenden" Träume in Wirklichkeit vorkommen, darf man sie nicht als Prophezeiungen auffassen, sondern als in Bilder umgesetzte Fortsetzungen unbewußter Überlegungen, Befürchtungen oder Wünsche oder bisweilen auch als den Einbruch von im Wachen unbeachteten oder verdrängten Eindrücken und seelischen Regungen.

Auf der anderen Seite wird von Vertretern der Parapsychologie, die das Auftreten telepathischer und prophetischer Träume für erwiesen halten, weiterhin ein übersinnlicher Ursprung bestimmter Träume überliefert. – Auf jeden Fall gibt es präkognitive Träume, die auf einer instinktiven Fähigkeit beruhen. Sie schildern Ereignisse, die zur Zeit des Träumens noch nicht geschehen sind, die aber später eintreten. Sie sind ein Blick in die Zukunft.

Wenn man jemanden am Spieß rösten möchte

W.W.: Kommt es häufig vor, daß Menschen vom eigenen Tod bzw. vom Tod anderer Menschen träumen? Wie erklären Sie solche Todesträume?

K. Meyer: Todesträume sind selten. Der Todestraum von einer befreundeten oder geliebten Person ist oft der symbolische Ausdruck dafür, daß diese Person für uns gestorben ist, d.h. unsere Freundschaft oder unsere Liebe zu ihr tot sind, oder auch, daß wir sie tot sehen möchten. Für solche Umwandlungen in unseren Gefühlsbeziehungen oder neu auftretenden Regungen haben wir tatsächlich im Traum oft ein feineres Gespür als im Wachen. Hier handelt es sich nicht um die Vorwegnahme eines künftigen, sondern um die Feststellung eines bereits eingetretenen neuen Zustandes.

Ein Todestraum kann also auftreten, wenn z.B. eine Beziehung in uns abstirbt, eine Liebe erlischt, eine Leidenschaft zum Verglimmen kommt.

Hochgradige, versteckte Aggression kann auch ein Grund für Todesträume sein. Wie oft würde man jemanden gerne umbringen! Ganz urtümliche Vernichtungstriebe toben sich in solchen Todesbildern aus. Wie oft wünscht man vielleicht jemanden zum Teufel und würde ihn am liebsten auf dem großen Spieß leibhaftig rösten sehen! Todessymbole treten auch hier in verschiedensten Bildern auf und spiegeln nur die verwünschende Boshaftigkeit, die brutale Gemeinheit wider, mit der man einem anderen buchstäblich das Herz brechen könnte.

Todesträume zeigen seelische Wandlungen

Wenn wir vom eigenen Tod träumen, bedeutet das meistens nicht den konkreten Tod, sondern weist auf eine anstehende seelische Wandlung hin. Vom Tod zu träumen oder das Erscheinen von Verstorbenen in den eigenen Träumen zu erleben bedeutet also nicht notwendigerweise den konkreten Tod, sondern ist zumeist ein Anzeichen für den in jedem Menschen waltenden Prozeß des ewigen „Stirb und werde".

Der interessanteste Traumtod ist unser eigener, denn er zeigt den Tod eines überholten Selbstbildes an, der zu einer Wiedergeburt in einem höheren Bewußtseinszustand und zu natürlichem Selbstsein führt. In diesem Stadium scheint die symbolische Sprache von Träumen über sich selbst hinaus auf eine Erweckung hinzuweisen, die die Furcht vor dem buchstäblichen Tod überwindet, indem sie uns aufgeschlossen macht für eine Lebenskraft, die das Ableben des Körpers übersteigt.

Als uns entfaltende Menschen stehen wir ständig in der Wandlung, überall gehen wir, wenn wir uns selbst verwirklichen, durch das dunkle Tor des eigenen Todes, und es verwundert nicht, daß wir so oft Wandlungsträume finden, zu denen diese Form der Todesträume gehört. In der Regel fällt es schwer, sich mit diesem Sterben vertraut zu machen. Wir wehren uns dagegen, wollen das keimende Neue nicht in unser Bewußtsein aufnehmen, denn es bedeutet oft eine Änderung oder gar Umkehr unserer bisherigen Lebenseinstellung.

Ein Todestraum hat also meistens keine reale bedrohliche Bedeutung. Er kann in Wirklichkeit Gram, Verzweiflung oder Verlust ausdrücken, das Ende eines Abschnitts im eigenen Leben anzeigen oder sogar die Vorwegnahme eines Neubeginns sein. Viele Ängste und Sorgen könnten vermieden werden, wenn wir die Bilder des Todes als Symbole für eine seelische Wiedergeburt verstehen lernten. Die Volksweisheit hat diesen Aspekt des Todessymbols in der Deutung aufbewahrt: „Wer vom Tode träumt, wird lange leben." Hier wird zu Recht die Todessymbolik als Bild für die seelische Wiedergeburt des Menschen verstanden, wobei Sterben bedeutet: loslassen, sich fallen lassen, sich einlassen auf Unbekanntes, um frei zu werden für neue Erfahrungen und neues Leben.

Wenn unsere Träume stetig an der Ganzwerdung unseres Lebens arbeiten, müssen wir manche Einseitigkeiten und Übertreibungen des bisherigen Lebensstils abbauen. In einem Todestraum, der eine Wandlung bewirkt, wird dies häufig in dramatischer Weise vor Augen geführt. In der Esoterik verbinden wir diesen Wandlungsvorgang ja ohnehin mit dem Tod, der den Übergang in eine andere Dimension, die Lösung der Bindung an die materielle Welt oder auch das Goethesche Stirb-und-werde-Prinzip symbolisiert.

W.W.: Welche Ursachen haben Träume von Verstorbenen?

K. Meyer: Bei Sterbeträumen beispielsweise geschieht es, daß der kurz vor dem Tod Stehende durch einen bereits verstorbenen Verwandten, Ehepartner oder durch kürzlich verstorbene Bekannte abgeholt wird. Das Erscheinen von Verstorbenen in den Träumen zu erleben muß aber nicht – wie schon ausgeführt – den wirklichen Tod bedeuten, sondern ist zumeist ein Anzeichen für eigene seelische Wandlungen.

Die Träume von Verstorbenen spiegeln oft auch ihre verinnerlichten Bilder wider und können uns positiv beeinflussen. Die Verstorbenen in unseren Träumen können aber auch Schattenbilder sein, die aus der dunklen Tiefe der Seele stammen und uns über eine bisher unbekannte Seite unseres Lebens ins Bild setzen.

Wer einen geliebten Menschen verlor, der sieht ihn oft nach Tagen, manchmal auch erst nach Monaten oder Jahren, im Traum wieder. Es ist gewissermaßen die Schlußbilanz des Innenlebens, die der Hinterbliebene in bezug auf den Toten zieht, d.h. es gilt, die Abwesenheit des Toten unter den Lebenden, also aus dem Dasein des Träumers, zu akzeptieren. Die Traumpsychologie hat nachgewiesen, daß wir erst dann vom Tod eines nahestehenden Menschen träumen, wenn wir mit dem Verlust bereits fertiggeworden sind. Solange wir nämlich voll und ganz damit beschäftigt sind, den Verlust zu überwinden, unsere neue Situation zu bewältigen und anzunehmen, wird der Verstorbene nicht ins Unterbewußtsein abgeschoben.

Einschlaf- und Aufwachträume

W.W.: Welche Unterschiede gibt es zwischen Einschlaf- und Aufwachträumen?

K. Meyer: Der Traumforscher Herbert Silberer hat seinerzeit den interessanten Versuch unternommen, das Einschlaferleben psychologisch zu deuten. Er beschrieb verschiedene Arten der Symbolbildung, die den Übergang vom gedankenartigen zum bildhaften Erleben zum Ausdruck bringen. Nach seiner Auffassung wird in den sogenannten Schwellensymbolen der augenblickliche Bewußtseinszustand des Einschlafens, der Wechsel von einem psychischen Zustand in einen anderen, unmittelbar in Bilder umgesetzt. Das Überschreiten der Schwelle äußert sich z.B. in der Visualisierung einer Brücke, die sich von einem Ufer zum anderen spannt, im Anblick eines abfahrenden Zuges oder im Aufschließen einer Tür. Zu solchen Darstellungen wird auch oft das Bild der Schwelle selbst – als Türschwelle – verwendet. Zu nennen wären also das Überschreiten eines Gewässers, aber auch das Tauchen ins Wasser, das Untersinken, ferner das Gestörtwerden, das Verbinden und Trennen, das Abreisen und Ankommen, das Abschiednehmen und Begrüßen, das Öffnen und Schließen und ähnliche Handlungen und Situationen.

Die Einschlafstufen lassen sich wie folgt charakterisieren: Zunächst wird beim Einschlafen das Denken ins Bildhafte umgesetzt, die sogenannte Denkvisualisierung. Das abstrakte Denken wird durch anschauliche Bilder ersetzt, der Gedanke wird durch eine Szene wiedergegeben. Dann geht das Erleben in den spontanen Assoziationsstrom über, in dem wenig verdichtete Bilder in rascher Folge dahineilen. Die wirren, durcheinandergehenden Träume stammen nicht aus dem Tiefschlaf und bieten auch wenig Verdichtungen. Die Bewegung, der Wechsel der Träume, nimmt dann mit zunehmender Schlaftiefe ab.

Das Einschlafen kann durch Eintreten in ein Haus, einen Wald oder ein Tal, durch Anziehen eines Mantels, Fortgehen usw. bildlich dargestellt werden. Manche Träume geben auch das von den Sinnen während des Traumes oder kurz vor dem Einschlafen Wahrgenommene wieder. Die Einschlafbilder sind schattenhaft, nicht sehr deutlich und plastisch. Wenn die Einschlafbilder in die Träume überleiten, zeigen die Traumbilder größere Deutlichkeit, sind plastischer, wirken lebendiger und greifbarer.

Bei den Aufwachträumen hingegen kommen wir direkt aus einer REM-Phase. Jedes Mal, wenn wir spontan erwachen, wachen wir aus einem

Traum auf. Der Traum am Morgen aber ist der längste der ganzen nächtlichen Traumserie und dauert manchmal eine halbe Stunde bis zu 45 Minuten. Aufwachträume sind praktischer, haben realere Lebensbezüge, sind strukturiert, gefühlsbetonter, komplexer und phantasiereicher als Einschlafträume, die eher gedankenartig, weniger gefühlsmäßig sind und sich unmittelbar auf das Wacherleben beziehen. Das Erwachen kündet sich durch Hantieren mit Schlüsseln, Ins-Freie-Treten, Sich-Verabschieden, Zurückfahren, ja, durch Absturz und Tod an.

Traumerinnerung

W.W.: Warum erinnert man sich oft nur ansatzweise an seine Träume?

K. Meyer: Das Vergessen der Träume ist ein interessanter, geheimnisvoller Vorgang. Wir wissen nicht, warum er stattfindet. An die meisten Träume erinnern wir uns überhaupt nicht, und jene, die wir beim Erwachen noch im Gedächtnis bewahren, verfliegen sehr schnell, wenn wir sie nicht erzählen oder aufschreiben. Der Erinnerungswert nimmt rasch ab. Je früher nach dem Ende der REM-Phase der Träumer geweckt wird, desto umfassender und detaillierter ist sein Traumbericht. Doch es gibt anscheinend eine Obergrenze für die Traumerinnerung. Ein Mensch, der in den ersten paar Minuten einer REM-Phase geweckt wird, gibt einen Bericht, dessen Länge etwa der Zeit entspricht, die seit dem Beginn des Traumstadiums vergangen war. Weckt man ihn aber einige Minuten später, nimmt die Länge des Traumberichts nicht entsprechend der Traumdauer zu.

Der Traum kann bis zu einer halben Stunde dauern, doch der Träumer ist nicht in der Lage, sich an mehr zu erinnern als nach fünf Traumminuten. Es könnte sein, daß das Vergessen noch während des Traumes beginnt, so daß jeder Traumbericht nur den letzten Teil des Traumes enthält. Vielleicht ist die Unfähigkeit, sich an mehr als eine begrenzte Traummenge zu erinnern, aber auch darauf zurückzuführen, daß das bewußte Denken nur eine bestimmte Quantität des Traummaterials zu bewahren und zu ordnen vermag. Forschungsergebnisse zeigen, daß nur fünf Minuten nach Ende des Traumes die Erinnerung daran sich in einzelne Fetzen auflöst und daß nach zehn Minuten die Traumerinnerung fast oder gar ganz verblichen ist. Einerlei, wie sicher man sich wähnt, daß man den Traum nicht vergessen wird, die Erinnerung ist wenig später meist verschwunden.

Da wir nun wissen, daß sich der Träumer in Wirklichkeit nur an Bruchstücke seiner gesamten Traumerlebnisse erinnert, können wir eigentlich nicht von einem „Traum" sprechen, als handle es sich um eine vollständige, abgerundete Anekdote. Es handelt sich nur um ein Stück Traumerlebnis, und das, woran wir uns erinnern und was wir berichten, kann eine Art Collage aus Fragmenten sein, die während des Traumstadiums ganz anders geordnet waren. Das im Gedächtnis verbliebene Traummuster kann also zu einem Teil das Werk des bewußten Denkens sein, das sich bemüht, dem Traummaterial eine logischere, zusammenhängendere Form zu geben.

Die Traumerinnerung ist für die Forschung besonders interessant, weil sie der einzige Schlüssel ist, der das Tor zur Traumwelt öffnen kann. Hinzu kommt, daß bis heute nicht hinreichend geklärt ist, warum die Erinnerung an Träume so unberechenbar und flüchtig ist und warum sie sich nicht bei jedem Menschen in gleicher Weise einstellt.

Übungen, um Träume exakter zu erinnern

W.W.: Wie kann man üben, sich besser an die Träume zu erinnern?

K. Meyer: Gewöhnen Sie sich daran, jeden erinnerten Traum zu Papier zu bringen. Führen Sie ein Traum-Nachtbuch, in welches Sie alles erreichbare Traummaterial aufschreiben. Legen Sie neben sich in Griffnähe immer Papier und Bleistift oder auch ein Tonbandgerät, um sicher zu sein, daß Sie jeden Traum einfangen, aus dem Sie entweder nachts oder morgens plötzlich aufwachen. Die einzig sichere Methode, einen Traum zu erwischen, um später auf ihn Bezug nehmen zu können, ist, ihn sofort beim Aufwachen aufzuschreiben oder auf Band aufzunehmen, ehe er zu verblassen beginnt.

Wenn man nachts aufwacht, ist es nicht schwieriger, nach dem Aufzeichnen wieder einzuschlafen, als wenn man sich gleich umdreht und die Augen wieder zumacht. Und für schlechte Traumerinnerer ist allein die Tatsache, daß sie die Mühe auf sich nehmen, Träume regelmäßig aufzuschreiben, ein Anreiz, die Träume zugänglicher zu machen. Diejenigen, die sich für schlechte Erinnerer halten, sind, wenn sie die Gewohnheit des Aufzeichnens annehmen, oft erstaunt, daß sie viel mehr Träume haben, als sie bis dahin gedacht hatten, und diese Entdeckung regt ein besseres Erinnerungsvermögen an.

Als käme die eigene Stimme aus einer anderen Welt

Den Leserinnen und Lesern, die ihre Traumerinnerung stärken wollen, möchte ich die Beachtung folgender Punkte empfehlen:

1. Halten Sie Ihr Aufzeichnungsmaterial griffbereit. – Wenn Sie Bleistift und Papier verwenden, um Ihre Träume aufzuzeichnen, überzeugen Sie sich, ehe Sie einschlafen, ob Sie das Schreibmaterial vom Bett aus erreichen können. Wenn es nicht in Reichweite ist, werden Sie wahrscheinlich Ihren Traum einbüßen, denn selbst wenn Sie geneigt wären, in der Nacht danach zu suchen, wird Ihr Traum wahrscheinlich vergessen sein, bis Sie es gefunden haben.

Wenn Sie allein schlafen, werden Sie vielleicht lieber ein Bandgerät verwenden und Ihren Traum später zu Papier bringen. Es ist ein sonderbares und wundervolles Erlebnis, am nächsten Tag Ihren Traum abzuspielen. Ihre Stimme klingt, als käme sie aus einer anderen Welt – was tatsächlich der Fall ist, wenn Sie noch halb im Schlaf auf Band sprechen. Dieser veränderte Bewußtseinszustand, in dem man die fremdartige Welt der Träume mit ihren einzigartigen Gesetzen und unterschiedlichen Raum-Zeit-Dimensionen fast berührt, eignet sich vortrefflich für die Aufnahme von Träumen. Bedienen Sie sich deshalb beim Sammeln von Träumen nach Möglichkeit eines Tonbandgeräts.

2. Datieren Sie Ihr Papier oder das Tonband im voraus. – Das Datum eines Traumes kann sehr wichtig sein, um seine Bedeutung zu verstehen.

„Beim Aufwachen wird mir ein Traum gegenwärtig sein“

3. Unterstützen Sie Ihre Träume durch Selbstbeeinflussung. – Wenn Sie zum Schlafen bereit sind, knipsen Sie das Licht aus und entspannen Sie sich im Bett. Wenn Ihr Körper verkrampft ist, lockern Sie bewußt immer einen Muskel nach dem anderen. Beginnen Sie mit den Zehen und arbeiten Sie sich bis zum Kopf vor. Es ist besonders vorteilhaft, wenn Sie die Gesichtsmuskeln entspannen, vor allem diejenigen um Mund und Kiefer. Diese Entspannungsübung ist nützlich für den Schlaf und Ihre Träume. Sie führt auch einen verfeinerten Geisteszustand herbei, in dem Sie sich selbst beeinflussen können, Ihre Träume zu erinnern.

Versuchen Sie das folgende autosuggestive Verfahren: Entspannen Sie sich, wie vorher beschrieben, und wiederholen Sie beim Einschlafen die Worte: „Beim Aufwachen wird mir ein Traum gegenwärtig sein, und ich werde ihn aufschreiben.“

Falls Sie nicht während der Nacht aufwachen wollen, sagen Sie: „Wenn ich morgens aufwache, wird mir ein Traum gegenwärtig sein, und ich werde ihn aufschreiben.“ Der letzte Traum vor dem Aufwachen am Morgen ist gewöhnlich lang und verwickelt, und wenn Sie sich dazu erziehen können, ihn regelmäßig zu erwischen, werden Sie reichlich Material haben, um sich mit Ihren Träumen zu beschäftigen.

4. Vertrauen Sie nie Ihrem Gedächtnis allein und hüten Sie sich vor Aufschub. – Da die Gedächtnisspuren von Träumen rasch verblassen, geben Sie sich bitte nie der Täuschung hin, sich an einen Traum später wieder zu erinnern, wenn Sie ihn nicht sofort aufzeichnen. Wie lebhaft ein Traum Ihnen auch noch im Gedächtnis sein mag, wenn Sie morgens aufwachen, werden Sie einen großen Teil davon vergessen haben, wenn Sie gleich ins Badezimmer stürzen oder frühstücken, ehe Sie ihn aufgezeichnet haben, ganz zu schweigen davon, wenn Sie an die Arbeit gehen und die Aufzeichnung auf später verschieben. Schreiben Sie also sofort nach dem Aufwachen Ihren erinnerten Traum oder seine Bruchstücke auf.

5. Tun Sie keinen Traum als bedeutungslos ab. – Wenn Ihnen beim Aufwachen irgend etwas gegenwärtig ist, schreiben Sie es auf. Selbst Gedanken und Eindrücke können wichtig sein. Entgeht Ihnen ein Traum, so machen Sie sich keine Sorgen. Wenn die Botschaft wichtig ist, wird Ihre träumende Seele sie später wieder vorbringen.

6. Notieren Sie Ihren Traum so vollständig wie möglich. – Zeichnen Sie so viel von Ihrem Traum auf, wie Sie erinnern, entweder vollständig oder in Stichworten.

Sie bleiben vielleicht gern einen Augenblick entspannt im Bett liegen und überlegen sich den Traum noch einmal, ehe Sie ihn tatsächlich aufzeichnen. Es gibt auch einige Hinweise, daß eine jähe Körperbewegung bewirken kann, daß der Traum verschwindet. Wenn Sie sich so verhalten, widerstehen Sie der Versuchung, wieder einzuschlafen. Bleiben Sie auf jeden Fall in einer Haltung entspannter Aufmerksamkeit, und Sie werden feststellen, daß die Traumszenen allmählich wieder auftauchen. Wenn Sie so viel als möglich wieder beisammen haben, schreiben Sie alles auf oder sprechen es auf Band.

Schreiben Sie Ihren Traum in der Gegenwartsform auf, so erhalten Sie ihn lebendig. Fügen Sie einige unmittelbare Assoziationen oder Gedanken über die mögliche Bedeutung des Traumes hinzu und schreiben Sie alle Gefühle auf, die Sie in Verbindung mit dem Traum empfanden. Vermerken Sie auch Ihre Stimmung beim Aufwachen. Waren Sie glücklich, deprimiert, ängstlich, erregt oder gleichgültig? Das kann eine Deutung völlig verändern. Fühlten Sie sich wohl oder schlecht, waren Sie froh oder traurig, friedlich oder beunruhigt? – Schreiben Sie auch jede Farbe auf, die in einem Traum deutlich auffiel, denn die träumende Seele bedient sich oft der Methode, ein Bild oder eine Szene in lebhaften Farben zu malen, um Ihre Aufmerksamkeit auf deren Bedeutung zu lenken.

Bewahren Sie Ihre Träume und Interpretationen, genau datiert, in einem Heft, einer Mappe oder einem Ordner auf, da Traumserien sehr nützlich sein können, um doppelsinnige Träume besser zu erhellen und psychologische Fortschritte festzustellen.

Denken Sie daran, Träumen ist natürlich, es geschieht von ganz allein. Lernen Sie, sich an Ihre Träume zu erinnern. Wichtig ist, daß Sie sich an Ihre Träume überhaupt erinnern. Erkennen Sie, wie wichtig Ihr Traumleben wirklich ist. Wenn Sie Ihre Träume behalten, ist es, als würde Ihr Leben neu zusammengesetzt, selbst scheinbar beziehungslose Teile fügen sich zusammen. Ihre Träume helfen Ihnen, einen Sinn in all den Teilen und Stücken Ihres Lebens zu erkennen. Sie zeigen Ihnen neue Verhaltensmuster, korrigieren die alten und sagen Ihnen, woran es mangelt und was überflüssig ist.

W.W.: Sie erwähnten vorhin, daß man im Traum erwachen und seine Träume bewußt erleben kann. Wie geschieht das?

K. Meyer: Es gibt Lehrbücher über luzides Träumen und Klarträumen. Diese Traumart ist ein Zustand, in welchem man sich bewußt wird, daß man träumt. Meistens wird man dabei mitten in einem Traum von dem Gedanken durchzuckt: „He, das ist ja ein Traum!" Erschreckt man nicht gleich über diese eigenartige Bewußtheit im Traum und erwacht darob, so bleibt man voll bewußt in dem nun luzid gewordenen Traum drinnen und kann sich damit einen neuartigen Erfahrungs- und Beobachtungsbereich erschließen, dessen Merkwürdigkeiten äußerst erstaunlich sind.

Es ist jedoch bekannt, daß luzides oder klares Träumen nur bei 5 bis höchstens 8 % der Bevölkerung von selbst kommt und selbst dann großer Übung und Unterstützung bedarf.

Träume als Lebenshilfe

W.W.: Können Sie noch einmal zusammenfassend sagen, wie man durch Träume lernen kann bzw. welche Lebenshilfe Träume dem Menschen geben?

K. Meyer: In allen unseren Träumen findet sich etwas von Problemlösung, Gesundheit, Wegweisung, Lebensplan, Kreativität, Weisheit, Selbstverwirklichung, Ganzheit. Träume sind eine positive Kraft, die es möglich macht, die Auseinandersetzung mit sich selbst und mit der Umwelt so erfolgreich wie möglich zu gestalten. Der Umgang mit ihnen richtet sich darauf, die positiven Kräfte in uns zu stärken und die negativen Strömungen im eigenen Inneren versiegen zu lassen.

Im Schlaf und im Traum sind Kräfte enthalten, die das Leben von innen her zu erneuern vermögen. Sie spiegeln einen Drang nach Gesundheit und Reife wider. Träumen ist ein wichtiger Bestandteil des menschlichen Seelenlebens und Wohlbefindens. Im Traumzustand erhalten wir Zugang zu wertvollen Informationen über das Befinden unseres Körpers, unserer Seele, unseres Herzens und Geistes. Unsere Traumbilder sind zwar symbolisch verschlüsselte, aber ehrliche, das Wesentliche erfassende Beurteilungen unserer unmittelbaren und auch zukünftigen Lage. Sie zeigen uns, wo wir stehen, inwiefern wir irregehen und welche Möglichkeiten und Wege uns offenstehen. Solange wir uns aber nicht daran versuchen, mit den Träumen zu arbeiten und mit den Schwierigkeiten zu ringen, die damit verbunden sind, ist die Traumbotschaft vergebens.

Träume spielen neue Einstellungen ein, sie nehmen Begebenheiten und Umstellungen voraus, das Unbewußte sorgt vor. Von ihnen kann eine überzeugende Wirkung ausgehen, die eine Wandlung in unserer Haltung und Einstellung herbeiführt. Sie können Wegweiser sein auf unseren oft so unübersichtlich scheinenden Lebenswegen. Sie deuten immer vorwärts, auf das, was getan werden muß, um das Leben auf den richtigen Weg zu Reife und Erfüllung zu leiten.

Träume sind der direkteste Weg ins Unbewußte und damit zu den Quellen jeglicher Kreativität. Sie sind fraglos eine der wichtigsten Quellen der Inspiration – und wahrscheinlich die mächtigste Quelle dieser Art. Sie sind Enthüller versteckter Talente, verborgener Schönheit und unvermuteten kreativen Potentials. Der Traum ist ein Urtext der unbewußten Seele. Er befragt darin die Urweisheit des Lebens. Er ist eine in symbolischer Sprache ausgedrückte Einsicht. Es kommt Antwort herauf, die sagt, wo wir stehen, die Wege andeutet, wohin wir jetzt am besten zu gehen haben.

Die Träume enthüllen in uns unbewußte Weisheit und unvermutete Kraftquellen. Wir sind somit in unserem Schlaf einsichtiger als in unserem wachen Dasein, weil wir unseren Träumen Hellsicht und Weisheit verdanken. Der Umgang mit ihnen vermehrt den Schatz des Wissens über uns selbst. Sie können uns helfen, die Erkenntnis unseres Selbst und des ganzen Universums, in dem wir leben, zu erweitern.

Der Umgang mit unseren Träumen vermag, uns zu unserem wahren Wesen zu führen, lehrt uns, wer oder was wir eigentlich sind. Durch die Auseinandersetzung mit ihnen finden wir persönliches Wachstum. Dieser Weg führt uns zu uns selbst. Die Betrachtung unserer eigenen Träume ist die natürlichste Art, auf sich selbst zu hören und sich zugleich einer höheren Führung anzuvertrauen. Mit dieser Selbstfindung gelingt es uns, die Aufgaben des Lebens befriedigender zu erfüllen. Die aus unseren Träumen gewonnenen Einsichten eröffnen uns jedenfalls zahlreiche Möglichkeiten persönlichen Wachstums und positiver Veränderung.

Literatur:

Bossard, Robert: Traumpsychologie. Wachen, Schlafen, Träumen. Frankfurt a.M. 1983.

Corriere, Richard/Hart, Joseph: Lebendiges Träumen. Die Entdeckung des Durchbruchtraums. Eschborn 1987.

Freud, Sigmund: Gesammelte Werke. 2. u. 3. Bd. Die Traumdeutung. Über den Traum. Frankfurt a.M. 1973.

Fromm, Erich: Märchen, Mythen, Träume. Stuttgart 1980.

Godwin, Malcolm: Der Traum. Ein Führer durch die Welt des Wachens und Schlafens. München 1995.

Hillman, James: Am Anfang war das Bild. München 1979.

Kast, Verena: Die Dynamik der Symbole. Olten 1990.

Kemper, Werner: Der Traum und seine Be-Deutung. Hamburg 1955.

MacKenzie, Norman: Träume. Wiesbaden 1978.

Ryback, David/Sweitzer, Letitia: Wahrträume – ihre transformierende und übersinnliche Kraft. München 1990.

Scheidt, Jürgen vom: Das große Buch der Träume. München 1985.

Siebenthal, Wolf von: Die Wissenschaft vom Traum. Ergebnisse und Probleme. Eine Einführung in die allgemeinen Grundlagen. Berlin 1984.

Ullmann, Montague/Zimmerman, Nan: Mit Träumen arbeiten. Stuttgart 1994.

Volten, Aksel/Munksgaard, Einar: Die demotische Traumdeutung. Kopenhagen 1942.

Johannes Rogalla von Bieberstein
Die These von der Verschwörung 1776–1945
Philosophen, Freimaurer, Juden, Liberale und Sozialisten als Verschwörer gegen die Sozialordnung
216 S., kt. DM 33,–
ISBN 3-926841-36-2

Jimmy Carter
Frieden schaffen im Gespräch
Ein Impuls für die nächste Generation
206 S., kt. DM 32,–
ISBN 3-926841-71-0

Carola Cutomo
Medialität, Besessenheit, Wahnsinn
188 S., kt. DM 19,80
ISBN 3-926841-19-2

Klaus Engels
Destruktive Kulte im Spannungsfeld von Kirche und Gesellschaft
212 S., kt. DM 28,–
ISBN 3-926841-46-X

Hans-Diedrich Fuhlendorf
Rückkehr zum Paradies oder Erbauen des Neuen Jerusalem?
Geschichtsbetrachtungen in apokalyptischer Zeit
352 S., kt. DM 39,–
ISBN 3-926841-37-0

Wolfgang Gädeke
Anthroposophie und die Fortbildung der Religion
448 S., Leinen, DM 48,–
ISBN 3-926841-23-0
kt. DM 36,–
ISBN 3-926841-24-9

Ludger Helming-Jacoby
Zeugnissprüche
und Sprüche aus dem Hauptunterricht einer Waldorfschule
188 S., kt. DM 28,–
ISBN 3-926841-95-8

Dieter Hornemann
Geheimnisvolles Afrika
Anthroposophische Arbeit im Urwald
102 S., 32 farb. Abb., kt. DM 26,–
ISBN 3-926841-60-5

Johannes Kiersch
Fragen an die Waldorfschule
Neuauflage in Vorbereitung, ca. 160 S., kt. ca. DM 28,– / ISBN 3-926841-33-8

Peter Krause
Das Judasproblem
Von den spirituellen Hintergründen der Gewalt
128 S., kt. DM 19,80
ISBN 3-926841-38-9

Peter Krause
Feuer in Tschernobyl
Die Ukraine nach dem SuperGAU
168 S., 37 farb. Abb., kt. DM 28,–
ISBN 3-926841-58-3

Peter Krause, Faustus Falkenhahn (Hg.)
Einsam – gemeinsam
Jugend im Gespräch
192 S., kt. DM 22,80
ISBN 3-926841-43-5

Ernst-Martin Krauss
Holzwege, Steinwege ...
Erlebnisse mit Elementarwesen
92 S., Großformat, 13 farb. Abb., gebunden, DM 56,–
ISBN 3-926841-35-4

Henning Kullak-Ublick (Hg.)
Erziehung zur Freiheit – in Freiheit
Aktion mündige Schule
160 S., 15 farb. Abb., kt. DM 20,–
ISBN 3-926841-94-X

Jukka Kuoppamäki
Einsam – gemeinsam
Jugendliche singen Lieder mit Jukka Kuoppamäki
Musikkassette, DM 22,–

Andreas Meyer (Hg.)
Seele und Geist
Ansätze zu einer spirituellen Seelentherapie
160 S., kt. DM 26,–
ISBN 3-926841-47-8

Hans Philippsen
Götter, Hexen und Naturgeister
Sagen und Sagenhaftes der Insel Föhr
144 S., 16 farb. Abb., kt. DM 24,80
ISBN 3-926841-84-2

Sidney Saylor Farr
Tom Sawyers Nah-Todeserfahrung und die Wandlung seines Lebens
204 S., kt. DM 32,–
ISBN 3-926841-82-6

Siehe auch das Verzeichnis auf den folgenden Seiten.

Heinz Schimmel (Hg.)
Tanz der Seelen
Der Tod als Verwandler der Seele. Die Totentanzdichtung von Joachim Fernau und ihre eurythmische Darstellung
108 S., 14 farb. Abb., kt. DM 25,–
ISBN 3-926841-53-2

Wolfgang Weirauch
Im Spiegel der Finsternis
Roman für Jugendliche und Erwachsene. Ab 13 Jahren.
252 S., geb. DM 33,–
ISBN 3-926841-86-9

FH 11
Über Tod und Sterben
4. Aufl., 232 S., kt. DM 28,–
ISBN 3-926841-11-7

FH 13
Hexen, New Age, Okkultismus
3. Aufl., 196 S., kt. DM 19,80
ISBN 3-926841-08-7

FH 14
Erneuerung der Religion
Die Christengemeinschaft, Sakramente, Kirche und Kultus
4. Aufl., 184 S., kt. DM 16,80
ISBN 3-926841-07-9

FH 15
Waldorfschule und Anthroposophie
3. Aufl., 132 S., kt. DM 9,80
ISBN 3-926841-00-1

FH 16
Kulturvergiftung: Rauschgift, Sucht und Therapie
2. Aufl., 228 S., kt. DM 16,80
ISBN 3-926841-21-4

FH 17
Kulturvergiftung: Alkohol
2. Aufl., 160 S., kt. DM 16,80
ISBN 3-926841-34-6

FH 18
Biologisch-dynamische Landwirtschaft, Ökologie, Ernährung
2. Aufl., 184 S., kt. DM 19,80
ISBN 3-926841-03-6

FH 19
Musik
2. Aufl., 184 S., kt. DM 16,80
ISBN 3-926841-06-0

FH 20
Sexualität, Aids, Prostitution
2. Aufl., 170 S., kt. DM 14,80
ISBN 3-926841-09-5

FH 21
Aids
164 S., kt. DM 14,80
ISBN 3-926841-10-9

FH 22
Erkenntnis und Religion
Zum Verhältnis von Anthroposophischer Gesellschaft und Christengemeinschaft
132 S., kt. DM 14,80
ISBN 3-926841-13-3

FH 23
Engel
3. Aufl., 196 S., 9 farb. Abb., kt. DM 28,–
ISBN 3-926841-15-X

FH 24
Direkte Demokratie / 1789–1989
240 S., kt. DM 14,80
ISBN 3-926841-16-8

FH 25
Rechtsleben und soziale Zukunftsimpulse
Von der Dreigliederungsidee Rudolf Steiners zur Volksgesetzgebung
244 S., kt. DM 16,80
ISBN 3-926841-17-6

FH 26
Michael
Januskopf Bundesrepublik
184 S., 8 farb. Abb., kt. DM 16,80
ISBN 3-926841-22-2

FH 27
Strafprozeß, Strafvollzug, Resozialisierung
224 S., kt. DM 16,80
ISBN 3-926841-20-6

FH 28
Naturwissenschaft und Ethik
204 S., kt. DM 16,80
ISBN 3-926841-25-7

FH 29
Freie Schule
248 S., kt. DM 19,80
ISBN 3-926841-28-1

FH 30
Märchen
Neuauflage in Vorbereitung
ca. 220 S., kt. ca. DM 28,–
ISBN 3-926841-29-X

FH 31
Biographiearbeit
4. Aufl., 192 S., 7 farb. Abb., kt. DM 24,80
ISBN 3-926841-31-1

Siehe auch das Verzeichnis auf der vorangehenden Seite.

FH 32
Anthroposophen und Nationalsozialismus
168 S., kt. DM 16,80
ISBN 3-926841-32-X

FH 33
Destruktive Kulte, schwarze Magie, Sexualmagie
232 S., kt. DM 22,80
ISBN 3-926841-40-0

FH 34
Alte und neue Seelenfähigkeiten
192 S., kt. DM 19,80
ISBN 3-926841-41-9

FH 35
Die Christengemeinschaft heute
Anspruch und Wirklichkeit
212 S., kt. DM 19,80
ISBN 3-926841-42-7

FH 36
Schwangerschaftsabbruch
212 S., kt. DM 22,80
ISBN 3-926841-44-3

FH 37
Indianer
212 S., 6 farb. Abb., kt. DM 24,80
ISBN 3-926841-45-1

FH 38
Konfliktbewältigung
2. Aufl., 220 S., 10 farb. Abb., kt. DM 24,80
ISBN 3-926841-50-8

FH 39
Christus
184 S., 16 farb. Abb., kt. DM 24,80
ISBN 3-926841-51-6

FH 40
Ausländerhaß, Nationalismus, Rassismus
188 S., 13 farb. Abb., kt. DM 24,80
ISBN 3-926841-52-4

FH 41
Anthroposophie und Rassismus
212 S., kt. DM 24,80
ISBN 3-926841-54-0

FH 42
Sind wir noch zu retten?
Zerstörung oder Verwandlung der Erde?
224 S., 26 farb. Abb., kt. DM 24,80
ISBN 3-926841-56-7

FH 43
Gebet heute
168 S., kt. DM 24,80
ISBN 3-926841-57-5

FH 44
Scheidung – warum?
Partnerschaftsprobleme und ihre Bewältigung
2. Aufl., 228 S., 11 farb. Abb., kt. DM 28,–
ISBN 3-926841-59-1

FH 45
Hüter der Schwelle
Der Mensch am Abgrund
172 S., kt. DM 24,80
ISBN 3-926841-61-3

FH 46
Jugendideale
208 S., kt. DM 24,80
ISBN 3-926841-62-1

FH 47
Übungen zur Selbsterziehung
2. Aufl., 216 S., 16 farb. Abb., kt. DM 28,–
ISBN 3-926841-65-6

FH 48
Angst
188 S., 16 farb. Abb., kt. DM 24,80
ISBN 3-926841-66-4

FH 49
Depression
200 S., 8 farb. Abb., kt. DM 24,80
ISBN 3-926841-67-2

FH 50
Erziehung
188 S., 8 farb. Abb., kt. DM 24,80
ISBN 3-926841-68-0

FH 51
Nah-Todeserfahrungen
Rückkehr zum Leben
2. Aufl., 180 S., kt. DM 28,–
ISBN 3-926841-72-9

FH 52
Auferstehung
Von der Gegenwart Christi
168 S., 8 farb. Abb., kt. DM 26,–
ISBN 3-926841-73-7

FH 53
Gedächtnis und Erinnerung
184 S., kt. DM 26,–
ISBN 3-926841-74-5

FH 54
Ernährungsfragen
176 S., kt. DM 26,–
ISBN 3-926841-75-3

FH 55
Naturgeister
Vom Wirken der Elementarwesen
196 S., 16 farb. Abb., kt. DM 26,–
ISBN 3-926841-76-1